书籍与文明

英国维多利亚时代的知识生产与人文景观

刘松崟　武玉红　袁曼书 —— 著

四川人民出版社

图书在版编目（CIP）数据

书籍与文明：英国维多利亚时代的知识生产与人文景观 / 刘松矗，武玉红，袁曼书著. — 成都：四川人民出版社，2023.2
ISBN 978-7-220-12469-3

Ⅰ.①书… Ⅱ.①刘… ②武… ③袁… Ⅲ.①出版工作-概况-英国-近代 Ⅳ.①G239.561

中国版本图书馆 CIP 数据核字（2021）第 220955 号

SHUJI YU WENMING：YINGGUO WEIDUOLIYA SHIDAI DE ZHISHI SHENGCHAN YU RENWEN JINGGUAN

书籍与文明：英国维多利亚时代的知识生产与人文景观

刘松矗　武玉红　袁曼书　著

出品人	黄立新
责任编辑	赵　静
封面设计	张　科
内文设计	戴雨虹
责任校对	舒晓利
责任印制	周　奇
出版发行	四川人民出版社（成都三色路238号）
网　址	http://www.scpph.com
E-mail	scrmcbs@sina.com
新浪微博	@四川人民出版社
微信公众号	四川人民出版社
发行部业务电话	（028）86361653　86361656
防盗版举报电话	（028）86361653
照　排	四川胜翔数码印务设计有限公司
印　刷	四川新财印务有限公司
成品尺寸	125mm×185mm
印　张	12.5
字　数	300千
版　次	2023年2月第1版
印　次	2023年2月第1次印刷
书　号	ISBN 978-7-220-12469-3
定　价	78.00元

■版权所有·侵权必究
本书若出现印装质量问题，请与我社发行部联系调换
电话：（028）86361656

目 录

前言：维多利亚时代的知识生产与大众文化 ………… 001

第一部分　学术出版与专业化知识学科构建

导　言 ……………………………………………… 003

第一章　科学家与出版商：为学术出版造势 ………… 013

一、商业科学杂志的崛兴 ……………………… 020

二、科学书籍的传统与变革 …………………… 025

第二章　以书之名：古典人文的学术新生 …………… 037

一、古典语文学的专业化发展 ………………… 038

二、大学出版社与古典学出版 ………………… 041

第三章　从学术写作到新学科：斯塔布斯与史学专业化 …… 053

一、"改革时代"的宪政史研究 ……………… 058

二、斯塔布斯史学观及其史学遗产 …………… 069

三、小　结 ……………………………………… 111

第二部分　大众出版与大众化国民知识生产

导　言 ……………………………………………………… 117

第四章　百科全书与钱伯斯兄弟的知识出版大帝国 …… 127

　一、钱伯斯兄弟的知识出版 ………………………… 130

　二、《钱伯斯百科全书》问世 ……………………… 141

　三、编辑与作者群体 ………………………………… 148

　四、为知识配上插图 ………………………………… 153

　五、打开美国市场 …………………………………… 159

　六、小　结 …………………………………………… 165

第五章　大众旅游指南书的崛兴与转型 ………………… 169

　一、维多利亚时代的早期大众旅游 ………………… 171

　二、从"旅行指南"到"旅游指南" ………………… 180

　三、维多利亚风格旅游指南书 ……………………… 186

　四、19世纪旅游指南书的作者与受众 ……………… 208

　五、旅游指南的"功能性"与大众游客读者 ……… 222

　六、小　结 …………………………………………… 238

第三部分　知识撰写与阅读中的人文景观

导　言 ·· 243

第六章　疯癫与文明：《教授与疯子》的创作谈 ·········· 253

一、非虚构・还原・揭秘 ······················ 256

二、历史・文化・时间 ························ 267

三、悲剧・环境・道德 ························ 272

四、隐喻・救赎・文明 ························ 284

五、小　结 ······································ 289

第七章　理智与情感："家庭生活崇拜"与女性阅读 ····· 293

一、阅读的意义？ ······························ 298

二、应该读什么？ ······························ 301

三、她们读了什么？ ···························· 318

四、小　结 ······································ 333

结语：维多利亚时代的智识创造与文明进步 ············· 335

参考文献 ·· 343

一、基本史料 ·································· 343

二、研究性论著 ································ 353

致　谢 ·· 377

前言：
维多利亚时代的知识生产与大众文化

1846年7月10日，伦敦市长约翰·约翰逊（John Johnson）在市长官邸向伦敦皇家学会（Royal Society）等学术组织成员发表了一次关于科学新知识的演讲。当时的一位与会者伦敦古物学家和地志学家约翰·布里顿（John Britton）在自传里心潮澎湃地记录下了对此次演讲的感想与评论：

> 没有任何一个时代比现在更能淋漓尽致地展现培根崇高的格言——"知识就是力量"。化学、天文和地质的科学不仅得到了深入的研究和阐释，也连带着对甚至是最稀松平常、最实际的日常生活产生了巨大而重要的影响；蒸汽动力让旅行变得迅捷，同时，无论在陆地还是在海洋都超越了过去所有的科学奇迹。这确乎是我们这个时代、这个世界最显而易见的现象……知识这一不可思议的力量既在可见的外部层面带来诸多革命，也在内部强有力地——甚至称得上如魔法般地——运转于不可

见的人的思想之上。①

"知识本身便是一种力量"(knowledge itself is power),这句出自弗朗西斯·培根(Francis Bacon)的《沉思录》(*Meditationes Sacrae*),常被错引的名言一定令约翰·布里顿深有感触。他出身于乡村工匠家庭,在十六岁离开家乡前往伦敦做学徒工时,甚至还没见过一份报纸或一部字典,但在伦敦克勒肯维尔酒厂地窖里借着烛火偷偷读书的经历改变了他。在克勒肯维尔书店,与学者爱德华·韦德莱克·布雷利(Edward Wedlake Brayley)的一场酣畅交谈促使他开始地理志的创作。他本来只为向人们介绍自己家乡维尔特郡的风土而写作,结果关于地质学和古文物学的知识在他头脑中疾速生长,最终帮助他进入伦敦人文知识共同体的殿堂。他始终不忘知识带给他改变一生的可能性,因此依靠多部通俗地理志著述的出版,他尽其所能地将知识本身的力量传递给公众。

就像布里顿所经历的那样,也如同他在自传中的那一段话所暗示的:维多利亚时代的公众尤其是新兴中产阶级趋之若鹜地追求知识,似乎在构筑起一种新的知识经济和"知识社会"。"知识"的概念取代启蒙时代的"理性",因为它包罗的内涵更加丰富,更加强调工业主义的物质性与经世致用而

---

① John Britton, *Appendix to Britton's Auto-Biography. Part III: Containing Biographical, Archæological and Critical Essays*, London: Printed for the subscribers to the Britton testimonial, 1850, p. 83.

非抽象的意识觉醒。第一版《牛津英语词典》(*Oxford English Dictionary*)的主编詹姆斯·默里（James Murray）在约翰·卡斯尔（John Cassell）的《大众教育家》(*Popular Educator*)书页空白处写下"知识就是力量"来激励自己，出版商威廉·钱伯斯（William Chambers）和托马斯·朗文（Thomas Longman）也都曾在其出版的知识整合类图书前言写到——人们掌握知识对社会进步有不可或缺的作用。当知识从精英掌管用于自我标榜的神圣场所里脱离出来而向所有人开放时，专业知识便形成了建构新学科的土壤，而通俗知识不断借助传播媒介走近大众，由理论变成常识，以至于查尔斯·金斯利（Charles Kingsley）饱含深意地反问道："还有什么是知识不能拯救的？"[1]

新的知识最初被发现时，它可能是神秘的、晦涩的，被限制在一个狭小的学术社群范围里，并呈现为一种"内行语言"。无论是传统上《圣经》的神学阐释，还是科学时代的生物机理与属性的阐释、行星系统的天文阐释、法定推理的阐释、历史发生过程的逻辑阐释，以及语言和阐释机制本身的阐释，等等，在微观层面上都含有"技术化（mechanization）"的倾向。其产生与叙述如同仪器般精密而且专一，因错综复杂的技术训练、漫长的研究时间和知识社群建立的社会边界

---

[1] Charles Kingsley, "Thrift. A Lecture Delivered at Winchester, March 17, 1869," in Charles Kingsley, *Health and Education*, New York: D. Appleton and Company, 1874.

而对外行人紧闭大门。新知识的界定与学术权威关联在一起，但权威的名誉并非依托于其隐秘的"研究"本身，而依托于高等教育机构或学术集团的资格评审，甚至是公众群体的阅读接受。在维多利亚时代，博士学位论文答辩和专业参考期刊的出现让学术研究有了可核算的指标，著作与讲座的量化进一步增加了学术资本。知识的出版、销售乃至在全社会形成传播体系成为学者默然一生从事科学研究的生涯意义，以及个人价值的最终体现，权威的名誉便浮现于这样一种社会交际的环流之中。

本书将要讨论的不是知识与"知识的产生（knowledge discovery）"，而是"知识的生产（knowledge production）"。"生产"本是一个表示工业制造的词汇，在这里，它强调知识从原材料加工成普罗大众可接受、可掌握的"产品"的过程。"知识生产"在很大程度上没有脱离工业制度的意义范畴，只有借助传播手段的工业化、专业化推进，知识才能在19世纪的英国真正开始向公众普及，或者按马丁·当顿（Martin Daunton）的话说，开始知识的"大众化（poplularisation）"。① 那么，谁在做这项工作？知识在被发现者采集、分析、实验、推演中成型之后，谁将它转化成顾客消费的"产品"，而最终进入"可见的人的思想"？在本书里，这些人包括学者、教

---

① Martin Daunton, "Introduction," in Martin Daunton, ed., *The Organisation of Knowledge in Victorian Britain*, Oxford: Oxford University Press, 2005, p. 2.

师、课程制定者、出版商、印刷商和图书编辑,还有接受知识的大众自身。知识生产并不等同于教育,虽然它的确是一个主动寻求接纳的过程,人们也渴望利用知识来实行社会管理和文明进步,但它不像教育那样处于严格封闭的内在体系中,也没有教育的强制性。它寄生于市场,服务于国民。

当然,知识从内行圈子转向外行的广泛受众前,必须要处理好自身理论诠释的冲突,给它披上科学的制度化外衣,即获得合法性,这往往意味着一门学科的建立。许多现代学科是在维多利亚时代才开始被认为是真正的"学科"而非不够高雅的"工艺"或民间"道理",例如历史学、考古学和生物科学。最令当时学者费解的"知识生产"问题是:如何保证知识在公众视野中处于最新状态?如何在潜移默化中帮助公众淘汰曾占统治地位但已过时的知识?以及非常重要的,如何从庞杂的知识供应中辨别出欺诈性的假知识?正式的学术机构身份提供了一种保证,而大学的教学课程提供了另一种保证。牛津大学和剑桥大学从口试评定转向笔试评定的变革,证明教育领域正以广泛的学生团体为基点,促动专业知识的"迭代更新"。学者们不再单单向普通人叙述已知的知识,而且要解释行业内的"秘密",即知识如何被发掘以及人们为何能够发掘知识。所以知识阅读的智性诉求与道德诉求分离开来,它更多地具有了身份认同或者现实主义色彩。

在此之后,新思想被呈现于供出售的杂志、周刊和评论上,也被融入商业领域的活动。广告税在 1853 年法令后废除,印花税从 1836 年开始降低至 1 便士直到 1855 年完全废除,随后1861年针对报刊的"知识税"也一并废除。周期印刷品最终实现了"独立",不必一定跟随文学潮流,但能够用知识出版引导潮流。不仅像伦敦皇家学会、爱丁堡皇家学会、实用知识传播协会这样的综合性知识机构,而且像自然、人文科学领域的各种专职研究学会几乎都发行了称得上行业权威的会刊(如《哲学会刊》(*Philosophical Transactions*))。文人如柯勒律治、狄更斯也愿意担任专业知识刊物的主编,更不必说致力于学术作品出版的牛津、剑桥、爱丁堡等大学的出版社,而麦克米伦公司(Macmillan)、钱伯斯兄弟公司(W. & R. Chambers)和基根·保罗(Kegan Paul)、查尔斯·奈特等出版商也专为大众出版知识丛书和杂志。比如《自然》(*Nature*)和《英国历史评论》(*English Historical Review*)便是其中令人瞩目的、在国际视野中影响力十足的例子。这种模糊了专业学术与通俗认知之间界线的现象,并不与知识本身结构的科学化相冲突。更多数情况下,它出于19世纪普遍的学者公共职责自觉、出版人的知识生产与传播效益,以及大众读者的求知需求。正是有此现象,维多利亚时代的"知识社会"才显得如此特别。

若我们不局限于上述的周期性印刷品,将知识印刷之范围继续扩大,或许可以一瞥维多利亚时代"知识生产"最为核心的要义——知识书籍的巨量流通。首先,这因循书籍出版业的迅猛扩张。19世纪英国出版经济关注资本化、集中性生产与控制、技术限制与突破、配给分销效率的种种问题。得益于以蒸汽印刷机为基础的"第二次印刷革命",书籍制造技术的更新速度达到了历史最快,而且涉及技术范畴全面"开花",从造纸、铸字、印刷、铸版、刻图到装帧,产生的变革无一不促进书籍的大规模生产。19世纪初时书籍在英国也许还是一种奢侈品,但到该世纪下半叶,每年印刷书籍数量提升了四倍,而由于成本降低,书籍的平均价格也下降了一半,书籍才真正开始属于人民而非精英。由此,出版社亦可以在书籍生产中投入更多的工业资本,利用专业化的财政管理、系统化的分销机制与有侧重性的书籍贸易实践确保实现最大利润。

从19世纪早期开始,英国出版业经历了新一轮商业重组,出版贸易结构的垄断逐渐形成。大型出版商在法律保护下大量投资书籍版权,从一个更自由、更有竞争性、不断膨胀的市场中获得前所未有的生意机遇。银行和保险服务的完善减少了书籍仓储和运输的风险,并且信贷的发展显著降低了书籍交易费用。在这样的经济环境下,大众通俗出版终于能更全面地回应业已增长的读者需求,尤其是19世纪中后期读者迸发的对自助教育类书籍的新需求,愈加广泛的知识通过印刷成书的形式被组织起来,向国民大众开放供应。[1] 垄断性的大出版商,如约翰·默里、理查德·本特利、布莱克伍德、朗文、利文顿和劳特里奇,利用各自的丰富资源和资本几乎

---

[1] John Sutherland, "The Institutionalisation of the British Book Trade to the 1890s," in Robin Myers and Michael Harris, eds., *Development of the English Book Trade,* 1700-1899, Oxford: Oxford University Press, 1981, pp. 95-105.

侵入每一个出版领域，包括教科书、旅游指南和科学著作。另一些像钱伯斯兄弟、柯林斯、查尔斯·奈特、麦克米伦这样的新兴出版商，以及集中主要资金投入知识出版的剑桥、牛津大学出版社，连同垄断性大出版商一起推进了维多利亚时代知识出版的繁荣与质变。它们发行廉价的知识普及系列读物，将零售书店开设到车站、郊区和乡镇，到外省城市、殖民地和海外建立分社，其动力正是源自一种为全体大众带去知识的使命感。

作者版权（知识产权）的完善让书籍不仅仅被看作用于交易的"商品"，而且在法律意义上承认了它们所承载的文化、知识价值。自1710年英国第一部版权立法《安妮法案》(Statue of Anne)以来，英国的作者们就在不断争取扩大法律对文学财产权的社会保障性。到19世纪，英国的大部分作家不再需要依靠贵族赞助人，可以凭借书籍版权收入就可谋生，成为"职业作家"。以罗伯特·骚塞（Robert Southey）、威廉·华兹华斯（William Wordsworth）为代表的一些较有声誉的职业作家，要求法院重审1774年的唐纳德诉贝克特案(Donaldson v. Becket)[①]，最终促成了1842年的新版权法的诞

---

① 爱丁堡书商亚历山大·唐纳森(Alexander Donaldson)决意打破伦敦书商对书籍贸易的垄断,将占有詹姆斯·汤姆逊(James Thomson)《四季》(*The Seasons*)永久版权的伦敦书商托马斯·贝克特(Thomas Becket)告上法庭和上议院.最后,上议院宣判否定永久版权,确立了作者版权的有限期限原则.参见 Mark Rose, *Authors and Owners: The Invention of Copyright*, Cambridge, Mass.: Harvard University Press, 1993, pp. 92-112.

生,从此作者获得总共42年或作者在世时长加7年的作品版权保护期。当书本创作真正成为有利可图的工作,作者撰写知识的热情便空前高涨了起来,这为知识出版领域的"作者-出版商联盟"扫除了障碍,版税分成制从文学类图书向通俗知识类图书,甚至学术图书蔓延。比如,1856年历史学家托马斯·巴宾顿·麦考莱(Thomas Babington Macaulay,1800—1859)就从其撰写的《英国史》第三卷的销售中赚得2万英镑的版税抽成。[1]

论及维多利亚时代的图书市场,人们通常会将这个时代称为文学尤其是小说的"黄金时代",但从读者反馈来看,知识类书籍似乎更胜一筹。根据19世纪30—90年代的书籍印量统计,历史、科学、语言类书籍的付印规模始终高于平均水平,也高于文学书的印量水平,若非的确存在如此大量的读者需求,很难说出版商会愿意长期保持此类书籍的大规模发行。销量数字再次证实了这一点:知识类书籍的销量一骑绝尘,仅是历史书的市场份额占比就超过了10%。和文学类书籍相比,知识类书籍往往能保持更长久的市场畅销,学术著作一旦被认可了价值而成为学科经典,便很难被历史所湮没,多数情况下会经久不衰地再版直到今天。

撰写成文字、制造成书籍的知识不单单进入销售的市场向大众扩散,而且也因"印刷的持久性(endurance of print)"

---

[1] J. A. Sutherland, *Victorian Novelists and their Publishers*, London: The Athlone Press of the University of London, 1976, pp. 137-138.

而进入图书馆的知识储存空间。事实上,公共图书馆是一项维多利亚时代的发明,它在另一个方向上促进了阅读的民主化,以及知识的大众化。从1835年大英博物馆设立图书馆活动调查委员会开始,一场"公共图书馆运动(Public Library Movement)"随之掀起,1850年《公共图书馆法案》(Public Libraries Act)的通过象征着运动的高潮,图书馆的使用、组织、管理和资助开始被视为全国性的公共问题。此后,各地接受法案新建立的公共图书馆得到国家扶持,主要靠公共基金拨款而非私人捐赠或会员订阅运作,因此能为阅读旨趣和习惯不同的更广泛的公众开放藏书,无论其身份、性别、阶级、财产、职业如何。读者们还可以亲身走进公共图书馆内,在开放书架上自由选书,而无须再依照藏书目录提前预订,这些在流通图书馆①盛行的年代几乎是无法想象的。

法案对公共图书馆应存放何种类型的图书没有设定任何限制,按"公共图书馆运动"领导人之一爱德华·爱德华兹(Edward Edwards)的理解,公共图书馆为人们提供学问的、能流传下来的"珍品之选(choice treasure)",包括古往今来承载人类各种知识、心力与感悟的一切经典图书。② 以往的图

---

① 即Circulating library,一般由私人商家、机构和组织建立,采取会员付费制形式,依靠会费盈利和运行,根据会员推荐和机构性质,藏书题材通常有倾向性.在18世纪至19世纪中后期,流通图书馆在英格兰、苏格兰非常普遍,公共图书馆兴起后逐渐衰落.

② Edward Edwards, *Memoirs of Libraries: Including a Handbook of Library Economy*, London: Trübner & Co., 1859, p.632.

书馆，无论是商业性质的流通图书馆、教会图书馆还是私人俱乐部图书馆，需要为满足自身的特定读者购进专门的图书。以流通图书馆为例，小说在其中占据了最主要的位置，藏书宗旨强调"新奇"。公共图书馆的出现带来了一场全国性的讨论，其结果确立了图书馆保存历史上与现下"全部人类知识"的精神原则，而且拥有这些知识的书籍通过图书馆服务应为所有人共享。

本书主要内容共三个部分七个章节，分别围绕维多利亚时代"知识生产"问题进行个案研究，旨在通过对当时英国几种有代表性的智识领域进行深入剖析，探索"知识生产"之于维多利亚社会与公众的不同意义。

为何是维多利亚时代？毋庸置疑，这一时代是英国有史以来国家实力达到鼎盛、社会最为稳定的时代。1837年，年仅18岁的亚历山德里娜·维多利亚（Alexandrina Victoria, 1819—1901）登基为英国女王，在她漫长的64年统治生涯里，见证了英国历史中最辉煌时期的成就。[1] 工业革命的深入推进、科学技术的进步与革新造就了这个时代无与伦比的经济繁荣。19世纪中叶，英国的棉花、钢铁产量占了世界总量的一半，工业制造品几乎遍布全球。同时，英国的航运和造船业享有其他国家难以望其项背的垄断地位，英国还拥有世

---

[1] 关于广义的维多利亚时代的时限，学界有不同的看法。有人认为可以将1832年第一次议会改革作为维多利亚时代的开端，也有人认为可以把1914年第一次世界大战爆发作为维多利亚时代结束的标志。一般意义上的维多利亚时代是指维多利亚女王统治时期。

界上最为庞大的商业贸易队伍。同时，城市有完备的设施体系，乡村农业也采纳了革命性的科学手段，铁路与公路的交通工程飞速铺展开来——这样的经济奇迹让英国人均收入达到新高，中产阶级从"世界工厂"中赚取了大量社会财富而迅速崛起。顶着"世界工厂"和"日不落帝国"的光环，维多利亚时代的英国成为世界上无可匹敌的霸权国家。

物资丰裕的社会创造了维多利亚时代的英国人空前骄傲的民族心态，而竭力展示帝国新知识的成就便是其中一大表征。1851年，伦敦在世界上第一座大型金属和玻璃建筑"水晶宫"举办了世界首次工业博览会，陈列了当时超越想象、令人惊叹的新型工业机械。除此之外，陈列馆还收罗了来自欧洲和英国辽阔的海外殖民地的新奇展品。在维多利亚时代的英国人眼中，帝国有着顶尖的工业优势、庞大自由贸易体系和广阔的海外殖民地市场以及大无畏的冒险精神，并集中了世界上最有能力和知识的人群，才造就了如此巨大的国家繁荣，这理应让每一个英国人为之骄傲。

本书第一部分"学术出版与专业化知识学科构建"，从知识专业化、合法化的角度展开探讨，关注学者与出版商精诚合作寻求有利局面的学术出版体制，从而完成对学术层面的知识构建，或者说是知识在制度内部变革中的"上升"。该部分首先分别讨论自然科学和人文科学特定领域专家的学术出版，以及它们对学科普遍专业化的影响。其次，以历史学家威廉·斯塔布斯（William Stubbs）的宪政史研究写作、编纂与出版作为案例，探究其对英国科学历史学创建的贡献。斯塔布斯的史学知识之精华存于其三卷本《英国宪政的起源和发展史》(*The Constitutional History of England in Its Origin and Development*),他撰写此书的目的是让人们理解英国宪政的起源与成就。在牛津大学,他通过开设讲座、编写教材、促进史学写作、建立学术出版标准、引进兰克史学范式等实践,赋予历史学科以科学性,成为牛津大学第一位专业历史学家,也被认为是"英国第一位真正专业的历史学家"[①]。

第二部分"大众出版与大众化国民知识生产",聚焦通俗出版对"知识的大众化"的积极作用。该部分以维多利亚时代两种畅销的知识整合类书籍——百科全书和旅游指南书的出版史为例,考察了大众知识出版的理念与实践。百科全书曾是知识精英宣扬政治与社会思想的产物,但在出版商钱伯斯兄弟的改造下,《钱伯斯百科全书》以帮助中产阶级与工人阶级大众"自我提高"的姿态冲击了传统的知识阅读生态。另一方面,旅游指南书更是出版商从"旅行文学"与"旅行指南"体裁中重新创造出来、专为辅助中产阶级为主体的"早期大众旅游"的知识型书籍,强调每个游客进行"文化旅游"的独立性。旅游指南书丰富的背景知识介绍与实用信息标志着知识在公共领域的"下沉"。

第三部分"知识撰写与阅读中的人文景观",侧重对"知识生产"进行文学解释,尤其是对于不同人群来说,"知识生

---

① Ian Hesketh, "Making the Past Speak: The Science of History in Victorian Britain," Ph.D. Dissertation, York University, 2006, p.99.

产"的工程有何隐喻。该部分首先以西蒙·温切斯特(Simon Winchester)的非虚构小说《教授与疯子》(*The Professor and the Madman*)作为讨论维多利亚时代"知识生产"参与者的楔子,通过分析温切斯特的历史叙事手法,揭示浩大的《牛津英语词典》第一版编纂工程中"知识生产"的实践行为对于两个阶层、背景与人生目标完全不同的人——博识的约翰·默里教授与疯癫的威廉·迈纳医生来说,有着怎样的隐含喻意和价值。在该部分的另一章节中,讨论了"知识生产"是向家庭中的女性供应指导性、宗教和小说类书籍,它们象征着女性获取知识的可能途径。以此延伸,"知识生产"的价值寄托于受新"家庭"观念掣肘的女性的规训阅读,但被视为"危险"的阅读总是男性一厢情愿的想象,知识对于丰富自我情感与理智的魅力同样是维多利亚时代女性期望从阅读中探寻到的。

这样,通过将各章中相互联系的个案研究串联起来,可以看到一条英国维多利亚时代"知识生产"的大致脉络。以微观见宏观,这些侧影映照出维多利亚时代英国"知识社会"的理念光谱,展现了"知识制造工业"现代化流变的样态。我们希望本书能够起到抛砖引玉的作用,至少为关于19世纪英国知识的人文研究提供一种思路。如果有幸能对此领域的研究者带来一些不同的启发,我们的目的也就达成了。

需要说明,本书前言、结语、第一部分的前两章与第二部分由刘松矗撰写,第一部分的第三章由武玉红撰写,第三部分由袁曼书撰写。由于本书篇幅较多但作者学力有限,内容难免纰漏或误处,理论深度仍可继续挖掘与提高。本着诚恳、开放的态度,我们非常期待广大读者与研究者不吝赐教。

第一部分
学术出版与专业化知识学科构建

导 言

图 1 如今的伦敦市区仍保留着维多利亚与爱德华时代的街道与建筑风格。照片由作者拍摄于 2019 年,位于河岸街的皇家司法院附近。

历史学家将维多利亚时代称为英国发展史上的"黄金时代"①。那时的英国人最引以为傲的,是他们国家领先于世界的商业繁荣和政治自由。商业繁荣在很大程度上要归功于日益增长的工业化,以及为英国商人带来巨额利润的全球出口

---

① Bernard Porter, *Britannia's Burden: The Political Evolution of Modern Britain 1851-1890*, London: Edward Arnold, 1994, p. 26.

网络；加之19世纪的三次议会改革，扩大了政治参与，保障了在工业化进程中成长起来的新兴资产阶级的利益。19世纪的英国还是领先世界的工程创新高地和技术研发中心，故而维多利亚时代的英国人普遍崇尚科学与进步，认为他们可以用改善技术的方式来改善社会。

图2 展现维多利亚时代伦敦议会广场上宏伟、繁忙风光的明信片，背景中大本钟清晰可见。1910年由伦敦O·弗拉姆格尔（O. Flammger）照片公司发行。

但英国的科学专业化进程却很慢，可以说在很长一段时间里都明显落后于德法等欧陆国家。曾致力提倡和支持学术的牛津大学教授弗里德里希·马克斯·缪勒（Friedrich Max Müller，1823—1900）也一度批评英国人不如德国人那样重视学术出版物。[1]

大学出版社被认为有责任推动专业学术书籍的出版和传播。

---

[1] Simon Eliot, ed., *History of Oxford University Press: Volume II: 1780 to 1896*, Oxford: Oxford University Press, 2013, p.61.

例如，罗宾逊·埃利斯（Robinson Ellis，1834—1913）认为英国的大学出版社应该像法国政府那样支持学术出版。弗雷德里克·约克·鲍威尔（Frederick York Powell，1850—1904）坚持认为："作为大学出版社，出版不会立即产生回报的书籍是对他们最大的荣誉，事实上是唯一存在的理由。"1863年初，牛津大学出版社①的管理合伙人宣布他们不仅要承担"世界经典（World's Classics）"②的出版，还要出版"与大学的研究更密切相关的书籍"。许多人强调大学和出版

图3 弗里德里希·马克斯·缪勒，德裔梵语学者、语言学家、比较宗教和神话学专家，通常被认为是宗教科学的创始人。

---

① 需要特别说明的是，后文出现的"克拉伦登出版社（Clarendon Press）"是牛津大学出版社早期的别称。1713年，出版社的印刷从谢尔登剧院搬到布罗德街的克拉伦登大楼，牛津大学出版社也因此被称为"克拉伦登出版社"。当牛津大学出版社在1830年搬到现在牛津的地址时，这个名字继续被使用。20世纪初，牛津大学出版社开始通过伦敦办事处出版书籍，这一标签被赋予了新的含义。为了区分这两个办事处，伦敦的书被标上"牛津大学出版社"，而牛津的书被标上"克拉伦登出版社"。20世纪70年代，牛津大学出版社的伦敦办事处关闭后，这种标签区分行为就终止了。今天，牛津大学博德利图书馆仍保留"克拉伦登出版社"作为牛津大学具有特殊学术重要性的出版物的印版。参见Oxford University Press website，Archives。

② "世界经典"由伦敦出版商格兰特·理查兹（Grant Richards）于1901年创立，后被牛津大学出版社收购，并于1998年更名为"牛津世界经典（Oxford World's Classics）"，该系列已成为牛津大学出版社百年积淀的精品书系，具有相当大的国际影响力。

社有义务出版学术著作,但大多数人不认为出版社"应该放弃以营利为目的的出版想法",他们提出,为了出版可能卖不出去的东西,出版社应该得到大学的资助。事实上,英国大学出版社从来不是一个独立的实体。它是大学的一部分,由校长、院长和学者控制。从17世纪开始,牛津大学出版社就被委托给了该大学的一群资深学者,他们当时被统称为代表委员会(Board of Delegates)。① 对他们而言,大学的声誉和学识的进步始终是重要的考虑因素。

图4 弗雷德里克·约克·鲍威尔在《名利场》(*Vanity Fair*)上,1895年3月。

---

① Simon Eliot, ed., *History of Oxford University Press: Volume II: 1780 to 1896*, Oxford: Oxford University Press, 2013, pp. 61, 63-64, 52-53, 77.

图5（上）　"世界经典"早期部分出版物书影。

图5（下）　"牛津世界经典"出版物之一《丛林之书》（*The Jungle Books*）书影，鲁德亚德·吉卜林（Rudyard Kipling）著。

当时的大学及其出版社都需要出版杰出的学术著作来提升自身的整体学术形象。在18世纪80年代到19世纪90年代之间，学术领域的发展远远超出了神学作品和一开始占据主导地位的经典著作，学术出版也因此受到重视：在这一时期，几乎每一个新学科都有各自突出的刊物、论著出现在出版社的品牌展示中，代表着它们对学术知识的重大贡献。[1] 纵观其历史，人们一直期望学术（或一些19世纪文献中所称的"经典"出版）出版能在不亏钱的情况下提高大学的声誉。然而，要达到这样的期望是非常困难的，直到教育改革和大学扩张才为出版社提供了机遇，即进入学校教科书市场。[2]

在牛津，"克拉伦登出版丛书（Clarendon Press Series）"是通过教育市场的发展推动学术出版的最佳例证。到19世纪60年代，牛津大学出版社发行了大量科学教科书，这些教科书反映了大学科学课程的设置与发展。通过诸如威廉·汤姆森（William Thomson，1824—1907）和彼得·格思里·泰特（Peter Guthrie Tait，1831—1901）的《自然哲学论》（*Treatise of Natural Philosophy*）、詹姆斯·克拉克·麦克斯韦（James Clerk Maxwell，1831—1879）的《电与磁论》（*A Treatise on Electricity and Magnetism*）等著作的出版，该丛书为高等科学教学设定了新的严格标准。维多利亚时代晚期，大学里越来越专业的科学家试图将国外的关键技术出版物翻译成英语。约翰·伯顿·桑德森（John Burdon Sanderson，1828—1905）

---

[1] Simon Eliot, ed., *History of Oxford University Press: Volume II: 1780 to 1896*, Oxford: Oxford University Press, 2013, p.24.

[2] Simon Eliot, ed., *History of Oxford University Press: Volume II: 1780 to 1896*, Oxford: Oxford University Press, 2013, p.337.

的《外国生物回忆录》(Foreign Biological Memoirs)和艾萨克·贝利·巴尔弗(Isaac Bayley Balfour,1853—1922)的"植物学丛书"(Botanical Series)等书旨在让外国科学著作进入英国,他们也意图改变英国(尤其是牛津)的科学。此外,在学术专业化的背景下,期刊也日益成为传播新科学主张的主要工具,出版商争相创建学术期刊,例如牛津大学出版社的《植物学年鉴》(Annals of Botany)和剑桥大学的《生理学期刊》(Journal of Physiology)。与许多领先的商业出版商相比,大学、作者和读者的需求可能在某些方面限制了大学出版社的产出,但他们也确保了出版社在其他方面为学术科学的发展做出了重大贡献。①

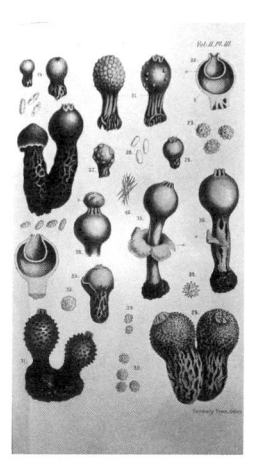

图6(左) 《植物学年鉴》第一期的封面,1887年8月。

图6(右) 用于说明《植物学年鉴》早期问题的有色图版。

---

① Simon Eliot, ed., *History of Oxford University Press: Volume II: 1780 to 1896*, Oxford: Oxford University Press, 2013, p. 557.

专业和大众之间的鸿沟确实不利于出版社的收益，当时很多出版社不愿接受学术性强但利润低的书籍。19世纪的各种教育改革促进了识字率稳步上升，城市的识字率总体上高于农村地区。城市化和识字率的提高为从廉价书籍到杂志的印刷材料提供了一个不断扩大的出版和消费市场。相比之下，专业学术书籍由于脱离大众的需求，通常市场很有限，但这却是学术专业化的必然趋势。

做科研是非常艰难的，一个人若要有效执行研究计划，则需要全身心投入其中；研究者如果时不时从更重要的工作中抽身出来去做对这个国家价值更少的事情，那么他很可能会被更适合这项工作的人取代……整个科研职业要加上高效的科研成果出版，才是科研生涯最令人满意的计划。

——乔治·戈尔（George Gore），《国家进步的科学基础》1882年[1]

---

[1] G. Gore, *The Scientific Basis of National Progress, including that of Morality*, London: Williams and Norgate, 1882, p. 182.

第一章

科学家与出版商：为学术出版造势

图7　1838年在威斯敏斯特教堂隆重举行的维多利亚女王加冕仪式。图画由乔治·海特爵士（Sir George Hayter）受王室委托创作于1839年。

中产阶级出版商就像激进的鼓动家一样，倾向于强调科学的大众宣传价值，他们利用已建立起来的学术知识来展现当下社会秩序的进步轨迹，维护知识精英在大众间的权威。与之相反，工人阶级读者的目标更顾及现实生活，尤其愿意参与科学发现与创造的整个过程。英格兰地区的纺织工、制鞋匠等工匠组成了一个内行小圈子，对于辨识罕见苔藓这样的科学秘密几乎仅在内部流传。他们向世人展现了工人群体如果团结一致、通力合作，也能为科学进步做出实践性贡献。为此，工人阶级读者常在他们周日聚会常去的酒吧、餐馆里设立陈列科学书籍的互助图书馆，借此传阅学术权威作品，如詹姆斯·索沃比（James Sowerby，1757—1822）和林奈学会创始人詹姆斯·爱德华·史密斯（James Edward Smith，1759—1828）的十二卷本《英国植物学》（*English Botany*），这套书对英国植被进行了细致的学术分类与甄别，从而让工人读者能触及学术精英的职业网络。此类酒吧、互助图书馆既是象征工人阶级成就的政治符号，也在无意中形成了对科学学术出版的大众支持。

图8　《英国植物学》中的三幅英国植物彩色图版，由詹姆斯·索沃比绘制。

当然，虽然科学的学术权威作者针对"绅士读者"而著述，但不同出版商对待科学作品，或者说对待科学适用性的态度仍存在争议。例如化学书籍，在维多利亚时代初期它们大多被视为纯学理的书类，通常印量不大；然而在社会主义者发行的杂志文集中，化学也会被罗伯特·欧文（Robert Owen，1771—1858）重新解释为自由思想唯物论的一部分，化学家则被想象成政治解放的现实"代言人"。这些争议背后所反映的，正是学术应如何与出版行为相关联的永恒命题。并非所有科学进步标杆都以书籍形式呈现，比如被公众普遍视为水复合物成分发现者的是化学家亨利·卡文迪许（Henry Cavendish, 1731—1810），而非发明家詹姆斯·瓦特（James Watt, 1736—1819），尽管后者将那些发现付诸出版而前者没有。[①] 同样，开创性的地质学家乔治·贝拉斯·格里诺（George Bellas Greenough, 1778—1855）和植物学家罗伯特·布朗（Robert Brown, 1773—1858）在学界地位崇高，却也几乎没有出版过任何学术著述。

图9　1859年英国科学促进会（British Association for the Advancement of Science）在阿伯丁举办的盛会开幕，大会吸引了全国和世界各地的自然科学家出席。出自《伦敦新闻画报》1859年10月1日。

---

① David Phillip Miller, *Discovering Water: James Watt, Henry Cavendish, and the Nineteenth-Century "Water Controversy"*, Aldershot: Ashgate, 2004, pp. 98-168.

很多情况下,科学取得突破性进展来源于实验的成功,而书籍所起的往往是为后人总结经验、奠定知识资本的作用。正是因为维多利亚时代初期的英国出版界缺乏学者面向公众的发声渠道,大幕背后的出版商才试图打破这一困局。他们的努力证明,学术出版可以让作者在学界获得更高的地位,这种地位与财富、赞助金、政治和文化影响力相关联,鼓舞后人的科研工作。事实是,科学书籍更明显地反映出一种读者期待,以至于出版者游走在精英与大众阅读、理论与实践型阅读的量度之间。① 在科学书籍中,科学家对话与会议论文往往得到最大程度的关注,盖因其"圈内公认的学术性"和知识的统合性、前瞻性,在将科学技术客体化的过程中具备了"知识传承"功能。因此,科学新创造"面世"的步伐总的来说是阶梯性的,与出版商的决定息息相关,而后者在维多利亚时代盛期——英国知识社会逐步形成的时期,将"知识传承"的学术出版推向了高潮。

英国某些学术群体,尤其是伦敦、爱丁堡、牛津、剑桥的一批历史久远的顶尖科学学会,比独立学者更容易意识到出版的重要性。以伦敦皇家学会为例,1847年修改章程之前,学会更像是一家科学爱好者俱乐部,此后则真正成为专业科学家的"学会",其最让人惊讶的改变之一便是在选举入会者方面,从看重社会身份(如皇室成员)和对科学是否有广泛兴趣,转向更注重已出版著述的数量及学术价值。这在1830年以来已初见端倪,当时学会主席有一项重要职责,即为了

---

① Anne Secord, "Science in the pub: artisan botanists in early nineteenth-century Lancashire," *History of Science*, Vol. 32, No. 3 (September, 1994), pp. 291-294.

获取皇室的科学赞助金（奖励给写作、印刷、出版一千副本著作者），安排学会权威成员按各学科专题著书出版。到1847年后，学会用于鼓励、印刷和出版《哲学会刊》的费用大大增加了。由此可知，其间曾竞逐学会主席的著名物理学家迈克尔·法拉第（Michael Faraday，1791—1867）的格言"工作、完成、出版（Work, Finish, Publish）"，或许不仅仅属于个人的自我劝诫，更是表述一种发展现代科学事业的途径。

1830年，皇家学会的另一位重要人物——剑桥大学数学教授、自动计算机的发明者查尔斯·巴贝奇（Charles Babbage，1791—1871）出版了《论英国科学的衰落》（*Reflections on the Decline of Science in England*）一书，书中猛烈批判了科学界犹存的老套、高高在上而不重实际的"敷衍式"出版实践。他提出，自17世纪以来英国科学的逐渐衰落归因于科学教育的长期匮乏，没有任何东西能有效激励年轻人献身科学职业，而轻视科学学术出版的旧传统便是最深层次的阻碍因素。反观欧洲大陆尤其是法国，科研人员的学术出版得到国家和政府部门的鼎力资助。① 据称，当时皇家学会714名会员中只有10%左右的人在《哲学会刊》上发表过两篇及以上学术论文，巴贝奇对此感到十分震惊，在他眼里这应当是学会会员的最低标准。②

像巴贝奇这样的科学家显然不忍看到学术出版只是一种

---

① Jack Morrell and Arnold Thackray, *Gentlemen of Science: Early Years of the British Association for the Advancement of Science*, Oxford: Oxford University Press, 1981, pp. 47-49.

② Charles Babbage, *Reflections on the Decline of Science in England, and on Some of Its Causes*, London: Printed for B. Fellowes, 1830, p. 155.

图10 著名数学家与科学家查尔斯·巴贝奇，19世纪皇家学会的重要改革派成员。画像由托马斯·杜尔·斯科特（Thomas Dewell Scott）绘于1871年。

无谓的形式，它让科学与民众保持着一种无法言喻的"神秘距离"。学术出版物要么被束之高阁，要么被弃之敝屣。巴贝奇发现，皇家学会至少有2000英镑的基金花在一位成员的解剖学论文绘图上，而这位成员刚好履职于投票决定出版内容的委员会。同样，在伦敦的格林尼治皇家天文台，近五吨重的已出版天文手册被当成废纸板廉价出售，令巴贝奇痛心疾首。[1] 巴贝奇强调出版是打破知识壁垒的关键手段，认为英国工匠学徒制下科学知识口耳相传的旧传统让科学学术的增长变得低效，浪费了工匠的创造意识。1832年巴贝奇委托廉价知识出版商查尔斯·奈特（Charles Knight，1791—1873）发行《论机器与制造经济》（*On the Economy of Machinery and Manufactures*），致力于向公众广泛宣介那些制造业的秘密实用知识，这在当时不啻为一次勇气十足的义举。

诚然，在维多利亚时代初期，利用出版向公众发掘科学真相并不容易，即使是最热心推动学术知识普及的出版商，也必然要兼顾商业利益，这也是他们作为商人的第一要旨。文学家爱德华·布沃尔-李顿（Edward Bulwer-Lytton，1803—

---

[1] Charles Babbage, *Reflections on the Decline of Science in England, and on Some of Its Causes*, London: Printed for B. Fellowes, 1830, p. 109.

1873）的小说《英格兰与英格兰人》（England and the English）描绘的场景道出了新兴学者面临学术出版的左右为难：出版商拒绝为一位年轻科学家出版其科学著作，因为从商业角度来说，深奥的学术知识和专业术语只能吸引到非常局限的专业受众，除非这位作者愿意把所谓"基本阐述"的一章扩展成整本书。[①] 以"科学女王"著称的天文学家、数学家玛丽·萨默维尔（Mary Somerville，1780—1872），其出版经历也精准地诠释了这一点。

图11 著名女数学家与科学家玛丽·萨默维尔。在维多利亚时代前中期，萨默维尔致力于向大众读者普及科学知识。由托马斯·菲利普斯（Thomas Phillips）绘于1834年，现藏于苏格兰国际肖像美术馆。

从1831年开始，出版商约翰·默里（John Murray）欣然为她出版了多部科普作品，其中包括她受实用知识传播协会之邀将皮埃尔-西蒙·拉普拉斯（Pierre-Simon Laplace，1749—1827）的《天体动力学》（Mechanism of the Heavens）与其更知名的独著《论物理科学的关联》（On the Connexion of the Physical Sciences）、《物理地理学》（Physical Geography）翻译为阐释基本学术概念的著作，这些译本在默里的宣传攻势下均成为畅销的大学教科书，也帮助萨默维尔进入精英科学家行列。然而，在此之后，萨默维尔为《天体动力学》所写

---

① Edward Bulwer Lytton, *England and the English*, London: Richard Bentley, 1833, p. 294.

的结论性手稿——非常学术地用数学原理解释潮汐和天体运转等学术问题的报告——却不受默里待见,直到她去世也未能付诸出版。[①]

无论是巴贝奇还是萨默维尔,抑或更多维多利亚时代初期的科学作家,他们的出版实践无疑意味着在"学术性原创研究"和"知识整合普及"之间隔起了一道鸿沟,而这将对整个维多利亚时代的学术出版领域产生巨大影响。贵族文学赞助制度的瓦解、读者群体的多样化,进一步导致以大众读者市场为导向的出版业无法再独自支撑专业的科学学术出版。为此巴贝奇等人呼吁政府资助与实施教育改革,但真正的回响来自商业出版界,尤其是来自雄心勃勃的大型出版公司和如朗文、约翰·默里、查尔斯·奈特和钱伯斯兄弟等出版商的大规模参与,表现最突出的就是科学杂志与学术教科书的转型。

一、商业科学杂志的崛兴

科学杂志的转型大致发生在19世纪中期,在此之前,科学杂志的性质定位如同"科学家"身份一样是暧昧不清的,它们与科学新发现的宣布并不相关,更像是一种绅士行为准则,如达尔文和阿尔弗雷德·拉塞尔·华莱士(Alfred Russel Wallace, 1823—1913)礼貌性地在《林奈学会会刊》(*Proceedings of the Linnean Society*)上宣布其自然选择理论那样。巴贝奇意图模仿法国科学家们的例子,只因后者形成了一种约定俗成的惯

---

① Claire Brock, "The public worth of Mary Somerville," *The British Journal for the History of Science*, Vol. 39, No. 2 (June, 2006), pp. 255-272.

例——无论何人,科学事业最重要的成果总会在如《巴黎科学院周报》(*Comptes rendus*)这样的权威刊物上发表正式的科学发现通告,这是巩固科学家权威地位的必经道路。

19世纪上半叶的英国则是另一番模样。当时绝大部分新成立科学组织的会刊基本上都模仿皇家学会的《哲学会刊》,四开本、宽边距、大字体、优良光亮的印刷纸,多含有大量手绘彩色插图,经常不定期发行,期号安排不紧不慢。毫无疑问,这样的会刊耗资昂贵,售价亦无法压低,加之不规律的出版节奏,导致印量和销量皆常陷入低迷。购刊顾客主要是资产丰厚的中产阶级绅士与贵族,他们将目光投向讲述地质学、动物学、解剖学、星体天文学等潜在新科学研究的刊物,让此类制作精致的科学刊物充实自己的藏书室,暗示他们收获、储藏的知识是有永恒价值的。

19世纪中期,这些"养尊处优"的会刊遭遇了商业出版公司的新型科学杂志的挑战,它们采纳八开本版式,每月定期发行,重点照顾普通读者的知识储备和阅读口味。其中尤其值得注意的,是一部颇为长寿的《哲学杂志》(*Philosophical Magazine*)。该刊由苏格兰的铅版改良者亚历山大·蒂洛赫(Alexander Tilloch,1817—1893)创办于1798年,约五十年后,随着杂志合并当时另外三家知名科学杂志——尼科尔森的《自然哲学、化学与艺术期刊》(*Journal of Natural Philosophy, Chemistry, and the Arts*)、专注化学的《哲学年鉴》(*Annals of Philosophy*)和《爱丁堡科学学刊》(*Edinburgh Journal of Science*),它变得更加专业化,涉及知识领域缩小到集中探讨物理与化学两门中坚学科。随后,它成了著名科学出版集团泰勒-弗朗西斯(Taylor & Francis)旗下的重要学术刊物,在伦敦科学出版贸易中享有盛誉。此外,当时集团领导人理查德·泰勒（Richard Taylor, 1781—1858）在同一时期将博物学研究从中分离出来，单独发行一部《博物学年鉴杂志》（*Annals and Magazine of Natural History*），也兼并了另一批难以为继的博物学月刊，继续面向普通读者出版。

19世纪上半叶兴起的这一批商业性科学杂志可谓"规则改变者"。它们通过定期出版，强调学术发掘的及时性而非仅是知识的长远价值，注重实用而非冗长的展示，以此重新定义了一部"科学刊物"的现实意义，变得更像英吉利海峡对岸如法国《化学年鉴》（*Annales de Chimie*）或德国《物理年鉴》（*Annalen der Physik*）那样亲近读者的科学月刊，后者在大众读者中间笼络了一群拥趸，热销一时。这些杂志更加精简、页数更少，内容集中在某些具体的科学新发现上，"探索"甚于"博览"，更像是报纸上的文章。它们是新时代的产物，与读者有种携手并进的亲密关系。

由此可见，维多利亚时代中后期科学出版取得勃兴的调性，便是在转向集中于笼络普通大众读者的前提下，争取缩小涉及知识范畴，在某一点上着重吸引特定兴趣读者，因为

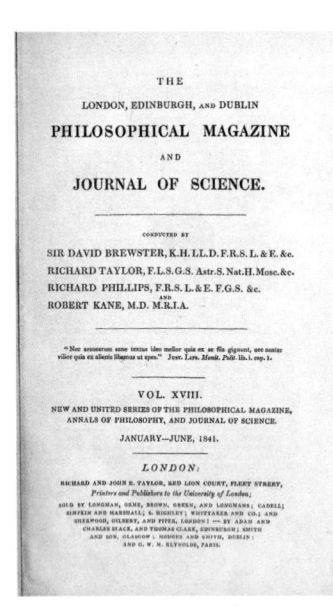

图12 1841年上半年版《哲学杂志》，扉页文字表明该杂志已合并《哲学年鉴》和《爱丁堡科学学刊》。

这时候受教育程度提高的英国人已经不同往昔,他们对科学知识的需求度更高,需要更详细深入的科学探究阐释。上述科学刊物的变革与科学出版业的三缕新风相伴随,它们毋庸置疑奠定了维多利亚时代以精英学术和大众知识和谐共筑的"科学帝国"基础。

首先,新的科学印刷业成型,尤其是摄影术、机械工程学和科学化管理的应用。到19世纪末,甚至是高度学术化的科学杂志,包括科学书籍中的网目铜版照片已在相当程度上取代木雕刻印图画,成为图像例证的标准形式。同样,彩印也在横空出世的短短半个世纪内进入许多科学出版物的内页,无论是昂贵的学术专著还是普及性的大众读物,这一切皆因摄影技术更全面反映真实原景原物细节的能力,远非雕工绘画可比拟,也最终保障了科学作家及出版商所希冀作品拥有的学术权威;机械工程学造就了机械制动的印刷与排字工序,极大地增速了书刊的生产流程;科学化管理起到了类似的作用,它让印刷所成了流水线车间,更容易促进印刷程序与工艺制式的双重标准化发展,以及最后书刊的廉价走向。

其次,科学出版社新老交接,坚持"绅士准则"、依赖绅士科学圈子供应的约翰·默里与朗文公司不再是科学出版的独行者,更年轻并充满活力的新一代知识出版商如劳特里奇、麦克米伦、基根·保罗(Kegan Paul,1828—1902),较之前辈而言更注重前沿学术趋势。

最后,是教育改革增长了人们对各个层次的科学教科书与参考书的需求,这是让科学家摆脱私人赞助制度,更多地利用国家与教育机构基金来出版学术作品的一大关键,有专业基础和兴趣的读者与接受过通识教育的读者能够共襄科学进步的盛举。

在此举一个有趣的例子——《自然》（*Nature*）杂志。《自然》早期发家时的自我定位其实是不明晰的，出版商希望延续伦敦《雅典娜学刊》（*Athenaeum*）立下的传统，用一些著名科学家的画像、简单科普性质的绘画和专题介绍来寻求畅销的可能，结果却不受市场青睐，公司也长期陷入资金困难的境地，一度在19世纪末濒临破产。此时，《自然》的出版商才意识到新一代受科学教育训练过的英国人，其阅读口味并非在于科普，因为很可能他们的父辈就已经受过查尔斯·奈特《便士杂志》和《钱伯斯百科全书》等中低端科普书刊的滋养，甚至还读过几位伟大学者的学术论文。他们需要的是科学杂志进一步的"专家化"与"专门化"——换言之，要重新定义何谓"科学杂志"，让它成为扩大学术研究与创新之影响的标志性介质。于是，《自然》开始集刊发科学新闻与学术讨论，并附带相关领域专家的研究报告。它在尽可能保证学科分支全面性的努力下，转向更长的出版周期。

图 13　《自然》杂志沿用至 20 世纪的图文标识。

其他一些随同《自然》发展起来的职业科学刊物，则更直接地选择收缩学科专注面。如前所述的《哲学杂志》，明确地瞄准对物理领域有学术旨趣的读者，它在20世纪早期的物质理论大论战中扮演了重要角色，曾刊登欧内斯特·卢瑟福（Ernest Rutherford，1871—1937）、尼尔斯·玻尔（Niels Bohr，1885—1962）、约瑟夫·约翰·汤姆逊（Joseph John Thomson，1856—1940）等物理学家关于原子结构与量子理论的关键性论文。[1] 剑桥大学《生理学期刊》（*Journal of Physiology*）自1878年创刊起，便是生理学教授迈克尔·福斯特（Michael Foster，1836—1907）的"剑桥实验生理学派"成员研究成果的重要发表渠道。同样，《遗传学期刊》（*Journal of Genetics*）也承载着生物学教授威廉·贝特森（William Bateson，1861—1926）创建新遗传学科的冀望。[2] 这些由剑桥大学出版社印刷出版的学术刊物逐渐在全世界部署了供稿作者与编辑团队，乃至相应地在全世界各大学、专业图书馆与技术机构拥有了广泛的订阅者。所有这一切的实现，便是商业科学杂志崛兴的自然结果。

二、科学书籍的传统与变革

直到维多利亚时代结束，科学知识的学术出版虽仍由期

---

[1] Graeme Gooday, "'Nature' in the Laboratory: Domestication and Discipline with the Microscope in Victorian Life Science," *The British Journal for the History of Science*, Vol. 24, No. 3 (September, 1991), pp. 313-316.

[2] David McKitterick, *A History of Cambridge University Press, Volume 3: New Worlds for Learning, 1873-1972*, Cambridge: Cambridge University Press, 2004, pp. 168-169.

刊行业主导，但19世纪中下期以来科学书籍也开始散发出巨大光芒。期刊的系列出版特性使出版商便于和书店、读者分摊成本，从而通过增进发行量来抢夺市场份额。① 然而，期刊出版也带来了一些不便，最明显的是个别学科（比如实验物理学与化学）在期刊上获得了绝无仅有的优先权，占据了几乎所有科学杂志的多数版面，是原创研究和"科学公开"类型文章的典型来源，但最终倾向于留存在小范围的专业图书馆馆藏中。科学书籍则不同，这种版式使它们保留着独特而重要的价值，例如作为实用知识的参考文献、作为延伸和引发议论的方式以及作为学科范式的象征。它们有更丰富的读者谱系，常常出现在不同社会地位与等级的人群之间，在公共讨论时亦更容易被注意到。②

在维多利亚时代初期，科学书籍最主要的功能便是作为参考文献，将学术知识的流动"映射"到实用范畴上，这反映了工业革命以来，尤其是牛顿、亚当·弗格森和亚当·斯密所代表的不列颠悠久传统之传承。像玛丽·萨默维尔的《论物理科学的关联》、查尔斯·莱尔（Charles Lyell，1797—1875）的《地质学原理》（*Principles of geology*）这类书并非严格意义上的"教科书"，却旨在促使读者理解科学的规范、内涵及其更大的社会目标，它们迥异于科学杂志的专业化趋向，无意专注于特定的分支学科，而是以整个科学为舞台。

---

① Simon Eliot, *Some Patterns and Trends in British Publishing, 1800-1919*, London: Bibliographical Society, 1994, p. 42.
② Frank A. J. L. James, "Books on the Natural Sciences in the Nineteenth Century," in Andrew Hunter, ed., *Thornton and Tully's Scientific Books, Libraries, and Collectors*, London: Routledge, 2000, pp. 258-271.

到维多利亚时代中期,这种"映射"所具有的巨大开阔性,尤其显著于激发广大民众对心理科学及进化论的爆发式争论浪潮之中。1844 年,一部匿名的书稿《造物的自然志遗迹》(*Vestiges of the Natural History of Creation*)经由伦敦医药书籍出版商约翰·丘吉尔(John Churchill,1801—1875)出版,如今已证实是知识出版商同行罗伯特·钱伯斯(Robert Chambers,1865—1933)入行前所著。当时,这部书破天荒地将全面的科学门类以百科全书式的方式整合进发育进化论的机理,并解释为生物按照上帝法则从原始向复杂形态的进化,尽管并没有多少实在的证据,但不可否认,它的出版在博物学界与民间同时引起了现象级轰动,影响了达尔文、洪堡等一批重要的专业性科学家。当达尔文的《物种起源》于 1859 年出版时,民众对人类进化的反应态度已没有那么剧烈了,不仅仅是因为《造物的自然志遗迹》及其后续种种支持进化论的科学册子,还因为达尔文与约翰·默里这样拥护专业科学权威的大出版商之间的紧密关联。[1] 正如达尔文本人声称,他的书将吸引所有"科学的"与"半科学"的读者,并掀起接下来一个世纪的进化论主题通俗论著的出版之潮,而除默里以外,朗文、麦克米伦、诺格特乃至剑桥和牛津大学的出版社,也多多少少依靠对相关作者的资助最终加入大众科学出版的队伍。[2]

---

[1] Gowan Dawson, *Darwin, Literature and Victorian Respectability*, Cambridge: Cambridge University Press, 2007, p. 26.

[2] Bernard Lightman, *Victorian Popularizers of Science: Designing Nature for New Audiences*, Chicago: The University of Chicago Press, 2007, pp. 219-294.

相应地，这些讲求实用的科学书籍也很快进入书商的畅销书单。剑桥大学的出版商约翰·W. 帕克（John W. Parker，1791—1870）曾出版一系列科学、哲学、艺术学等方面兼具学术性与通俗性的书籍，如威廉·休厄尔（William Whewell，1794—1866）的三卷《归纳科学史》（*History of the Inductive Sciences*）和两卷《归纳科学的哲学》（*Philosophy of the Inductive Sciences*），以及哲学家约翰·密尔（John Stuart Mill，1806—1873）的名著《逻辑体系》（*System of Logic*）。19世纪下半叶，整合后的麦克米伦成为全英国资本最雄厚的龙头出版公司之一，也开始向科教与学术领域进军，曾出版大量关于达尔文进化论争议双方的书籍以及许多普及性科学论著，如1870年为提出价值边际效用理论的政治经济学家威廉·斯坦利·杰文斯（William Stanley Jevons，1835—1882）出版基础教科书《逻辑学初级教程》（*Elementary Lessons on Logic*）和诠释"同类替代（Substitution of Similars）"的论文《科学原理》（*Principles of Science*）。

19世纪末，中产阶级读者兴起带来的结果也是实用性科学书籍规模进一步发展的结果，交汇出一种新的科学出版现象——科学系列丛书逐渐流行。[①] 伦敦出版商基根·保罗公司创建的"国际科学丛书（International Scientific Series）"从1872年开始至一战前夕，共发行98卷，丛书旨在说明其是"精美、珍贵的大众科学文库"，而且拥有"新颖的设计、迷人的形式、令人印象深刻的文字、适中的价格"，对"吸收实

---

① Leslie Howsam, "An Experiment with Science for the Nineteenth-Century Book Trade: The International Scientific Series," *The British Journal for the History of Science*, Vol. 33, No. 2 (June, 2000), pp. 187-207.

用知识是必不可少的"。① 19世纪已有科学著作经典组成的系列丛书也变得层出不穷，比如伦敦出版商约瑟夫·M. 登特（Joseph M. Dent，1791—1870）在出版了丁尼生、简·奥斯丁和莎士比亚的文学经典系列后，于1904年正式推出"凡人书库丛书（Everyman's Library Series）"。这套丛书每本售价仅1先令，但主题涉猎广泛，包罗万象，也精选了不少知名科学家，如电磁学家法拉第、地质学家休·米勒（Hugh Miller, 1802—1856）等人的经典作品，在20世纪初取得卓越成功。1913年，登特还顺势推出多卷本的《凡人百科全书》（*Everyman's Encyclopaedia*）作为补充，各卷可分开购买。②

在某些特定领域，例如对外报告实验室研究与田野调查结果方面，科学书籍确实有着极其重要的不可替代性。它们不仅仅映照着"科学"与博物馆的持续联结，而且作为对公共或私人陈列实验标本的周密观察，它们实质上就是一种"纸上博物馆"。在今天，此类科学书籍或可称为"论文集"，它们以作者围绕单一专题撰写的大量论文构成，有时甚至分为多卷。到了维多利亚时代中期，这一出版形式逐渐成为作者展现、检验其专业学识与能力的社会标准。

需要注意的是，这样一种科学论文集的出版形式，本来是很可能被其相对内行的学术话语限制在一小撮职业科学家圈子内的，但它又是如何在维多利亚时代收获足够大的读者

---

① Leslie Howsam, *Kegan Paul: A Victorian Imprint: Publishers, Books and Cultural History*, London: Kegan Paul International, 1998, p. 33.
② Terry I. Seymour, "Great Books by the Millions: J. M. Dent's Everyman's Library," in John Spiers, ed., *The Culture of the Publisher's Series, Volume 2: Nationalism and the National Canon*, Basingstoke: Palgrave Macmillan, 2011, pp. 166-172.

群体而得以成为上述"社会标准"？诚然，那些论文集大多设计有十分美观的版式，增添了彩色插图和表格，印刷质量上乘，都有利于向大众传播，但最重要的还是英国18世纪传统的绅士阅读习惯——如古物研究（antiquarianism）的旨趣再次起了作用，被如此自然、正当地吸收进新科学中。尤其在博物学、地质学和机械学方面，学科内部的进一步分化促使那些针对地方性的、在知识体系上并不细致但较为综合性的书籍不再受专业研究者（如植物学家、动物学家、物理动力学家）青睐，转而成为大众读者争相捧读的对象。① 比如早些年罗德里克·默奇森（Roderick Murchison，1792—1871）的《志留系》（*Silurian System*）和稍晚些年查尔斯·伯德（Charles Bird，1843—1910）的《约克郡地质学概览》（*A Short Sketch of the Geology of Yorkshire*），都明确向有志于农业或矿业进步的乡村绅士读者致语，从而让博物学与地质学书籍有了和传统神学、古典书籍并驾齐驱进入绅士藏书室的资格。②

既然科学书籍已经突破收支平衡点，进入大众市场，在论文集的出版商眼中，当然获利门道多多益善，因此他们在笼络爱书人、藏书家和对新鲜事物尤有兴趣的绅士读者的同

---

① Anne Secord, "Botany on a Plate: Pleasure and the Power of Pictures in Promoting Early Nineteenth-Century Scientific Knowledge," *Isis*, Vol. 93, No. 1 (March, 2002), pp. 33-35.

② J. C. Thackray, "R. I. Murchison's Silurian system (1839)," *Journal of the Society for the Bibliography of Natural History*, Vol. 9, No. 1 (1978), pp. 63-65; J. C. Thackray, "R. I. Murchison's Siluria (1854 and later)," *Archives of Natural History*, Vol. 10, No. 1 (1981), pp. 37-43; Charles Bird, *A Short Sketch of the Geology of Yorkshire*, London: Simpkin, Marshall, & Co., 1881, pp. v-vi.

时，自然不会放弃专家读者。例如博物学书籍中常有将动物、花草、鸟类表现得活灵活现的精美插图，很容易给予专家读者直观的感受，激发后者创作学术论著的灵感，形成一个隐形的、非功利性的但却意外富有成效的博物学研究、扩散生态圈。

图14 博物学家约翰·雷的半身肖像。在雷学会的所有资助出版物上皆会印刷该肖像作为学会标志。

博物学的这种市场表现在19世纪下半叶达到巅峰。同一时期，潜在的专家分化也开始了，他们以"旨趣集团"为中心的出版行为很可能与学科的细分专业化，特别是动物学、植物学、分类学、化石学和实验生理学相生相随。比如，19世纪40年代以来，英国建立了许多专门的科学学会，资助会员在博物学细分领域的书籍出版。成立于1844年、以17世纪英国"博物学之父"约翰·雷（John Ray，1627—1705）命名的雷学会（Ray Society）的一大宗旨即发行动物学的新著或译著，曾出版过达尔文关于蔓足纲生物分类的卷宗。而1847年伦敦一批化石专家建立的化石学会（Palaeontographical Society），则是专门为了出版诸如腕足类生物壳体或脊椎生物化石等主题的研究成果。毫不意外，"旨趣集团"的出版实践将同一学科领域的专家、作者、出版商、书商和读者维系于同一知识通道，大大提高了思想交流的效率。

无论如何，在19、20世纪之交，科学家、出版商、学术机构乃至政府赞助者的联合意味着，科学书籍相比一个世纪前已经破除了诸多传播上的桎梏，拥有了稳定得多的市场商机，所占销售份额亦节节高升。老牌出版商增加了科学书籍出版计划，一些新的出版公司也将科学书籍作为其生意的一项基本组成部分。[①] 从出版商的角度说，使之成为可能的——或者说在市场影响上他们最为看重的，当然是科学书籍的实用教育意义，这一点与科学期刊截然不同。如果说如达尔文《物种起源》那样的划时代著作所具有的是宏观象征意义——重新拟定了专业科学的变革方向，那么教科书这一特别书类便在较低的生活层面上不断装点、完善着维多利亚时代科学教育事业的大厦，让新的科学思想在大学环境中日趋发酵。

另一个便于出版商发挥力量的地方，便是初等教育。在19世纪之前，小学课堂上还没有标准的几何、代数教科书，对于初阶的数学原理教学，小学教师一般使用古希腊数学家欧几里得的《几何原本》，并长期通过二手书贸易来满足需求。《几何原本》在18世纪得到了不同种类的改编、调整与修订，不少传统主义教育家仍将其视为当代最好的几何概论书。

---

① Simon Eliot, "Patterns and Trends and the *NSTC*: Some initial observations. Part Two," *Publishing History*, Vol. 43 (January, 1998), p. 80.

但到19世纪末,新的科学出版商试图挑战这一古代权威,指出工业经济时代的几何命题不应由一位遥远的古希腊人来指导。[1]

有些专业化的科学分支,如化学、物理学、地质学和生理学,是从19世纪末才开始大规模进入小学教纲的。虽然钱伯斯兄弟公司从维多利亚时代初期就已开始定期出版科学教科书,但大部分适用于家庭自学而非正规学校教学。1870年《初等教育法令》(Elementary Education Act)规定实施国家统一标准的世俗学校教育方案,奠定了学校管理教俗分离的基础,开启了近二十载的初等教育转型之路,最终造就了学校对基础科学书籍的巨大需求。[2] 麦克米伦公司再次走在了变革前沿,从19世纪60年代起发行了版本众多、特色鲜明的初等科学教科书,如1866年初版的托马斯·亨利·赫胥黎(Thomas H. Huxley,1825—1895)《基础生理学教程》(*Lessons in Elementary Physiology*)和亨利·罗斯科(Henry Roscoe,1800—1836)《基础化学教程》(*Lessons in Elementary Chemistry*),并且在接下来数十年内不断再版,均卖出超过20万本。[3]

此外,面向中学和大学使用的科学教科书亦迎来转机。在当时,大学教育体系本身的改革已然为科学理论、经验与

---

[1] Leslie Howsam, Christopher Stray, Alice Jenkins, James A. Secord and Anna Vaninskaya, "What the Victorians Learned: Perspectives on Nineteenth-Century Schoolbooks," *Journal of Victorian Culture*, Vol. 12, No. 2 (January, 2007), pp. 267-272.

[2] Alexis Weedon, *Victorian Publishing: The Economics of Book Production for a Mass Market, 1836-1916*, London: Routledge, 2003, pp. 134-137.

[3] Simon Eliot, "'To You in Your Vast Business': Some features of the quantitative history of Macmillan, 1843-91," in Elizabeth James, ed., *Macmillan: A Publishing Tradition*, Basingstoke: Palgrave, 2002, p. 24.

学习法的传播创造了前所未有的市场需求，无论是在学生还是教师群体当中，科学教科书的市场蓬勃扩张。比如，剑桥大学生理学教授迈克尔·福斯特的《生理学课本》(*A Textbook of Physiology*) 由麦克米伦于 1870 年首次出版，此后在英国各大学普及开来，成为大学中建立进化论科研传统的关键角色。[1] 相似地，1882 年麦克米伦还出版了苏格兰地质学家阿奇博尔德·盖基（Archibald Geikie）的大部头《地质学课本》(*Text-book of Geology*)，在各大学同样得到教授们的推荐和使用。19 世纪末开始活跃的剑桥与牛津两所大学的出版社，甚至也将科学出版作为事业主要支柱。[2]

在"漫长的 19 世纪"，科学出版物的变迁可以说是一部英国知识精英逐渐走出孤立状态的故事，更不必说维多利亚时代从盛期到晚期，那些作为作者的科学家实际上跻身为科学工业大发展的社会里居于领导的角色之一。他们的出版物传播受益于市场的变化、教育的普及和各类机构对知识的出版资助，同时也受益于印刷的进步与科学知识出版商的高瞻远瞩，后者将科学家的笔下计划付诸为真正的实践，且为之布下恰当的、富有远见的读者宣传。新的科学杂志与书籍强调"科学"知识在大英帝国中的显著位置，催生了自由科学作家和学科专家的联盟，使科学从实验室既能到达贵族和精英手中，也能到达中产阶级与工人阶级手中。

---

[1] Gerald L. Geison, *Michael Foster and the Cambridge School of Physiology: The Scientific Enterprise in Late Victorian Society*, Princeton: Princeton University Press, 1978, p. 6.

[2] David McKitterick, *A History of Cambridge University Press, Volume 3: New Worlds for Learning, 1873-1972*, Cambridge: Cambridge University Press, 2004, p. 59.

本书更易读的部分已经以课程形式讲给我的一些关心古典学的学生，它们现在和另外某些读起来不好理解的章节组合在一起出版。如此，我希望整本书能对更大圈子的学生有用处——特别是那些不打算成为文本考证的专家、但发现其研究不可避免要遇到文本问题的学生们。许多人倾向于将文本考证视为疾病，但它既非疾病亦非科学，它只是对研究者造成困扰的一系列问题的常识性解决方法，因为他们要的证据取决于原稿的权威性。

——弗里德里克·霍尔，牛津版本《古典文本指南》序言 1913年[1]

---

[1] "Preface," in F. W. Hall, *A Companion to Classical Texts*, Oxford: Clarendon Press, 1913, p. iii.

第二章
以书之名：古典人文的学术新生

在维多利亚时代的学术出版变革进程中，人文科学可谓是自然科学的"镜子另一面"。自然科学发现一旦经证实，将是新兴的、迅猛的、转变世界知识体系的，其出版强调在社会公众间的通达性；之于人文科学，它是有传统渊源的、变化缓慢但细水长流的，并且公众间已然长期存在消遣或教育导向的通俗阅读，特别是关于文学、历史与法律作品的阅读。因而，人文科学出版更需要关注学术自身的传承与迭代。

如果说自然科学的学术出版勃发是 19 世纪英国技术革命进一步深入、资本社会结构内部扩张与殖民主义思想再强化所催生的结果，那么旧有的传统人文科学，如语文学、英语文学与古典学的出版遭受冲击而求变的程度亦不亚于此。而且，人文科学作者脱离贵族赞助人制度之后，较之自然科学作者而言更加需要出版书籍来建立、稳固其学术地位，甚至可以说成功的出版是赋予其知识垄断神圣性乃至经济与生涯保障的唯一可能。悬置在每个人文科学作者与知识出版商头上的这种迫切压力，则整体上支持了维多利亚时代人文科学的普遍专业化。

一、古典语文学的专业化发展

维多利亚时代语文学的专业化,首先从英语研究的建立开始。当19世纪30年代德意志的语文学展现出成就卓著的一面,弗里德里希·施莱格尔(Friedrich Schlegel,1772—1829)、弗朗茨·葆朴(Franz Bopp,1791—1867)和雅各布·格林(Jacob Grimm,1785—1863)的作品为前革命时代欧洲语文学创建新的民族主义研究范式时,语文学专业化的德意志根源已在英国激起涟漪。①两位受此影响的英国语文学家——约翰·米切尔·肯布尔(John Mitchell Kemble,1807—1857)和本杰明·索普(Benjamin Thorpe,1782—1870),在这场英语研究的改革运动中举领袖之大旗的人物,也是最大程度利用出版来推进英国文学专业化的典范。

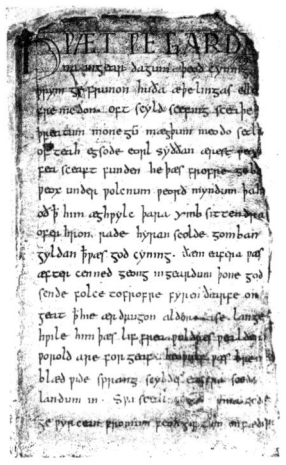

图15 古盎格鲁-撒克逊语言文字。图为古英国史诗《贝奥武夫》原书残卷开篇,语言学家通过对照、研究残卷上的文字来分析古盎格鲁-撒克逊的语法习惯。

确切地说,索普的名声与学术地位的确立,几乎全然围绕伦敦激烈的出版业竞争而实现,其著作的知识价值与出版

---

① Michel Foucault, *The Order of Things: An Archaeology of the Human Sciences*, New York: Pantheon Books, 1970, pp. 280-300.

商的商业蓝图不谋而合。索普最初是一位古不列颠研究者，一次偶然的机会，于1826年来到丹麦哥本哈根，接触到刚从东方考察归来的语文学家拉斯穆斯·拉斯克（Rasmus Rask，1787—1832）的盎格鲁-撒克逊语言研究。他还于1830年通过哥本哈根的S. L. 莫勒印刷公司（S. L. Møller）来印制其翻译的拉斯克经典论著《盎格鲁-撒克逊语法》（*Grammar of the Anglo-Saxon Tongue*）——一部关于这种古语要义与词形变化的概论。而彼时，这一学术类别在英国本土并不受欢迎。辗转之下，索普回国后决定在伦敦寻找对语言知识比较热情的出版商来支持其接下来的盎格鲁-撒克逊语研究工作，最早向他伸出橄榄枝的是伦敦古物研究者学会（Society of Antiquaries of London），该学会以资助成员出版古物文献学为宗旨。1831年伦敦的布莱克、杨与杨合伙出版公司（Bright, Young and Young Publishers）向学会推荐合作出版索普的第一部著作《凯德蒙对盎格鲁-撒克逊圣经部分内容的韵律释义》（*Cædmon's Metrical Paraphrase of Parts of the Holy Scriptures in Anglo-Saxon*），意图从此建立起一个有竞争力的文学研究丛书来打通市场。[①]

最终，学会同意出款资助，而这部著作成为奠定今日盎格鲁-撒克逊研究的里程碑之作，也被称为"凯德蒙手稿（*Cædmonian Manuscript*）"。可以说，古物研究者学会与伦敦知识出版商在资助学者上的合作，让英国古民族语文学专业化迈出了最重要的第一步。

---

① Philip Pulsiano, "Benjamin Thorpe (1782—1870)," in Helen Damico, ed., *Medieval Scholarship: Biographical Studies on the Formation of a Discipline*, London: Garland Publishing Inc., 1998, pp. 79-80.

图16（上） 伦敦古物研究者学会的集会现场。图为1877年在伦敦伯灵顿宫举行的一场集会，其中德国考古爱好者海因里希·施利曼（Heinrich Schliemann，1822—1890）正在发表关于迈锡尼文明考古发掘的报告。出自《伦敦新闻画报》1877年3月31日。

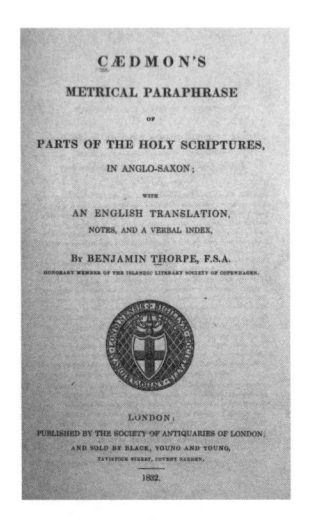

图16（下） 索普的《凯德蒙对盎格鲁-撒克逊圣经部分内容的韵律释义》扉页，又被学界称为"凯德蒙手稿"。

此后，索普接连写作和出版了十余部关于西北欧古民族语文的解读性作品，而在古物研究者学会的宣传下，伦敦的不少商业性合伙出版公司开始认识到它们的价值。知识出版商爱德华·拉姆利（Edward Lumley）对索普极为赏识，两人经过商议后，拉姆利于1851年用150英镑一次性买断方式，为索普出版了其著名的《北方神话学》（*Northern Mythology*），一丝不苟地保留了索普的全部注释、图例，并聘请刻印师精心绘制了多幅插画，这在其以往的学术著作出版中是不曾有的。

拉姆利等出版商之所以愿意为学者出版如此专业化的著作，原因不能忽视"专业化"本身的名声。

二、大学出版社与古典学出版

大学常常是学者们出版著作所仰赖的最佳对象，理论上，学术信仰的先天重合往往促使学者不自觉倾向选择大学出版社来发表作品。

比如英国语文学发展的另一位关键人物、索普的故交约翰·米切尔·肯布尔，便与剑桥大学有千丝万缕的联系，他从1832年开始在剑桥三一学院从事早期中世纪英语文学研究，不可避免地需要剑桥大学出版社来传扬他的学术成果。例如肯布尔最重要的、也是在学术界和大众读者间流传最为广泛的几部著作，包括1839—1848年的六卷《撒克逊时代的外交准则》（*Codex Diplomaticus Aevi Saxonici*），俱得益于剑桥大学出版社的资助与推广。尤其是1849年的两卷本《英格兰的撒克逊人》（*Saxons in England*），为肯布尔争取到剑桥大学近代史教授候选人的身份。①

索普本人曾寻求牛津大学的学术委员会支持,希望牛津大学出版社为其出版一部关于盎格鲁-撒克逊布道诗的论著,为满足学术委员会的要求,索普在伦敦古物研究者学会赞助下组织起一个更专门性的语文学组织"埃尔弗里克学会(Ælfric Society)"。一方面,该学会将是在牛津出书必备的"权威性基础",并且从此以后,索普的确通过牛津大学出版社出版了绝大部分论著;另一方面,索普更期望它为接下来英国学界的盎格鲁-撒克逊文学研究提供持续动力。②

当我们考察19世纪下半叶英国古典学知识整合的巨大突破,包括其在中产阶级间的迅速传播时,更加不能忘记大学出版社在背后的全力支撑。对于古典学书籍——以及哲学、历史学、文艺学、心理学、教育学等大部分人文科学的学术书籍而言,大学内部维系着至关重要的"交流循环圈",它从18世纪起就已在系统性教授此类课程,到维多利亚时代,它不仅提供了人文学术书籍的作者、印刷机构和传播机构,还提供对应的专业读者,为人文科学出版的新生建立了前哨。甚至可以说,正因为人文科学出版仍大部分留存在大学出版社的项目里,像牛津、剑桥、爱丁堡这样的古老大学才得以继续维持英国传统的学术圣地形象。

1860年左右,牛津克拉伦登出版社为协同促进牛津的学

---

① B. Dickins, "John Mitchell Kemble and Old English scholarship," in Eric Gerald Stanley, ed., *British Academy Papers on Anglo-Saxon England*, Oxford: Oxford University Press, 1990, pp. 69-70.

② Philip Pulsiano, "Benjamin Thorpe (1782—1870)," in Helen Damico, ed., *Medieval Scholarship: Biographical Studies on the Formation of a Discipline*, London: Garland Publishing Inc., 1998, p. 85.

术社群，尝试推出一套新的古典人文系列，作为"克拉伦登出版丛书"的分支，系列至1885年左右基本成型。其中，不仅有罗宾逊·埃利斯版本的奥维德哀歌《伊比斯》（*Ibis*），更具雄心的还有本杰明·乔伊特（Benjamin Jowett，1817—1893）注解的《柏拉图对话集》（*Selections from the Dialogues of Plato*）——一部至"二战"后仍有可观学术分量的里程碑式注解。①

这部作品的成功问世，激励乔伊特与其圣安德鲁大学密友（也是他的传记作者）路易斯·坎贝尔（Lewis Campbell，1830—1908）于1894年推出新注版本的柏拉图《理想国》。这是乔伊特最大抱负的研究项目，但也是他去世前的未竟之作。由于此前《对话集》为乔伊特积攒的学术资本与名誉，牛津大学学术委员会同意为《理想国》的出版背书。坎贝尔补足了乔伊特遗下的一卷半《理想国》，并在前言里暗示：乔伊特为这部"巨作"付出努力，心中所想的不只是完成此版本《理想国》的翻译，还有对柏拉图的古典语言做更细

图17（上） 古典文本翻译家本杰明·乔伊特教授。出自1864年《奥弗斯通相簿》（Overstone Album），由茱莉亚·玛格丽特·卡梅伦（Julia Margaret Cameron）拍摄。

图17（下） 苏格兰古典学家、圣安德鲁斯大学希腊语教授路易斯·坎贝尔，也是乔伊特专业古典学精神的继承者。于1904年由乔治·查尔斯·贝雷斯福德（George Charles Beresford）拍摄。

---

① "IX. Clarendon Press Notice," *Oxford University Gazette*, Vol. 13 (November, 1882), p. 143.

致的研究，更重要的是将之视为未来出版一部现代英国的"柏拉图古典词典"的准备工作。①

坎贝尔于1897年提交给牛津学术委员会新的"柏拉图古典词典"方案。获得委员会一致赞同，并得到牛津希腊学会（Hellenic Society）的150英镑资助和从英美两国收集到的300英镑预订费后，坎贝尔按乔伊特的遗志筹备工作组，开始组织撰写词典的"A"部分词条。无论是学术委员会，还是坎贝尔的小组，皆对这部词典寄予了厚望，虽然事实证明这是一个在市场上颇为"超前"、太过宏大的计划，超出了坎贝尔的掌控能力（委员会要求坎贝尔在1905年递交全书样稿，只可能是一个美好但不现实的愿景）。②

不过，坎贝尔"柏拉图古典词典"的计划仍然说明了19世纪末牛津大学出版社加强人文学术出版力度的急切状态，继而反映出大学"交流循环圈"人群的共同呼声。实际上，维多利亚时代晚期的牛津大学的确维护着一个前所未有的"牛津古典文本（Oxford Classical Texts）"丛书，它是克拉伦登出版社建立初衷的自然延伸，其选题、装帧按照世

图18 "牛津古典文本"丛书，《荷马史诗》书影。

---

① Plato, *Republic, Volume II*, edited by B. Jowett and Lewis Campbell, Oxford: Clarendon Press, 1894, pp. iii-xxix.
② Graham Whitaker, "Unvollendetes: The Oxford Plato Lexicon," in Christopher Stray, ed., *Classical Books: Scholarship and Publishing in Britain Since 1800*, London: Institute of Classical Studies, University of London, 2007, pp. 99-101.

纪之交更广大阅读公众的意见来决定,从而取得了引人注目的市场销售反响。直至今日,丛书体量仍在增长,仍受全世界读者欢迎。在牛津大学出版社的计划中,无论是柏拉图、亚里士多德、修昔底德、贺拉斯等古典作家作品的新时代阐释,还是工具性质的新编希腊语、拉丁语语法及词典,都归属于该丛书的一部分。

"牛津古典文本"丛书脱胎于此前埃弗林·阿博特(Evelyn Abbott,1843—1901)的"阿博特先生古典丛书(Mr. Abbott Classical Series)"。1883—1884年牛津学术委员会考虑推出"重新修订的古典文本"系列时,曾指定阿博特总管该系列的运营事宜。1886年阿博特向委员会提交报告,确定了其中三卷的主编人选:负责柏拉图《理想国》的本杰明·乔伊特、负责修昔底德作品的理查德·杰布(Richard Jebb,1841—1905)以及负责埃斯库罗斯作品的威廉·沃森·古德温(William Watson Goodwin,1831—1912)。三者皆为相关古典学领域的学界翘楚,但阿博特太过执着于保证系列稳健的"学术权威",警告各编辑"只能在再版的优秀文本已经整合、并为新的作品做好万全准备的合理时机下,才会发行这一系列",从而让该古典丛书变得保守而最终难产,只留下1894年乔伊特、坎贝尔版本《理想国》这一仅存硕果。[1]

牛津大学出版社当然不会放弃古典丛书,毕竟古典学可说是牛津大学最值得骄傲的研究学科之一,产出全英国大部

---

[1] Graham Whitaker, "…Brevique Adnotatione Critica…: A Preliminary History of the Oxford Classical Texts," in Christopher Stray, ed., *Classical Books: Scholarship and Publishing in Britain Since 1800*, London: Institute of Classical Studies, University of London, 2007, p. 115.

分古典学著作也是牛津大学的一大金字招牌。另一方面，乔伊特去世后留下了一笔基金，按其遗愿将用于促进"古希腊作家作品的新译或新版本出版，或以任何方式促进古希腊文学研究、学问的进步"，刚好符合推出新一套牛津古典丛书的资金需要。① 1896 年长假时，牛津学术委员会正式表决通过构建"牛津古典文本"丛书的计划，作为对乔伊特 1886 年提案的精神继承。计划的主要目的，一为填补阿博特留下的出版选题空缺，二为在知识出版的领地与剑桥、麦克米伦、梅休因等出版社竞争，三为抗衡德国风头正盛的"托伊布纳古典丛书（Teubner Series）"的影响。②

丛书的实际负责人英格拉姆·拜沃特（Ingram Bywater，1840—1914）是古典学科班出身的学者、牛津大学埃克塞特学院的荣退希腊语教授。他认为一套新的古典丛书选题不应只是对过去古典作品的重复，而是要在学术研究上有新的创见与意义，或者是新译的古典作家作品，一如 1894 年乔伊特、坎贝尔的《理想国》版本所达到的效果。拜沃特为丛书选定的第一批题目包括对修昔底德、亚里士多德、卢克莱修、帕特尔库鲁斯的评析与他们的部分新注作品，以及拜沃特自己注释的贺拉斯《诗艺》，绝大部分参与编纂者都是执教于牛津的教授。

吸取了阿博特的失败经验，"能够售卖出去"成为丛书幸

---

① Graham Whitaker, "···Brevique Adnotatione Critica···: A Preliminary History of the Oxford Classical Texts," in Christopher Stray, ed., *Classical Books: Scholarship and Publishing in Britain Since 1800*, London: Institute of Classical Studies, University of London, 2007, p. 117.

② E. Menge and H. Marx, "The firm of B. G. Teubner and its connection with classical learning," *Arethusa*, Vol. 2, No. 2 (1969), pp. 203-211.

存、发扬光大的商业守则,为此,丛书必须实现其创立的初衷,尤其是作为"丛书"的统合性。每个编纂者都要接受一种如何呈现古典文本及其评论注释的指导:首先,作品在排版和结构设计上均以1890年拜沃特评注的亚里士多德《尼各马可伦理学》为参照;接着,编纂者对希腊拉丁文手稿变体、缺失的说明有统一的原则;然后,编纂者增加其他学者所著的相关阅读材料(书籍、小册子、文章等)后,可在他们认为有必要的地方补充修订说明,虽然整体上指南并不鼓励编纂者在文本内容中作证据不充分的修订。丛书面向教学古典学的大学师生,因而跟随德国托伊布纳古典丛书(或拜沃特版本《尼各马可伦理学》)的前例,每本书都没有出现一个英文单词,前言、正文、注释、评论皆以拉丁文呈现,拉丁正字法和音节划分则严格遵照1884年德国古典学者威廉·布兰巴赫(Wilhelm Brambach,1841—1932)的《拉丁拼写指南》(*Hülfsbüchlein für lateinische Rechtschreibung*)规范。[1] 1900年系列首批作品正式宣布推出时,它们的文本结构、排版设计、印刷样式、装帧风格已然为整套丛书设定了模板。自1928年起,全系列均照此模板以王冠八开本、红褐色外封的统一辨识度印刷出版,进而为全世界的读者所熟知。[2]

在牛津之外,比如剑桥大学出版社和约翰·默里、麦克米伦等出版公司的出版日程中,古典学出版也有着些许瞩目

---

[1] Graham Whitaker, "···Brevique Adnotatione Critica···: A Preliminary History of the Oxford Classical Texts," in Christopher Stray, ed., *Classical Books: Scholarship and Publishing in Britain Since 1800*, London: Institute of Classical Studies, University of London, 2007, pp. 121-123.

[2] Wm. Roger Louis, ed., *History of Oxford University Press: Volume III: 1896 to 1970*, Oxford: Oxford University Press, 2013, pp. 432-433.

成就，这证明维多利亚盛期的人文科学出版从来不是单中心而是多中心的。特别需要提到的是，剑桥大学出版社从1867年起连续推出、由理查德·杰布新译注的索福克勒斯悲剧全集。最初两本——《俄勒克拉特》和《大埃阿斯》的出版时间，正值杰布的剑桥三一学院同事罗伯特·伯恩（Robert Burn，1829—1904）、威廉·克拉克（William Clark，1821—1878）和亨利·西奇威克（Henry Sidgwick，1838—1900）掀起古典学教育改革期间，改革试图通过设立一个跨学院教学机制来解决以往古典学课程散乱的问题，进而取代当时的个人指导手段。因此，学院希望能出版新的适合跨学院教学的古典学书籍以供师生使用，因而杰布便承担起了这一任务。

和"牛津古典文本"丛书不同，杰布的索福克勒斯悲剧是译为英文的，尽管杰布最初"并不愿意将高贵的希腊文译为野蛮的英文"，因为他完全知晓，当时有严重翻译腔的古典作品英译本在市面上很常见，这样的文本对古典学教育、学术研究是起负面效果的。[①] 不过，古典学教育改革促使剑桥出版社"皮特系列丛书（Pit Press Series）"的负责人提出：用完整、简洁、准确的英译古典文本以应对学生完成古典学考试的需求。同时，伦敦利文顿出版公司已经于1867年出版了剑桥教授亚瑟·霍尔姆斯（Arthur Holmes，1836—1875）编纂的一套应对考试的《古典译丛》（*Catena Classicorum*），初版包括十二卷荷马史诗《伊利亚特》，杰布亦在其中有所贡献，它的成功表明大学内部对教育考试类的学术书市场贡献正在扩大。他曾在1883年出版的索福克勒斯最知名戏剧《俄狄浦

---

① Caroline Jebb, *Life and Letters of Sir Richard Claverhouse Jebb*, Cambridge: Cambridge University Press, 1907, pp. 92-93.

斯王》的序言中承认，虽然拉丁语仍是用于行文的更好语言，但希英对照和英语注解并非坏事，人们只是天然地希望"在同一页中语言能统一"，其实使用英语是为了让读者能更方便地理解索福克勒斯其人。

最终，杰布创造了一套英语世界最权威的七卷索福克勒斯悲剧英译本，这也是大学出版社创造一种新书类的缩影，它的性质介于学术著作和教科书之间，却是大学专业化课程教学、考试与学术训练不可或缺的，填补了大学出版物的一项重要空白。到1883年《俄狄浦斯王》出版时，他坚信该书大概率会销量惨淡，然而剑桥大学出版社的反馈却是该书在两个月间就卖出500本，可谓相当惊人的销量数字，毕竟当时名声斐然的拉丁识字课本（Latin Primer）作者本杰明·肯尼迪（Benjamin Kennedy）的《俄狄浦斯王》版本在发行两年后也才仅卖出300本。

剑桥大学出版社在古典学上的另一创举是缔造了多卷本《剑桥古代史》（*Cambridge Ancient History*）系列。严格来说，《剑桥古代史》算是古典学与历史学这两大人文领域的跨学科联合成就，而古典学和历史学在剑桥皆地位显赫。1896年剑桥大学出版社邀请阿克顿勋爵编著《剑桥近代史》（*Cambridge Modern History*），1912年最终成型的"近代史"系列成为各领域史家分别执笔各章节并融会最新研究成果的综合性史学文集。为了避免所谓"母国偏向"，章节执笔人从世界各地大学的优秀学者中召集而来，让这套系列并不仅是"英国的"。但编纂一套如此巨大的史学项目无疑具有"英帝国意志"，并且是"剑桥意志"的，英国人阿克顿勋爵的学术经验、理想与布局在系列缔造中占据了重要位置。无论如何，这套"近代史"为接下来阿克顿勋爵的继承人约翰·巴

图 19（上）　《剑桥古代史》的外封，印有烫金的古代史著名人物形象，如波斯国王大流士、马其顿的亚历山大大帝等。

THE
CAMBRIDGE
ANCIENT HISTORY

CAMBRIDGE UNIVERSITY PRESS
C. F. CLAY, Manager
LONDON : FETTER LANE, E.C. 4

NEW YORK : THE MACMILLAN CO.
BOMBAY
CALCUTTA } MACMILLAN AND CO., Ltd.
MADRAS
TORONTO : THE MACMILLAN CO. OF CANADA, Ltd.
TOKYO : MARUZEN-KABUSHIKI-KAISHA

ALL RIGHTS RESERVED

EDITED BY

J. B. BURY, M.A., F.B.A.
S. A. COOK, Litt.D.
F. E. ADCOCK, M.A.

VOLUME I

EGYPT AND BABYLONIA
TO 1580 B.C.

CAMBRIDGE
AT THE UNIVERSITY PRESS
1923

图 19（下）　《剑桥古代史》第一版标题页。

格内尔·伯里（John Bagnell Bury, 1861—1927）编著《剑桥中世纪史》（*Cambridge Medieval History*）和《剑桥古代史》两大系列奠定了基调，"中世纪史"出版于 1911—1936 年，"古代史"出版于 1924—1939 年，为两次世界大战之间剑桥大学最有价值的史学与古典学术成果。诚然，在维多利亚时代之末、"漫长的 19 世纪"结束之时，英国古典史学走向全世界的这一伟大出版盛事，是以经历 19 世纪后期史学专业化为前提的，而历史学术书籍的写作与出版同样在其中起了相当有分量的作用。

在这方面，我希望并相信，更好的时代即将到来，届时培训的普遍性和知识来源的大量提供将使欺骗无效，掺假无益。我希望并相信，在那美好的时光里，我们在这里的训练将成为真正更高的训练之一，在其中所获得的知识将通向真正和最高的知识。

——威廉·斯塔布斯，在牛津大学的就职演讲
1867年2月7日[1]

人们对历史的热爱……从本源上看，不亚于对其他任何知识的热爱。作为一种对真相的探寻，它试图深入研究真相隐藏得更深、更难以发掘的问题，仅靠观察或推理是实现不了的。但是，它的困难肯定不能成为贬低它的理由；作为一种知识的囤积——收集事实和记录，其产生的结果即使不如严格的科学成果那样精确，但其价值也是弥足珍贵的，哪怕在那些仅仅把科学视作"动力机器"的人眼中也是如此。

——威廉·斯塔布斯，《论历史研究的目的与方法》
1877年5月15日[2]

---

[1] William Stubbs, "Inaugural," in William Stubbs, *Seventeen Lectures on the Study of Mediaeval and Modern History and Kindred Subjects*, Oxford: Clarendon Press, 1886, pp. 24-25.

[2] William Stubbs, "On the Purposes and Methods of Historical Study," in William Stubbs, *Seventeen Lectures on the Study of Mediaeval and Modern History and Kindred Subjects*, Oxford: Clarendon Press, 1886, pp. 74-75.

第三章
从学术写作到新学科：斯塔布斯与史学专业化

从业余转向专业，这对图书的写作和出版的影响在历史这门学科中尤为明显。历史小说和其他"文学的"历史写作体裁曾广受大众喜爱，19世纪后期的专业历史学家却声称要拒绝这些通俗的体裁，抛弃大众读者，这无异于在威胁要破坏出版行业的经济状况。

历史书籍的出版商意识到历史学实践的变化，他们相信，大众和专业之间不可逾越的界限将不利于商业发展。对出版商来说，学科和叙述都很重要，他们不赞同接受一方就要牺牲另一方。因此他们认为，一本生动活泼、可读性强、有学术资历的历史书籍或期刊将是非常好的选择。[1] 麦克米伦曾雄心勃勃地认为，他们可以通过培养读者的能力和编辑历史学家的书稿来缩小他们之间的差距。面对历史学科的新发展趋势，历史书籍的出版商想要寻求合作的对象是新型的"历史学家-作家（historian-authors）"，这类学者应该能够并愿意将"可靠的学术性"和"通俗易读性"这两种相互矛盾的特质结合起来。

---

[1] Leslie Howsam, "Academic Discipline or Literary Genre?: The Establishment of Boundaries in Historical Writing," *Victorian Literature and Culture*, Vol. 32, No. 2 (2004), p. 526.

图20 学者文人群像,出版于1876年。画中人物包括赫伯特·斯宾塞、查尔斯·兰姆(Charles Lamb, 1775—1834)、查尔斯·金斯利、查尔斯·达尔文、约翰·罗斯金(John Ruskin, 1819—1900)和约翰·斯图尔特·密尔。

在早期的专业历史学家中,这样的历史写作者很难找到,但也不是没有。例如,爱德华·弗里曼(Edward Freeman, 1823—1892)对通过成功的出版事业获得版税来增加收入很感兴趣,他不想放弃普通读者,而是希望培养他们的品味和判断力,并在风格和学术上做出一些让步以保持读者的兴趣。他认为"如果我们能把才华和精确性结合起来,我们就能以才华吸引他(指普通读者),同时以精确性指导他。"① 尽管朗文、麦克米伦和同时代的其他出版社都非常尊重大学里的严肃学者,但他们不能依靠这样一小群历史学家维持生计,这些人每三四年出一本乏味的历史

---

① E. A. Freeman, "On the Study of History," *Fortnightly Review*, Vol. 35, 1881, pp. 326-327.

书,而且他们也越来越倾向于为专业期刊撰写文章而不是出版专著。因此,这一时期商业性质的历史专著出版物的作者,太多并不是大学里的专业学者,而是文人。

许多学科早就宣称自己拥有门外汉无法挑战的专业知识,而历史学家还在继续与这样的假设作斗争:在他们的领域里,各方仍有"平等的"发表自己观点的权利。到19世纪70年代,历史学的实践开始在学术专业化推动下"挣扎"着走出业余状态。当时学术界最有声望的历史学家大都接受了历史作为一门科学的新解释,专业学者们试图用严谨的学术实践来更新历史学科,重新定义思考过去的方式。专业历史学家认识到:业余历史学家的成功取决于他们满足广大读者的能力,而文学艺术是达到这一目的的主要手段;这些作家的成功使公众相信,所有的历史只是文学的一种形式,业余爱好者同样有能力创作和评判历史。因而,专业历史学家需要证明,严肃的历史是一项只有受过训练的学者才能从事的事业,他们的历史写作必须与业余历史作家的写作严格区分开来:新专业主义的核心是"对原始研究的崇拜(cult of original research)",它"将学科的要求置于广大公众的要求之上"①。在回顾19世纪晚期历史学的专业化历程时,特里维廉感叹道:

> 维多利亚时代晚期,史学反应(historical reaction)

---

① Rosemary Jann, "From Amateur to Professional: the Case of the Oxbridge Historians," *Journal of British Studies*, Vol. 22, No. 2 (Spring, 1983), pp. 122-123, 129-130; Leslie Howsam, "Academic Discipline or Literary Genre?: The Establishment of Boundaries in Historical Writing," *Victorian Literature and Culture*, Vol. 32, No. 2 (2004), p. 527.

的问题不在于它积极地强调权衡证据时需要科学方法，而在于它消极地否定文学艺术，并宣称文学艺术与历史学家的任务毫无关系。①

图 21　学者文人群像，出版于 1876 年。画中人物包括历史学家托马斯·巴宾顿·麦考莱、托马斯·卡莱尔、詹姆斯·安东尼·弗劳德，以及小说家查尔斯·狄更斯、安东尼·特罗洛普、威廉·萨克雷、威廉·威尔基·柯林斯。

---

① George Macaulay Trevelyan, *History and the Reader*, London: National Book League, 1945, p. 11.

的确，自19世纪70年代起，学术专业化彻底改变了历史学的实践。曾经颇为盛行的麦考莱等人的历史叙事变得极不可信，那些吸引普通读者的历史写作被认为是文学的、非科学的，通常被大学和新创立的专业期刊冷落。约翰·罗伯特·西利（John Robert Seeley，1834—1895）呼吁他的同行们"打破令人昏昏欲睡的叙事魔咒"，要认识到严肃的历史著作就像专业化的科学著作一样，不是为了吸引普通读者而设计的。与他同时代的弗里曼夸张地诠释了西利的观点："为了确保只有有能力的行家才能对历史做出评判，我们应该让历史变得枯燥无味，以至于公众都不想插手。"① 这种研究理想的基础假设催生了一些新的历史写作体裁，它们有意避开广泛的叙事综合，而倾向于更专业的、可以提供详细记录的主题，比如法律史。② 早期的例子包括威廉·斯塔布斯（William Stubbs，1825—1901）的《英国宪政史》以及梅特兰与弗雷德里克·波洛克（Frederick Pollock，1845—1937）合著的《爱德华一世时代之前的英国法律史》（*History of the English Law before the Time of Edward I*）。③ 下面，将通过阐述斯塔布斯的史学创作与观念，探索斯塔布斯的史学书籍与英国专业历史学科构建之间的关系。

---

① E. A. Freeman, "On the Study of History," *Fortnightly Review*, Vol. 35, 1881, pp. 326-327.
② [J. D. Lester?], "History and Biography," *Westminster Review*, Vol. 102, (July 1874), p. 264.
③ Rosemary Jann, "From Amateur to Professional: The Case of the Oxbridge Historians," *Journal of British Studies*, Vol. 22, No. 2 (Spring, 1983), p. 128.

一、"改革时代"的宪政史研究

维多利亚时代的英国正处于社会转型时期。为应对从传统社会向现代社会转变带来的各种挑战，这个国家在经济、政治、宗教等方面进行了大刀阔斧的改革。各个方面的改革互相渗透和影响，其中影响最深远也最令英国人感到自豪的，是三次议会改革为人民的政治自由带来的保障。在那个英国宪政体制取得重大进步的时期，英国人对其制度的优越性深信不疑，坚信他们的政治文明领先于世界，也希望他们的成就能被载入史册。因而，历史学家追溯英国宪政的起源和发展史是应时之需，他们被期望向英国乃至全世界展示英国人是如何一步步争取到自由的。斯塔布斯的三卷本《英国宪政

图22 1910年左右大英帝国的版图，名为"自由帝国的旗帜"。由亚瑟·米斯（Arthur Mees）绘制，现收藏于康奈尔大学图书馆。

史》应运而生，并为此后几十年的英国宪政史研究奠定了基本框架。斯塔布斯的宪政史研究以议会的发展演变为主线，把议会的发展当作是英国宪政变革的决定性因素。这一特点体现了斯塔布斯本人对英国宪政发展历程的理解，也与他当时接触到的资料主要涉及议会有关，另外，他所处时代的政治改革环境也影响了他把议会视为宪政中心的研究倾向。

此外，19世纪下半叶也是英国大学历史学科走向专业化的时期。宪政史凭借其严肃的主题、丰富的档案资料而被认为更有利于训练历史学者的客观精神，也更能体现历史学的专业化。因而，宪政史在这一时期的英国大学历史系占据核心地位，它也是许多专业历史学家热衷的研究领域。斯塔布斯凭借其《精选宪章》和三卷本《英国宪政史》等著作成为当时宪政史领域最重要的权威学者，他的这些著述曾在牛津大学历史系占主导地位长达几十年之久。尽管英国历史学家亨利·哈勒姆（Henry Hallam，1777—1859）早在1827年就出版过英国宪政史的著作[①]，但从专业性及影响力来看，都不及斯塔布斯的《英国宪政史》。

（一）转型时期的改革

随着工业化的深入，英国国内出现大量新兴城镇，农业人口涌入城镇导致许多农业区衰败，英国逐渐由传统的农业国转变为现代工业化国家。原有的旧制度已不能适应这种新局面，各个阶层纷纷争取自身权利。工业资产阶级队伍已经

[①] 哈勒姆的英国宪政史著作是：Henry Hallam, *The Constitutional History of England from the Accession of Henry VII. to the Death of George II.* (2 vols). London: John Murray, 1827.

逐渐壮大起来，他们更加强烈地意识到政治权力与经济实力的不相称，因而要求改革不合理的议会选举制度。从北美殖民地传来的"无代表不纳税"的口号也刺激了英伦三岛的资产阶级，促使他们提出根据经济实力重新分配国家权力的要求。① 一系列适应现代化社会的改革在英国出现，这一时期也被称为英国的"改革时代"。

反对拿破仑的战争结束以后，英国国内的经济形势不容乐观。经济萧条和"腐败的旧制度"导致社会动乱不断。辉格党内有些人意识到日趋严重的社会危机有爆发革命的危险，而实行必要的改革成为辉格党的基本共识。托利党内的自由派也开始转向支持议会改革，导致托利党内由于意见不合而发生分裂。到19世纪30年代，争取议会改革的斗争已大致持续了半个世纪，在议会改革问题上，改革派和保守派的实力对比已发生了有利于改革的变化。总体上看，改革议会的时机基本成熟了。

威灵顿内阁垮台后，辉格党上台便着手进行议会改革。1831年3月1日，辉格党向议会下院第一次提交议会改革草案。这个提案的中产阶级性质很明显。辉格党之所以如此重视中产阶级的利益，目的是为了拉拢他们从而避免革命的发生，保住现存制度。② 这次议会改革取消了一些衰败选邑的选举资格，一些新兴工业城镇获得了更多的议席，在选举权方面实行财产资格制，扩大了选民人数。改革最重要的结果是使大部分工业资产阶级获得了选举权，有机会在议会中选出自己的代表。虽然贵族掌控政权的局面没有根本改变，但第

---

① 王觉非主编：《近代英国史》，南京：南京大学出版社，1997，第334页。
② 王觉非主编：《近代英国史》，南京：南京大学出版社，1997，第432页。

一次议会改革开启了英国议会史上一个重大的改革时代,向人们证明了革新传统的可能性。

在19世纪30—40年代,英国两党的阶级构成也逐渐发生变化,土地利益的代表者占比逐渐减少,这是由贵族政治向现代民主政治转变的进步趋势,后来辉格党逐渐演变为自由党,托利党演变为保守党。1848年欧洲革命失败后,马克思和恩格斯开始反思革命失败的教训,鼓励和指导英国工人阶级争取普选权的斗争。政府害怕日益发展的工人运动会引发革命,被迫进行第二次议会改革以避免革命。1867年提交的议会改革法案,几经周折最终得到上院通过成为法律。这次改革使一部分工人获得了选举权,工人阶级看到了争取政治权利斗争胜利的希望。工业资产阶级在这次改革中基本实现了与其经济实力相符的政治地位。

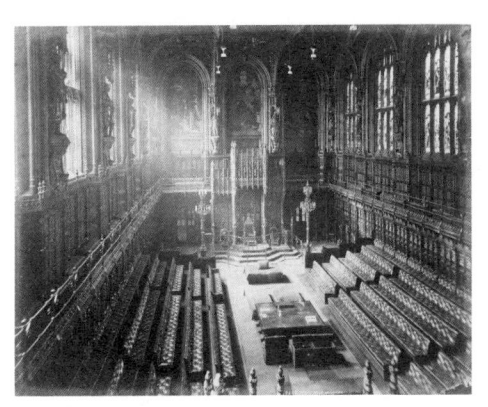

图23 大约1870—1885年间的英国上议院议事厅。由弗朗西斯·戈多尔芬·奥斯本·斯图尔特拍摄,收录在康奈尔大学图书馆怀特建筑摄影作品集。

到19世纪晚期,伴随现代化在各个领域都取得重要成就,政治民主化亦成为趋势。文官制度的建立和完善、地方政府的改革、议会机制的改革等一系列政治现代化的改革措施使英国民主政治更加成熟。第三次议会改革的阻力已经大为减小，这次议会改革基本弥补了第二次议会改革所遗留的一些问题，使更多的工人获得了选举权，选民的范围进一步扩大，多数的成年男子也在此次议会改革中获得了选举权。

在三次议会选举改革中，下院议席增加，议员资格的限制放宽，议会中的阶级构成渐趋合理化，这些改变有助于缓和社会矛盾，使政治制度与经济发展相适应，有助于推动英国现代民主制的成熟。到19世纪末20世纪初，资产阶级基本掌握了国家政权。随着贵族地主的权势进一步衰弱，同时王权也继续被削弱，逐渐发展为"虚君制"，英国宪政体制显然前进了一大步。

（二）斯塔布斯的现实关切

维多利亚时代的英国凭借其强大的经济实力和殖民帝国的霸主地位在世界上有着极大的影响力，而当时的英国人倾向于把这一切成就归结于政治制度的优越性。这一时期，欧洲大陆的动乱更坚定了英国人的自信与自豪：法国大革命后政权更迭，社会动荡；1848年革命几乎席卷整个欧洲，英国是幸免于难的少数几个国家之一。19世纪的三次议会改革、一系列法案的颁布以及19世纪末其他领域的制度改革，使英国较为顺利地实现了从传统的贵族管理过渡到现代民主管理。英国不断革新政治制度，既保持了整个政治系统的稳定又使政治文明不断进步。因此，维多利亚时代的英国人认为他们是当时"世界上政治最成功的国家"。

维多利亚时代的英国人相信他们的时代是对过去一切事物的总结，认为所有的历史都通向了议会民主的成就和荣耀。

历史学家似乎也有一种巨大的确定性，一种毫不动摇的使命感，一种必胜的信念。议会至上的原则是宪政体制的重要支柱，三次议会改革的结果使议会至上的原则基本确立起来，因此，议会的演变是斯塔布斯研究宪政史的中心主题。

斯塔布斯关于英国宪政史起源的解释体现了维多利亚时代英国人的某些关切。在关于英国宪政的起源问题上，托马斯·巴宾顿·麦考莱（Thomas Babington Macaulay，1800—1859）及其他一些历史学家将《大宪章》作为英国人向自由迈进的起点。斯塔布斯在《英国宪政史》中却将英国的自由传统追溯到日耳曼人的原始自治，即所谓的"盎格鲁-撒克逊传统"①。关于英国宪政起源的这一解释也是斯塔布斯的《英国宪政史》被后人批判最多的一部分。而将英国人的自由解释成从英国

---

① 英国宪政主义起源于盎格鲁-撒克逊时代的观点，至少在14世纪时就已经形成了。到了17世纪，这一观点又成为学者极力追捧的对象。撒克逊人的代议制政府、英格兰人的自由和有限的君主制等特点，是立宪主义者——辉格党和激进派——著作中反复出现的主题。然而，在十八世纪末，撒克逊的过去不再具有政治意义。"古代宪法"和"诺曼枷锁（Norman yoke）"作为修辞而存在，而不是作为政治动员口号而存在。变革的论据越来越多地依赖于每一代人从头开始追求的普遍权利，而越来越少地依赖"世系（descent）"。因此，诺曼征服之前和之后的连续性问题，或者说连续性的缺失问题，就失去了紧迫感。正如斯塔布斯在1866年作为牛津大学历史学教授的就职演讲中所言，中世纪早期的英格兰遥远得足以在政治上无可争议，而又接近现代，可以给研究者提供一些现代的有益经验教训。这句话之所以有意义，是因为斯塔布斯是第一位专业的中世纪宪政史专家，也是第一位被任命为钦定讲座教授的历史学家，而在他之前，这个职位由小说家查尔斯·金斯莱（Charles Kingsley）担任。虽然英国宪政的盎格鲁-撒克逊起源说早已有之，但斯塔布斯的专业历史学家地位重新为它带来了一定的影响力。参见詹姆斯·坎贝尔：《英国宪政的盎格鲁-撒克逊起源》，孟广林、鞠长猛译，《历史研究》2010年第3期，第68—69页；等。

最古老的祖先开始就有的传统，从某种意义上说，也为英国人争取自由提供了传统依据，符合英国人遵循惯例的习惯。这一解释也是斯塔布斯的民族主义和爱国主义的一种表现。《大宪章》是诺曼征服后封建时期贵族斗争的产物，但历史上英法是宿敌，19世纪的法国又是英国在欧洲大陆上主要的竞争对手，英国国内有强烈的反法情绪，不愿承认或接受法国文化在英国留下的印记。① 所以，总体上来看，斯塔布斯关于英国宪政史起源的解释是符合维多利亚时代英国人的心理需求的，这也是他成功的重要原因。

图 24　托马斯·麦考莱画像。出自乔治·奥托·屈维廉的《麦考莱爵士的生活和信件》(*The Life and Letters of Lord Macaulay*)，1876 年。

---

① Billie Melman, "Claiming the Nation's Past: The Invention of an Anglo-Saxion Tradition," *Journal of Contemporary History*, Vol. 26 (September, 1991), p. 583.

图25 威廉·斯塔布斯的画像，由休伯特·冯·赫尔科默（Hubert von Herkomer）绘于1885年，现藏于牛津大学的博德利图书馆（Bodleian Library）。

作为一名历史教育工作者，斯塔布斯在牛津大学的多次讲座中，表达了他对历史教育有助于培养公民判断力的坚定信念。斯塔布斯及其同时代的历史学家们也已经认识到，历史能为民众参与政治生活提供参考和指导，正如斯塔布斯在1867年的就职演讲中宣称的那样：

> 因为我们想培养的，不仅是学生而且是公民，并且是伟大共同体的公民……不是为了使他们胜任在记忆方面的批评或成为权威，而是为了适应实践的需要。①

---

① William Stubbs, *Seventeen Lectures on the Study of Mediaeval and Modern History and Kindred Subjects,* Oxford: Clarendon Press, 1886, p. 19.

斯塔布斯做这次演讲的时间恰好与第二次议会改革法案的通过是同一年,这时的议会下院已开始对广大的工人阶级开放,这也意味着将来会有越来越多的公民成为国家公共生活的参与者,通过历史著作和史学训练培养英国人的政治自觉意识就变得尤为重要。

总体而言,斯塔布斯身上的维多利亚时代印记为其职业生涯和学术研究带来的,既有局限和偏见,也有明显的优势。他之所以能取得如此大的成就,恰恰是因为他是维多利亚时代的人。他拥有许多维多利亚时代的人所拥有或渴望拥有的品质,如他分享了维多利亚时代的人对自我提升和增进知识的热切追求。斯塔布斯尤其强调努力工作的重要性和必要性,而克制和自律也是他在自己的作品中提倡的品质。他不仅训练自己快速写作,而且尽量追求准确。斯塔布斯一生笔耕不辍,他的写作涵盖了许多类型,包括演讲、布道辞、历史著作、教材的学术版本、小册子和神职人员的劝诫作品。此外,他还是维多利亚时代自学成才的历史学家之一,也是当时少数能在自学过程中自觉地从一个业余历史学者转变为专业史学家的人。[①]

(三) 英国宪政史研究

斯塔布斯的《英国宪政史》追溯了英国宪政的起源,并以议会的产生和发展为中心探讨了中世纪宪政的发展历程(450—1485年)。有学者认为这套三卷本的宪政史可以被看作是关于中世纪英格兰的一部较好的通史,因为斯塔布斯坚持

---

① Richard Marion Koch, "William Stubbs (1825—1901): Victorian Historian and Churchman," Ph. D. Dissertation, University of Connecticut, 2002, pp. 6-7.

认为宪政的发展与政治、经济、军事方面的需求有关。[①] 他在书中不仅对这些方面有所涉及，而且对中世纪英格兰教会的历史也进行了一些分析。另外他的宪政史观还散见于一些讲座中，尤其是被编辑出版的《中世纪和近代史研究》和《关于早期英国历史的演讲》。根据斯塔布斯的宪政史观，英国宪政史在中世纪的起源及发展历程可大致分为五个阶段：盎格鲁-撒克逊起源（450—1066 年）、诺曼人专制时期（1066—1154 年）、从专制走向宪政的安茹王朝时期（1154—1216 年）、议会制度的形成时期（1216—1307 年）和宪政的维持时期（1307—1485 年）。[②]

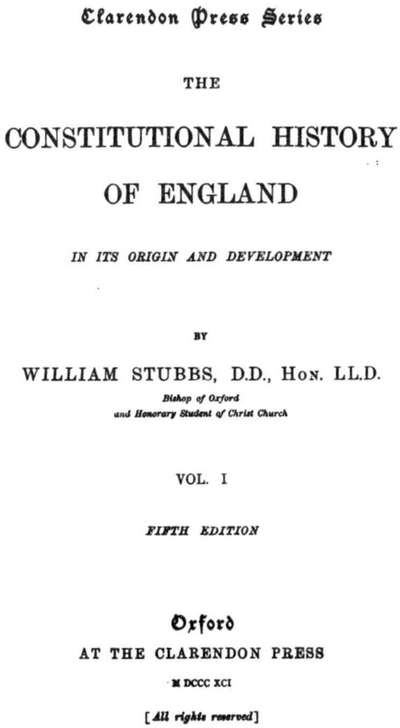
Clarendon Press Series

THE

CONSTITUTIONAL HISTORY

OF ENGLAND

IN ITS ORIGIN AND DEVELOPMENT

BY

WILLIAM STUBBS, D.D., Hon. LL.D.

Bishop of Oxford
and Honorary Student of Christ Church

VOL. I

FIFTH EDITION

Oxford

AT THE CLARENDON PRESS

M DCCC XCI

[*All rights reserved*]

图 26 《英国宪政史起源和发展史》扉页。出自第一卷的第五版（1891 年）。

① J. R. Hale, *The Evolution of British Historiography: From Bacon to Namier*, London: Macmillan, 1967, p. 59.

② Norman F. Cantor, *William Stubbs on the English Constitution*, New York: Thomas Y. Crowell Company, 1966, p. 12.

在维多利亚时代晚期的历史学家中，斯塔布斯的声望和影响极大。[①] 斯塔布斯去世后，英国著名法律史学家 F. W. 梅特兰（F. W. Maitland，1850—1906）在悼文中感叹道，在英国的历史研究领域里，我们"曾拥有一位国王而现在没有了"。他认为在以下两种意义上斯塔布斯可以说是至高无上的：首先是对于知识增长的贡献，其次是他所做的研究和开创的方法。梅特兰直言："斯塔布斯先生（不仅）自己（这样做，）同时也教其他人以一种崭新的方式看待英国历史。"

斯塔布斯和他的同时代历史学家都把自己看作是浪漫主义的辉格党原则的批评者而不是其门徒，他们还认为自己的学术成就更多是从德国而不是从他们自己的国家得来的。"辉格传统"一直支配着 20 世纪 70 年代之前的中世纪英国宪政史的研究，而斯塔布斯无疑是受其影响的关键人物之一。[②] 斯塔布斯是继哈勒姆和麦考莱之后的新一代辉格派史家，他们继承了辉格党的史学遗产，用近代宪政的眼光去解释中世纪英国宪政。[③] 在某种意义上，斯塔布斯所做的工作是在"设法找到 17 世纪的代议制政体和 19 世纪的自由主义政府的中世纪的起源"。

斯塔布斯和他的同时代人所坚信的"法治和议会制的理

[①] George B. Stow, "Stubbs, Steel, and Richard II as Insane: The Origin and Evolution of an English Historiographical Myth," *Proceedings of the American Philosophical Society*, Vol. 143, No. 4 (December, 1999), p. 624.

[②] W. M. 阿莫诺：《从辉格传统到新宪政史：中世纪英国宪政史研究新趋势》，孟广林、曹为译，《历史研究》2012 年第 4 期，第 166—173 页。

[③] Michael Bentley, *Modernizing England's Past: English Historiography in the Age of Modernism, 1870-1970*, New York: Cambridge University Press, 2006, p. 6.

想",也是"英国人贡献给世界的最伟大的东西"。① 从某种意义上来说,近代英国的政治制度能够领先于欧洲大陆,与中世纪英格兰的政治发展应该有一定的联系。因此,尤其对英国历史学家而言,对于中世纪英格兰的宪政发展优越于同时期其他国家的假设,似乎是一种很难抵制的诱惑。斯塔布斯的这一解释虽遭到批评和质疑,但他仍然备受尊重。

法国的伯纳德·古内(Bernard Guéneé,1927—2010)教授谈道:"斯塔布斯已经作出一个如此完美的总结,如此通俗简洁的理论,以至于这一理论引导了一代又一代的历史学家去证实它,更精确地考证它,最重要的是用他们丰硕的学术成果去摧毁它,然而,一百年后,斯塔布斯的理论仍然无法被取代。"②

二、斯塔布斯史学观及其史学遗产

在维多利亚时代后期,英国历史学经历了从业余到专业的转变。在这一发展潮流中,各大学历史系都迫切需要出版一些专业权威的著作以提高自己的声誉。在牛津,人们曾对在斯塔布斯之前担任钦定教授的戈尔德温·史密斯(Goldwin Smith,1823—1910)寄予厚望,希望他能写出一部有声望的、学术性的英国史著作,但史密斯在任期内并未实现这一期望。1867年,威廉·斯塔布斯接替史密斯成为牛津大学钦定教授,

---

① Norman F. Cantor, *William Stubbs on the English Constitution*, New York: Thomas Y. Crowell Company, 1966, p. 12.
② 转引自詹姆斯·坎贝尔,《英国宪政的盎格鲁-撒克逊起源》,孟广林、鞠长猛译《历史研究》2010年第3期,第73页。

"正是斯塔布斯挽救了牛津历史系的声誉":他学识渊博,编辑并出版了大量原始资料,以供历史学家们进行学术研究;他的《精选宪章》和三卷本的《英国宪政史》相继在克拉伦登出版丛书中出版,这些著作奠定了他作为英国宪政史领域权威学者的地位。① 此外,斯塔布斯在1868—1884年间,也就是他担任牛津大学出版社的委员会成员期间,塑造了牛津大学近代史出版的特点。②

斯塔布斯是19世纪后半叶英国史学界的中坚人物,是推动英国历史学向专业化和职业化转变的领军人物。他出身于法律顾问家庭,1848年以优异成绩毕业于牛津大学,之后担任过牧师、学校教师和图书管理员。斯塔布斯在教会史、编年史、宪政史方面都颇有造诣,但他的主要兴趣还是在宪政史方面。

斯塔布斯早年主要致力于教会史和编年史资料的整理与编辑。他显然具备一个编者所需的能力和素质,他学识渊博、熟谙史料、精通古文书学、头脑冷静而公正,特别是他对中世纪神学和历史研究有着真正的热情,并且耐心十足。自19世纪30年代起,牛津大学出版社为了避开"牛津运动"引起的纷争,在出版宗教方面的书籍时尽量寻求一些安全路线:如学术编辑路线,包括现有出版物的新编辑版本;或历史路

---

① Leslie Howsam, *Past into Print: The Publishing of History in Britain, 1850-1950*, London: The British Library and University of Toronto Press, 2009, pp. 6, 41.

② Simon Eliot, ed., *History of Oxford University Press: Volume II: 1780 to 1896*, Oxford: Oxford University Press, 2013, p. 62; Leslie Howsam, *Past into Print: The Publishing of History in Britain, 1850-1950*, London: The British Library and University of Toronto Press, 2009, p. 41.

线，包括出版文件和评注。① 斯塔布斯的第一部著作《圣公会圣职登记》(*Registrum Sacrum Anglicanum*) 就是在这种形势下出版的宗教史著作。该书出版于 1858 年，它追溯了数百年来英国主教的接续情况，被认为是对教会史的一项重要贡献，也是当时该领域的必备参考书之一。根据书评家的说法，这本宗教史著作主要是为历史学者准备的，普通读者不会感兴趣。在此之后的 1869—1878 年间，斯塔布斯与亚瑟·韦斯特·哈丹（Arthur West Haddan，1816—1873）合编的三卷本《大不列颠和爱尔兰的委员会和教会文件》(*Councils and Ecclesiastical Documents of Great Britain and Ireland*) 陆续出版。

自 1863 年起，斯塔布斯正式被任命为"卷宗系列（Rolls Series）"编纂项目的编辑之一。到 1889 年斯塔布斯最终完成该项目的工作时，他编辑的 11—15 世纪的英国编年史文献达十九卷之多。② 该项目基本上要求编辑们要用对待古典文本的谨慎对待手稿。编辑们需要研究手稿的起源，然后进行仔细地校订，特别要注意文本中的任何瑕疵或篡改。这是斯塔布斯一生中极为重要的工作，因为在这项工作中，他把欧洲大陆的科学方法运用于英国中世纪文献研究。在整理分析这些

---

① Simon Eliot, ed., *History of Oxford University Press: Volume II: 1780 to 1896*, Oxford: Oxford University Press, 2013, p. 88.

② "卷宗系列"，全称为"大不列颠及爱尔兰中世纪的编年史和纪录（Chronicles and Memorials of Great Britain and Ireland during the Middle Age）"，也被称为《不列颠史料集成》，于 1857 年开始出版。其中，斯塔布斯负责编纂的十九卷史料集包括：*Chronicles and Memorials of Richard I*, Vol. I, *Itinerariaum peregrinorum et gesta regis Ricardi I (1187-88)* 1864; Vol. II, *Epistolae Canatuarienis*, 1865. *Gesta Regis Henrici II (Chronicle of Benedict of Peterborough)*, Vols. I, II, 1867. *Roger Hoveden*, Vol. I, 1868; Vol. II, 1869; 等。

资料的过程中，斯塔布斯处理史料的能力得到训练和提升，这为他此后从事专业的历史研究工作打下了基础。一个半世纪后，像“卷宗系列”这样的藏书已经急需更新和修订，不过在此之前，现代学者们仍然要感谢斯塔布斯和他的维多利亚时代编辑同事们的工作。[①]

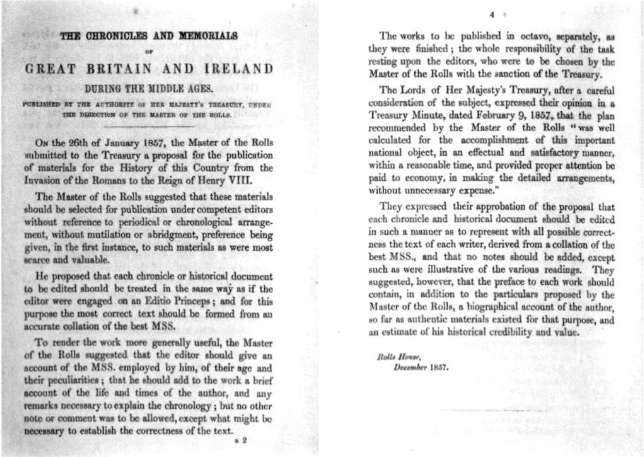

THE CHRONICLES AND MEMORIALS

OF

GREAT BRITAIN AND IRELAND

DURING THE MIDDLE AGES.

PUBLISHED BY THE AUTHORITY OF HER MAJESTY'S TREASURY, UNDER THE DIRECTION OF THE MASTER OF THE ROLLS.

On the 26th of January 1857, the Master of the Rolls submitted to the Treasury a proposal for the publication of materials for the History of this Country from the Invasion of the Romans to the Reign of Henry VIII.

The Master of the Rolls suggested that these materials should be selected for publication under competent editors without reference to periodical or chronological arrangement, without mutilation or abridgment, preference being given, in the first instance, to such materials as were most scarce and valuable.

He proposed that each chronicle or historical document to be edited should be treated in the same way as if the editor were engaged on an Editio Princeps; and for this purpose the most correct text should be formed from an accurate collation of the best MSS.

To render the work more generally useful, the Master of the Rolls suggested that the editor should give an account of the MSS. employed by him, of their age and their peculiarities; that he should add to the work a brief account of the life and times of the author, and any remarks necessary to explain the chronology; but no other note or comment was to be allowed, except what might be necessary to establish the correctness of the text.

a 2

4

The works to be published in octavo, separately, as they were finished; the whole responsibility of the task resting upon the editors, who were to be chosen by the Master of the Rolls with the sanction of the Treasury.

The Lords of Her Majesty's Treasury, after a careful consideration of the subject, expressed their opinion in a Treasury Minute, dated February 9, 1857, that the plan recommended by the Master of the Rolls "was well calculated for the accomplishment of this important national object, in an effectual and satisfactory manner, within a reasonable time, and provided proper attention be paid to economy, in making the detailed arrangements, without unnecessary expense."

They expressed their approbation of the proposal that each chronicle and historical document should be edited in such a manner as to represent with all possible correctness the text of each writer, derived from a collation of the best MSS., and that no notes should be added, except such as were illustrative of the various readings. They suggested, however, that the preface to each work should contain, in addition to the particulars proposed by the Master of the Rolls, a biographical account of the author, so far as authentic materials existed for that purpose, and an estimate of his historical credibility and value.

Rolls House,
December 1857.

图 27 “卷宗系列”出版意图声明，编写于 1857 年 12 月，作为“卷宗系列”各卷的序言发表。出自威廉·斯塔布斯主编的《理查一世统治时期的编年史和纪录（第一卷）》。

斯塔布斯堪称著作等身，被认为是维多利亚时代最伟大的中世纪史学者。[②] 他的代表作是三卷本的《英国宪政史》（*Constitutional History of England in Its Origin and Development*），

① Richard Marion Koch, "William Stubbs (1825—1901): Victorian Historian and Churchman," Ph. D. Dissertation, University of Connecticut, 2002, pp. 3, 126.

② 截止本书写作时，国内仅有一部斯塔布斯的译著，见：威廉·斯塔布斯：《金雀花王朝：从亨利二世到爱德华二世》，程莹译，北京：华文出版社，2020。

这是他"处理中世纪整个英国宪政问题的第一次尝试"①。他编写的《精选宪章和英国宪政史的其他实例》（*Select Charters and Other Illustrations of English Constitutional History*），可被视为对《英国宪政史》这部巨著的可靠注释资料。威廉·H. 赫顿（William H. Hutton，1860—1930）对斯塔布斯的信件进行收集和整理后出版了《牛津主教威廉·斯塔布斯的信件，1825—1901 年》（*Letters of William Stubbs, Bishop of Oxford, 1825-1901*）一书，该书的附录提供了完整的斯塔布斯著述目录，对了解斯塔布斯的生平及其史学思想具有重要的史料价值。②

另外，斯塔布斯在牛津大学的演讲稿也被收集整理后出版，包括《关于中世纪史和近代史及相关主题的十七篇演讲》（*Seventeen Lectures on the Study of Mediaeval and Modern History and Kindred Subjects*）、《关于欧洲史的讲演集》（*Lectures on European History*）、《关于早期英国史的讲演集》（*Lectures on Early English History*）、《中世纪早期的德国，476—1250 年》（*Germany in the Early Middle Ages, 476-1250*）、《中世纪后期的德国，1200—1500 年》（*Germany in the Later Middle Ages, 1200-1500*）。这些演讲集为我们理解斯塔布斯的史学思想和历史教育理念提供了重要依据。

---

① 乔治·皮博迪·古奇：《十九世纪历史学与历史学家》，耿淡如译，卢继祖、高健校、谭英华校注，北京：商务印书馆，1997，第 553 页。
② 关于斯塔布斯的著述目录可参见：William Holden Hutton, ed., *Letters of William Stubbs, Bishop of Oxford, 1825-1901*, London: Archibald Constable & Co., 1904. Appendix: Works of William Stubbs, D. D., Bishop of Oxford, pp. 409-415.

（一）斯塔布斯的史学观

直到19世纪中期，历史学方法论还没有作为专门的课程在英国的大学里被传授。斯塔布斯是当时少有的关注历史学科发展的学者之一，他在1867年的就职演讲中曾发出这样的感叹："怪不得很少有人因历史本身而热爱它，原来知道什么是历史的人如此之少！"斯塔布斯指出，近年来，历史学没有得到很好的利用：它被当作是孩子们的一项任务；被认为只是一种加强记忆的工具；它在心智训练方面的价值被低估了。此外，斯塔布斯还对迎合读者的历史写作提出了批评。[①] 尽管当时的状况有很多不尽如人意的地方，斯塔布斯还是表达了这样的愿景，即希望自己在牛津大学的工作会有助于为即将到来的历史学繁荣时期培养一些工作者。[②] 大概正是这一愿望驱使他发表了关于英国历史研究现状和前景，以及历史研究的目的和方法之类的演讲。而现在，这些演讲成为我们分析这位历史学家史学观念最直接的依据。

从专业化角度来看，19世纪英国史学的发展水平落后于德国或法国等欧陆国家。一些英国历史学家吸收了德法等国的先进史学思想，并试图将其引进英国史学界。由于这些历史学家的思想来源不同，他们就历史学本质和历史研究方法等问题上产生了极大的分歧。

[①] William Stubbs, "Inaugural," in William Stubbs, *Seventeen Lectures on the Study of Mediaeval and Modern History and Kindred Subjects*, Oxford: Clarendon Press, 1886, p. 24.

[②] William Stubbs, "Inaugural," in William Stubbs, *Seventeen Lectures on the Study of Mediaeval and Modern History and Kindred Subjects*, Oxford: Clarendon Press, 1886, p. 13.

图 28（左） 亨利·托马斯·巴克尔，被称为"科学史之父"。出自阿尔弗雷德·亨利·胡恩（Alfred Henry Huth, 1850—1910）的《亨利·托马斯·巴克尔的生活和写作》(*Life and Writings of Henry Thomas Buckle*)。
图 28（右） 巴克尔的《英国文明史》第一卷，出版于 1857 年。

1857 年，英国历史学家亨利·托马斯·巴克尔（Henry Thomas Buckle，1821—1862）的《英国文明史（第一卷）》(*History of Civilization in England*) 出版，在这部著作中，他以孔德的实证主义为基础[①]，声称历史学是一门科学，并且

[①] 学术界一般认为，巴克尔是孔德的实证主义在英国应用到历史学科主要代表人物。伊恩·赫斯基在他的博士学位论文中指出盲目地把巴克尔同孔德以及实证主义联系在一起是有问题的。他认为巴克尔更多地受到约翰·斯图尔特·密尔（John Stuart Mill）和他对孔德的解释影响。在巴克尔著作中只能找到很少直接来自孔德的影响，除了他想发现支配历史的规律，响应孔德的号召写作一种"科学的历史"之外，他在很多问题上与孔德意见不一致。参见 Ian Hesketh, "Making the Past Speak: The Science of History in Victorian Britain," Ph. D. Dissertation, York University, 2006. 另外，乔治·B. 斯托（George B. Stow）认为巴克尔的史学思想是以密尔和孔德两人的思想为基础的，参见 George B. Stow, "Stubbs, Steel, and Richard II as Insane: The Origin and Evolution of an English Historiographical Myth," *Proceedings of the American Philosophical Society*, Vol. 143, No. 4 (December, 1999), pp. 601-638.

与自然科学相似。巴克尔认为,人类行为与自然现象一样都受到普遍规律的支配,历史学家可以借助自然科学的方法探寻人类社会的规律。这一观点迎合了 19 世纪盛行的科学崇拜热情,因而他的著作很受欢迎。但是,他对人类自由意志的否定却与维多利亚时代人追求自由的理念相佐。在那个时代的人看来,人类不是盲目地适应预定的自然规律,而是享有某种自由意志,并且一个人的道德能够决定他的命运。①

图 29(左) "剑桥历史学派"的阿克顿勋爵,其最为人熟知的名言是"权力导致腐败,绝对的权力导致绝对的腐败"。出自 1904 年版的《阿克顿勋爵写给玛丽·格莱斯顿的信》(*Letters of Lord Acton to Mary Gladstone*)扉页。
图 29(右) 爱德华·弗里曼,他是斯塔布斯之后担任牛津大学钦定近代史教授的人选。由约瑟夫·约翰·艾略特(Joseph John Elliott)和克拉伦斯·埃德蒙·弗莱(Clarence Edmund Fry)拍摄。

反对巴克尔的观点的历史学家大致可被分为两大阵营:一方以阿克顿勋爵(John Dalberg-Acton,1834—1902)、威廉·斯塔布斯、爱德华·弗里曼等人为首,他们受到德国史

---

① George B. Stow, "Stubbs, Steel, and Richard II as Insane: The Origin and Evolution of an English Historiographical Myth," *Proceedings of the American Philosophical Society*, Vol. 143, No. 4 (December, 1999), p. 611.

学,尤其是客观主义史学大家兰克的影响,不赞成巴克尔对科学的定义。由于反对巴克尔的共同立场,这些人以斯塔布斯为首形成了牛津历史学派。他们认为历史学确实应该成为一门科学,但它的模式不是孔德的错误的实证主义,而是兰克强调史实归纳的科学,历史研究应该以对档案的批判为基础,避免个人主观性;另一方以查尔斯·金斯利和詹姆斯·安东尼·弗劳德为首,他们认为历史学不可能是一门科学,因为过去受制于个人动机,是不可预知的,它更类似于艺术。[1]

这两大阵营因史学观互相抵触,展开了激烈的论战。经验主义者抨击对方阵营没有能力获得精确的事实[2],自身则被指责沉溺于档案研究,写作的历史只为同行和学生阅读,使历史失去了大量读者。英国史学的专业化通过这场关于历史方法论的争辩实现,通过对科学史学的界定,文学化的历史写作和巴克尔主张的自然科学的方法被排斥在外,德国兰克史学的理念在英国得到了贯彻。[3] 在这场由巴克尔引发的论战中,斯塔布斯是重要的参与者。

斯塔布斯读过巴克尔的《英国文明史》后,在写给弗里曼的信里表示:"我不相信历史哲学,也就不相信巴克尔。"[4]

---

[1] Nathalie Richard, "Ian Hesketh, The Science of History in Victorian Britain: Making the Past Speak," *The British Journal for the History of Science*, Vol. 45, No. 1 (January, 2012), pp. 138-139.

[2] Daniela Barberis, "The Science of History in Victorian Britain: Making the Past Speak by Ian Hesketh," *The History of Science Society*, Vol. 103, No. 1 (March, 2012), pp. 191-192.

[3] Ian Hesketh, "Making the Past Speak: The Science of History in Victorian Britain," Ph. D. Dissertation, York University, 2006, pp. 2-4.

[4] William Holden Hutton, ed., *Letters of William Stubbs, Bishop of Oxford, 1825-1901*, London: Archibald Constable & Co., 1904, p. 42.

然而，同样受到兰克学术精神影响的阿克顿却被历史哲学所吸引，他将之视为"在所有学科研究里最令人崇敬的"[1]。斯塔布斯对兰克的敬仰是毋庸置疑的，他认为兰克的著作对英国史学有着"不可估量的价值"[2]。就斯塔布斯尊重兰克的学术研究而轻视巴克尔来看，他真正感兴趣的是德国思想家的方法而不是他们的哲学。[3]

斯塔布斯不仅对哲学抱有警惕性，而且对一切抽象理论概括都持怀疑态度。他认为历史哲学和历史科学的弱点在于，"更喜欢探求普遍原理而不肯研究剧本的情节和人物"[4]，他反对用抽象推理来代替对事实的精确研究，"人类意志有无数的组合，没有任何理论能估量所有的情况，这些不是武断的假设或推测性的分类能够适用的领域……没有人会愚蠢到认为掌握过去历史的详尽知识就使一个人能够做出预言"。这一点恰好反驳了巴克尔的观点。在斯塔布斯看来，如果说历史是一门科学，那么"科学"的含义应该与"客观"更相近。历史学家最重要的任务是获取历史事实，以事实为基础的判断也许会被更合理的解释所取代，但总比单纯抽象化的哲学和

---

[1] J. R. Hale, *The Evolution of British Historiography: From Bacon to Namier*, London: Macmillan, 1967, p. 67.

[2] William Stubbs, "On the Present State and Prospects of Historical Study," in William Stubbs, *Seventeen Lectures on the Study of Mediaeval and Modern History and Kindred Subjects*, Oxford: Clarendon Press, 1886, p. 58.

[3] George B. Stow, "Stubbs, Steel, and Richard II as Insane: The Origin and Evolution of an English Historiographical Myth," *Proceedings of the American Philosophical Society*, Vol. 143, No. 4 (December, 1999), p. 612n.

[4] William Stubbs, "On the Purposes and Methods of Historical Study," in William Stubbs, *Seventeen Lectures on the Study of Mediaeval and Modern History and Kindred Subjects*, Oxford: Clarendon Press, 1886, p. 89.

理论概括更可靠。

另外,斯塔布斯还认为历史研究的实践相比抽象的理论更具说服力。他承认——

> 一个真正合格的历史学家,能够把对历史统一性的真诚信仰与建构有关历史时期、事件、人物最准确详细的"复制品"的能力结合起来;这样的历史学家差不多会使我们相信他的学说的真实性。①

不过,尽管历史事实更可靠,以事实为基础判断的结论也并非不可取代。在这个问题上,作为专业历史学家的斯塔布斯对历史的思考明显超越了业余历史学家,他用法庭重审案件来形象地说明历史判断是不断更新的:"历史知道它可以等待更多的证据,对旧有的判断进行审查,它提供了一系列永久的上诉法院,总是准备重新打开已完结的案件。"② 可以说,斯塔布斯已经意识到历史作为一门学科有其自身的发展规律,它有其内在更迭特点和结论的不确定性。而当时英国的业余历史学家大都没有认识到这一点,他们认为至少可以对过去的某些方面得出确定的结论。③

任何历史研究工作都不可能一劳永逸地解决历史问题,

---

① William Stubbs, "On the Purposes and Methods of Historical Study," in William Stubbs, *Seventeen Lectures on the Study of Mediaeval and Modern History and Kindred Subjects*, Oxford: Clarendon Press, 1886, p. 89.

② J. R. Hale, *The Evolution of British Historiography: From Bacon to Namier*, London: Macmillan, 1967, p. 58.

③ J. R. Hale, *The Evolution of British Historiography: From Bacon to Namier*, London: Macmillan, 1967, p. 59.

正是这一特点保证了历史学持久的活力,使历史学家的辛勤工作能够得到些许回报。尽管历史解释终究会被取代,历史学家还是会努力使自己的成果更经得起考验。在这个问题上,斯塔布斯强调历史工作者对研究主题的选择不能受到自己时代利益关系的支配,这一观念与兰克史学精神一致,即历史学家要让"过去自己说话"①。

此外,斯塔布斯认为不存在完全无用的历史知识,关键在于研究它的历史学家是否知道如何发掘它的意义。历史知识是有用的,前提是必须以历史事实为基础,不能为了实用的目的而歪曲史实。他在牛津大学讲座教授的就职演讲中指出,英国大学里某些历史教授的地位主要得益于他们的政治关系或文学名望,这种情况导致历史在大学学科中的地位很难得到改善。② 由此,斯塔布斯对历史知识效用的强调,在很大程度上是为了提升历史学科的地位,同时也为了激发人们对历史研究的热情,从而改善英国当时的历史研究状况。

面对浩瀚的历史,精力有限的学者们必须选择某个时期和特定领域作为自己的研究主题。尽管任何历史知识都不是无用的,但不代表所有历史知识都有同等的价值,至于各类历史知识的价值问题,是需要耗费很长时间来探讨的大工程。同时,社会群体会站在不同立场上、出于不同目的阅读历史,会对历史研究的目标有不同见解。斯塔布斯发表的两篇关于

---

① William Stubbs, "On the Present State and Prospects of Historical Study," in William Stubbs, *Seventeen Lectures on the Study of Mediaeval and Modern History and Kindred Subjects*, Oxford: Clarendon Press, 1886, p. 29.

② William Stubbs, "Inaugural," in William Stubbs, *Seventeen Lectures on the Study of Mediaeval and Modern History and Kindred Subjects*, Oxford: Clarendon Press, 1886, p. 6.

历史研究的目的及其方法的演讲①,具体分析了这类问题。他列出了关于历史研究目的的三种理解:其一是为历史本身而研究历史;其二是追求历史学的教育意义;其三是注重历史研究的实用价值。

图30 正在读书的学者。画中人物是19世纪历史学家约翰·艾伦(John Ellen,1771—1843),由爱德华·兰德希尔(Edward Landseer)创作于1836年。

就斯塔布斯本人而言,他既是学者又是历史教育工作者,对前两种目的更看重。最后一种目的属于"人类生活的廉价理论",因为在这种"理论"指出事物的价值只与它将带来的好处相关。②斯塔布斯直言他不想仅仅以实用为理由来提倡历史研究,尽管他相信人们在研究历史的过程中得到的训练和获得的信息确实有很大的实用性,但这并不是全部。事实上,

---

① 这两篇演讲都收录在《十七篇演讲》中,一篇标题为"关于历史研究的目的和方法(On the Purposes and Methods of Historical Study)",发表于1877年5月15日,另一篇"历史研究的方法(Methods of Historical Study)",发表于1877年5月18日。

② William Stubbs, "Methods of Historical Study," in William Stubbs, *Seventeen Lectures on the Study of Mediaeval and Modern History and Kindred Subjects*, Oxford: Clarendon Press, 1886, p. 106.

他最看重的是为历史本身而研究历史。在斯塔布斯看来，这种历史研究的优势在于，它——

> 超越了教育的目的，超越了政治的目的，超越了历史的哲学运用和历史的训练，它有着某种明显真实的东西的珍贵性。与自然哲学一样，它也有它的价值，我不能说它是科学，因为那将是在使用一个现在变得模棱两可的术语，但它的价值类似于科学的价值；是这样一种价值，它值得人们为了它本身和真理而去了解它，并把它保留在知识中。在这一点上，它对自己的信徒有着特殊的吸引力。①

关于历史研究方法，斯塔布斯基本遵循的是兰克的理念和模式。他提醒人们，"从结果中归纳出结论，并把历史学家自己形成的结论归于过去的人，这种做法是危险的"②。历史学者最好能自觉和谨慎地对待自己所处的时代环境对历史研究工作的客观性干扰。"一个真正的学者"应该"意识到自己是在生活环境的影响中工作的"，这些影响是"至关重要的""纠缠不清的"，如果学者在处理信息和做出判断时试图完全摆脱自己身处其中的制度的影响，可能会寸步难行。③

---

① William Stubbs, "Inaugural," in William Stubbs, *Seventeen Lectures on the Study of Mediaeval and Modern History and Kindred Subjects*, Oxford: Clarendon Press, 1886, p. 23.
② Quoted from Helen Cam, "Stubbs Seventy Years after," *Cambridge Historical Journal*, Vol. 9, No. 2 (1948), p. 130.
③ Helen Cam, "Stubbs Seventy Years after," *Cambridge Historical Journal*, Vol. 9, No. 2 (1948), p. 131.

（二）斯塔布斯与英国大学历史学科的发展

19世纪被认为是"历史学的世纪"，主要表现在历史学的专业化水平得到了较大提升。在欧洲大陆尤其是德国和法国，历史研究一般以大学为中心展开，大陆上"没受过专门训练的历史学家是罕见的"。而在19世纪的英国，业余历史学家仍然发挥着重要作用。[①] 19世纪中期之前，英国历史学家的写作受"供需关系法则"的影响较大，主要以受到大众欢迎为目标，写作者通常要花费大量的精力来完善文风。爱德华·吉本（Edward Gibbon）、托马斯·巴宾顿·麦考莱等人作品的流行以及历史小说的盛行——尤其是沃尔特·司各特爵士（Sir Walter Scott, 1771—1832）的小说取得了巨大成功——的确提升了社会公众对历史知识的兴趣。[②] 但英国当时的史学专业化水平远远落后于德国和法国，现代史学发展水平的落后显然已与19世纪英国的国际影响力不相称。

到19世纪中期，英国国际影响力有所提升，但史学发展水平仍不及欧洲大陆，加之自然科学各学科的专业化，促使人们对历史知识的准确性提出了更高的要求。在英国，历史研究的专业化成为一种趋势，它与大学的关系变得日益密切。1871年，牛津"近代历史系"允许本科生研究历史并且只研究历史，剑桥照牛津的做法在1873年首次实行单独的历史考试。此外，英国的历史写作追求的方向在19世纪中期发生了

[①] J. W. 汤普森：《历史著作史》（下卷），孙秉莹、谢德风译，李活校。北京：商务印书馆，2009，第535页。

[②] J. R. Hale, *The Evolution of British Historiography: From Bacon to Namier*, London: Macmillan, 1967, pp. 35-36.

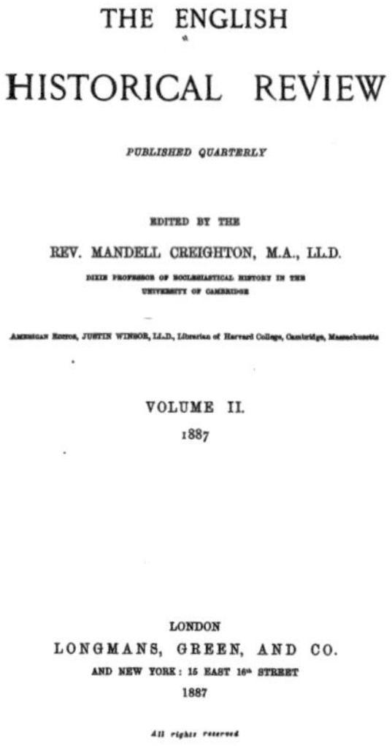
THE ENGLISH
HISTORICAL REVIEW
PUBLISHED QUARTERLY
EDITED BY THE
REV. MANDELL CREIGHTON, M.A., LL.D.
DIXIE PROFESSOR OF ECCLESIASTICAL HISTORY IN THE UNIVERSITY OF CAMBRIDGE
AMERICAN EDITOR, JUSTIN WINSOR, LL.D., Librarian of Harvard College, Cambridge, Massachusetts
VOLUME II.
1887
LONDON
LONGMANS, GREEN, AND CO.
AND NEW YORK: 15 EAST 16th STREET
1887
All rights reserved

图 31 《英国历史评论》1887 年第二卷扉页。

重要转变。19 世纪中期以后，随着历史学作为独立的学科逐渐在英国的大学里确立起来，历史学家开始为专业同行的小圈子写作。英国历史学领域的新气象还表现在对编辑校订档案资料的重视以及第一次创立专业性的期刊。1857 年，关于中世纪资料的“卷宗系列”的编辑工作开始展开；1869 年，历史手稿委员会开始为私人收藏的文件进行编目；1886 年，《英国历史评论》（*English Historical Review*）创刊，它成为英国第一份致力于历史研究的学术性期刊。①

英国史学开始转变发生在 1859—1867 年间，其中有几个标志性事件：1859 年，托马斯·巴宾顿·麦考莱去世，同年，达尔文的《物种起源》一书出版；1862 年，亨利·托马斯·巴克尔逝世；1867 年，“斯塔布斯被任命为牛津钦定教授”。②如果说麦考莱的去世标志着业余历史学家的时代终结，那么斯塔布斯的任命则标志着史学专业化时代开始。作为英国中世纪史的奠基者，斯塔布斯和他的著作对于在英国的大学里

① J. R. Hale, *The Evolution of British Historiography: From Bacon to Namier*, London: Macmillan, 1967, p. 56.

② J. W. 汤普森：《历史著作史》，孙秉莹、谢德风译，李活校。北京：商务印书馆，2009，第 495 页。

建立中世纪史这门学科的研究起到非常重要的作用。① 他的专著为当时历史学科的教学提供了素材，他在牛津大学倡导建立的新学术标准被剑桥大学等院校仿效。②

斯塔布斯在牛津大学历史学科乃至英国现代史学的建立过程中扮演着奠基性角色。③ 作为19世纪英国史学向专业化过渡时期的关键人物，斯塔布斯是积极向英国引进德国史学方法的代表人物之一，他本人被认为是牛津大学"第一位专业的历史学家"④。作为钦定的近代史讲座教授，他对历史学科发展的现状和前景给予了极大关注，并希望自己在牛津大学的工作能为英国历史学的进步作出贡献，他对英国史学界最终能够与德国等大陆国家同行对话交流并赶超他们充满信心。作为历史教育工作者，斯塔布斯在讲座中把自己的研究经验和方法传授给学生，他反思英国历史教育的不足，提出自己的教育理念，期望历史教育不仅有益于培养专业的历史学家，还应该有助于训练合格的公民。

1. 斯塔布斯对英国历史教育的关注

斯塔布斯是从三个方面来看待历史研究的目的或意义的：

---

① James Campbell, "Stubbs, Maitland, and Constitutional History," in Benedikt Stuchtey and Peter Wende, eds., *British and German Historiography, 1750-1950: Traditions, Perceptions, and Transfers*, Oxford: Oxford University Press, 2000, p. 99.

② Richard Marion Koch, "William Stubbs (1825—1901): Victorian Historian and Churchman," Ph. D. Dissertation, University of Connecticut, 2002, p. 148.

③ 陈磊，《斯塔布斯与英国现代史学之建立》，《史学集刊》2019年11月第6期，第33页。

④ George B. Stow, "Stubbs, Steel, and Richard II as Insane: The Origin and Evolution of an English Historiographical Myth," *Proceedings of the American Philosophical Society*, Vol. 143, No. 4 (December, 1999), p. 605.

其一，学者们追求为历史本身而研究；其二，功利主义者为了实用目的而研究；除此之外，作为历史教育工作者，斯塔布斯还把历史看作一种教育或训练思想的手段，认为它最重要的意义在于使受教育者形成健全的判断力。相比单纯的知识累积，通过研究历史形成的判断习惯才是最重要的。因为学校将要培养的"不仅仅是学生"，而且也是未来的"公民"。① 如果历史研究能够成为学校教育的一种手段，将会对未来一代人"人生中所有重大事务都能有所帮助"。为此，斯塔布斯希望促使当权者把真正的历史教学作为小学培训的一部分，这是"第一步，而且绝对是重要的一步"。他认为对历史教育的重视——

> 将使下一代英国人能够认真、诚实和公正地运用现在掌握于他们手中的伟大政治权力。他们将学习如何投票，以及如何防范他们的领导人和对手的欺骗、夸大和不公平。随着真正的政治觉醒，我相信道德和宗教的进步将不仅仅是跟上步伐。更进一步地，如果历史研究真的能成为学校的教育手段，它将培养出一代人，他们不仅会投票，而且会在自己的领域内进行判断、准备、训练和发展，有助于他们处理生活中的一切大事。

关于如何通过学校的历史教育培养学生的判断力，斯塔布斯提出了一些建议。首先，学校的历史教育不应过多涉及

---

① William Stubbs, "Inaugural," in William Stubbs, *Seventeen Lectures on the Study of Mediaeval and Modern History and Kindred Subjects*, Oxford: Clarendon Press, 1886, p. 19.

晚近时期的历史。对那些与当前的问题和争议联系紧密的历史时期，研究过程较容易受到党派偏见和政治目的的影响。斯塔布斯担心年轻人会带有强烈的政治情感，由于缺乏历练不能理智地运用历史判断，尤其难以公正地对待那些与自己观点相反的人。因此，年轻人最好先在早期历史的研究中获得训练，使自己在以后的历史研究或公民生活中具备独立、公正的判断力。阅读历史最好从历史的起源开始，按照历史发展的自然顺序。选择研究主题时，不能根据当前的利益来决定它们的重要性。①

图32 维多利亚初期一位牛津大学教师的藏书室，室内设施一应俱全。

其次，历史教师的职责不仅在于向学生传授知识，更重

---

① William Stubbs, "On the Present State and Prospects of Historical Study," in William Stubbs, *Seventeen Lectures on the Study of Mediaeval and Modern History and Kindred Subjects*, Oxford: Clarendon Press, 1886, p. 30.

要的是引导他们形成自己的独立见解,而不是让所有人都持有类似的观点。在斯塔布斯看来,由于人类大致上可以划分为秩序的拥护者和变革的支持者,这两方都包括大约同等数量的好的、坏的、理智的、愚蠢的人。历史教师要避免把自己当成法官,将其中一方判为全部错误或将另一方说成绝对正确,明智的做法是呈现给双方事件的事实和过程,以备双方从中提炼出自己的斗争工具,然后引导他们以一种公平正义的目的来使用。斯塔布斯坦言,他并非"要使人们成为辉格党或托利党",而是尽最大努力"使辉格党成为公正、审慎、明智的辉格党,使托利党成为公正、审慎、明智的托利党",并且教会他们"公正、真诚的选择自己的武器然后使用它们"。

斯塔布斯感叹,现代人多急功近利,几乎没有时间静下心来做研究。有的人只讲有利于自己的那部分,有的人只讲那些"崇高的权威"观点。这使人们形成了不良的习惯,对于一个主题只探求它的一个侧面,而不能较为全面地去认识。还有一种趋势是只教育人们去拥护,而不是去判断。斯塔布斯对大学里的历史讲座持审慎态度,认为它作为历史教育手段的一种形式,如果不能有效地引导人们独立地读书,其用处就是非常有限的。

此外,斯塔布斯还质疑所谓的"报纸教育"。他先是分享了自己听过的一个"不足凭信"的故事:据称当代一位对时事的判断很有价值的著名政治家曾说过这样一些话,大意是"《泰晤士报》(The Times)的一个专栏要比修昔底德的所有文稿更有政治训练的价值"。对于这个故事中政治家的说法,斯塔布斯不以为然。他批评当时"有些英文报刊声称在世界范围内发行,并假定自己是历史和政治道德的真正诠释者"。在优先选择哪种途径获取经验教训的问题上,斯塔布斯"建议学生们在亚述的箭头形铭文或那不勒斯博物馆的莎草纸中寻找历史和政治道德的经验教训"。他认为一个人如果选择通过阅读报刊来陶冶身心或通过这类媒介来解读历史，那这个人关于"真理和正义的价值"的思考可能会有问题。①

在维多利亚时代的人看来，历史小说仍然是历史叙述的重要形式。② 斯塔布斯指出，一个值得注意的问题是教师们有一种想法，那就是要用历史学科的生动的、戏剧性的方面吸引学生们的注意力，这种历史教育通常忽略了更大的教训，以及对因果关系和事件之间的联系的调查。

斯塔布斯直言：

> 我几乎宁愿孩子们被《艾凡赫》（*Ivanhoe*）③ 这类历史小说所吸引——这些书并不假装是真实的，而且充满了对礼仪和思想的奇怪的虚假陈述——而不是被一部仅仅或主要着眼于生动形象的严肃历史所吸引。

---

① William Stubbs, "Methods of Historical Study," in William Stubbs, *Seventeen Lectures on the Study of Mediaeval and Modern History and Kindred Subjects*, Oxford: Clarendon Press, 1886, pp. 105-106.
② Billie Melman, "Claiming the Nation's Past: The Invention of an Anglo-Saxon Tradition," *Journal of Contemporary History*, Vol. 26 (September, 1991), p. 581.
③ 《艾凡赫》是沃尔特·司各特爵士（Sir Walter Scott）于1819年出版的代表作。这部小说的故事发生在12世纪末英国封建主义的全盛时期。作为浪漫主义作家，司各特具有杰出的讲故事才能，他的历史小说被认为提高了人们对中世纪文化思潮的兴趣；约翰·亨利·纽曼（John Henry Newman）认为司各特"是第一个将人们的思想引向中世纪的人"，而卡莱尔和罗斯金则主要基于这部小说的出版，断言司各特对复兴产生了极为突出的影响。

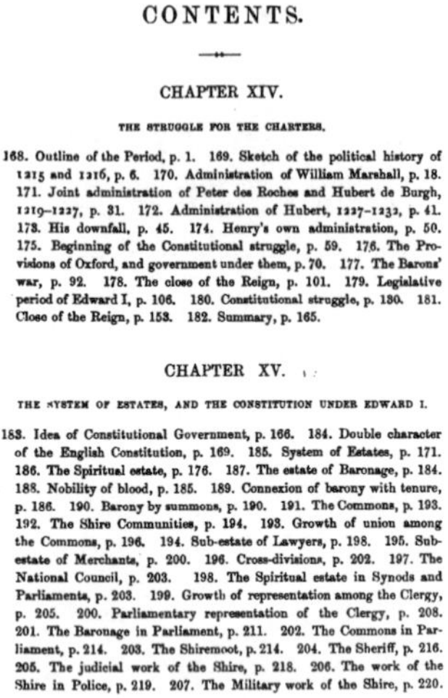

CONTENTS.

CHAPTER XIV.

THE STRUGGLE FOR THE CHARTERS.

168. Outline of the Period, p. 1. 169. Sketch of the political history of 1215 and 1216, p. 6. 170. Administration of William Marshall, p. 18. 171. Joint administration of Peter des Roches and Hubert de Burgh, 1219–1227, p. 31. 172. Administration of Hubert, 1227–1232, p. 41. 173. His downfall, p. 45. 174. Henry's own administration, p. 50. 175. Beginning of the Constitutional struggle, p. 59. 176. The Provisions of Oxford, and government under them, p. 70. 177. The Barons' war, p. 92. 178. The close of the Reign, p. 101. 179. Legislative period of Edward I, p. 106. 180. Constitutional struggle, p. 130. 181. Close of the Reign, p. 153. 182. Summary, p. 165.

CHAPTER XV.

THE SYSTEM OF ESTATES, AND THE CONSTITUTION UNDER EDWARD I.

183. Idea of Constitutional Government, p. 166. 184. Double character of the English Constitution, p. 169. 185. System of Estates, p. 171. 186. The Spiritual estate, p. 176. 187. The estate of Baronage, p. 184. 188. Nobility of blood, p. 185. 189. Connexion of barony with tenure, p. 186. 190. Barony by summons, p. 190. 191. The Commons, p. 193. 192. The Shire Communities, p. 194. 193. Growth of union among the Commons, p. 196. 194. Sub-estate of Lawyers, p. 198. 195. Sub-estate of Merchants, p. 200. 196. Cross-divisions, p. 202. 197. The National Council, p. 203. 198. The Spiritual estate in Synods and Parliaments, p. 203. 199. Growth of representation among the Clergy, p. 205. 200. Parliamentary representation of the Clergy, p. 208. 201. The Baronage in Parliament, p. 211. 202. The Commons in Parliament, p. 214. 203. The Shiremoot, p. 214. 204. The Sheriff, p. 216. 205. The judicial work of the Shire, p. 218. 206. The work of the Shire in Police, p. 219. 207. The Military work of the Shire, p. 220.

图 33　《英国宪政起源和发展史》中的目录，其特别设置的标注非常方便读者查找内容。

历史小说确实有很大的吸引力，但它只能吸引我们，历史教育不能指望历史小说。在斯塔布斯看来，“我们真正的历史教育在精确或严谨方面不能逊于语言或自然科学的训练；如果杂乱无章，它就不可能有价值”①。

对历史教育而言，编写专业而实用的教材是至关重要的。斯塔布斯指出，历史研究领域每隔几年就会有重大发现，而好的历史教育要紧跟知识潮流，就要不断修订或提供改进的教科书，因为至少在目前，“我们在很大程度上还无法像德国那样，将原始权威（original authorities）的阅读引入学术课程”②。斯塔布斯的三卷本《英国宪政史》总共有两千页左右，从这样的大部头著作里查找信息显然不太容易。翻开每册书的章节目录可以发现密密麻麻的文字和数字交织在一起，与大部分专著

① William Stubbs, “On the Present State and Prospects of Historical Study,” in William Stubbs, *Seventeen Lectures on the Study of Mediaeval and Modern History and Kindred Subjects,* Oxford: Clarendon Press, 1886, p. 47.

② William Stubbs, “On the Present State and Prospects of Historical Study,” in William Stubbs, *Seventeen Lectures on the Study of Mediaeval and Modern History and Kindred Subjects,* Oxford: Clarendon Press, 1886, pp. 45-46. 这里所谓的原始权威（original authorities），指的是经典作家的传世文献。

的目录只包含简单的章节标题不同的是，他的书不仅有各章的标题，每章又包含了许多编号的小标题，在这套两千页左右的书里包含了五百个编号的标题，每个标题后都标明页码。读者只需查看每册书的目录，便可以根据这些小标题了解到各章包含的主要内容，根据小标题后面标示的页码可以迅速查找到所需信息。除了这些便于理解和查阅的小标题外，正文里两侧的空白处还有对各段内容的概括，看起来像是一本做过笔记的资料。可见斯塔布斯编写《英国宪政史》时的良苦用心，他打算使《英国宪政史》成为教科书的意图是显而易见的，尽管它的价值远不止是一本教材。

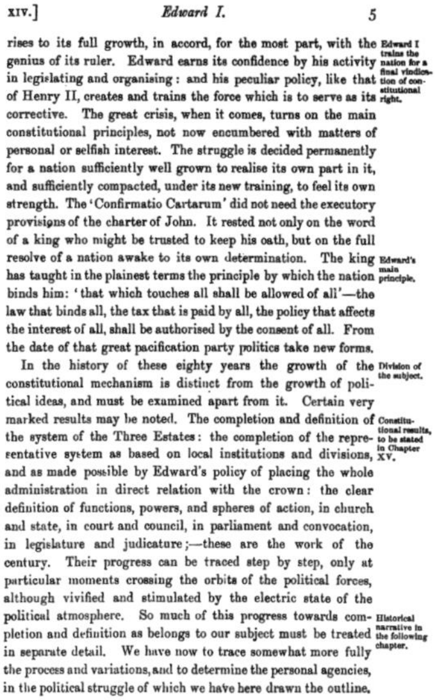

XIV.] *Edward I.* 5

rises to its full growth, in accord, for the most part, with the genius of its ruler. Edward earns its confidence by his activity in legislating and organising: and his peculiar policy, like that of Henry II, creates and trains the force which is to serve as its corrective. The great crisis, when it comes, turns on the main constitutional principles, not now encumbered with matters of personal or selfish interest. The struggle is decided permanently for a nation sufficiently well grown to realise its own part in it, and sufficiently compacted, under its new training, to feel its own strength. The 'Confirmatio Cartarum' did not need the executory provisions of the charter of John. It rested not only on the word of a king who might be trusted to keep his oath, but on the full resolve of a nation awake to its own determination. The king has taught in the plainest terms the principle by which the nation binds him: 'that which touches all shall be allowed of all'—the law that binds all, the tax that is paid by all, the policy that affects the interest of all, shall be authorised by the consent of all. From the date of that great pacification party politics take new forms.

Edward I trains the nation for a final vindication of constitutional right.

Edward's main principle.

In the history of these eighty years the growth of the constitutional mechanism is distinct from the growth of political ideas, and must be examined apart from it. Certain very marked results may be noted. The completion and definition of the system of the Three Estates: the completion of the representative system as based on local institutions and divisions, and as made possible by Edward's policy of placing the whole administration in direct relation with the crown: the clear definition of functions, powers, and spheres of action, in church and state, in court and council, in parliament and convocation, in legislature and judicature;—these are the work of the century. Their progress can be traced step by step, only at particular moments crossing the orbits of the political forces, although vivified and stimulated by the electric state of the political atmosphere. So much of this progress towards completion and definition as belongs to our subject must be treated in separate detail. We have now to trace somewhat more fully the process and variations, and to determine the personal agencies, in the political struggle of which we have here drawn the outline.

Division of the subject.

Constitutional results, to be stated in Chapter XV.

Historical narrative in the following chapter.

图 34　《英国宪政起源和发展史》中的书页。

另外，斯塔布斯的《精选宪章和英国宪政史的其他实例》也是一百多年来英国大学课程的基础。①

他在该书前言写道：

① James Campbell, "Stubbs, Maitland, and Constitutional History," in Benedikt Stuchtey and Peter Wende, eds. , *British and German Historiography, 1750-1950: Traditions, Perceptions, and Transfers*, Oxford: Oxford University Press, 2000, pp. 102-103.

> 这本书首先是作为参考库（treasury of reference）；一本通俗易懂的英国宪法史起源汇编；其次是为教师和学者准备的手册。考虑到第一种用途，我已设法收集它所涵盖的时期内所有重要的宪法文件。至于第二种用途，我试图通过举例说明的方式指出几个文件相互之间及其对国家政体的影响；在介绍性概述中提供了制度发展的一系列联系和某种连续的理论。①

斯塔布斯强调学校的历史教育应该提供更多有益的讲座。他认为，即使是一个讲座的短训班，如果能以清晰而有趣的方式讲授，也足以使大众掌握一些基本的历史知识、历史进程、历史影响和关键的经验教训，这将使人们能够凭借一些有用的远见和理论经验来解决当今的重大问题。从听众的角度来看，一个受欢迎的讲座所提供的信息总比完全无知要好。尽管这些受欢迎的演讲者"可能只会让听众意识到，他讲的东西是他们根本无法理解的；但无论如何，他告诉他们，有一门学问叫作历史"。当然，要想提升这些讲座的效果，最好能让听众保持独立的阅读以跟进讲座内容。因此，学校的讲座应该是又多又好的，书应该是精挑细选的、经典的；但最重要的是，"学校的教学要公平、诚实和全面"②。

虽然斯塔布斯强调有益的讲座对历史教育的重要性，但

---

① William Stubbs, *Select Charters and Other Illustrations of English Constitutional History, from the Earliest Times to the Reign of Edward the First*, Oxford: The Clarendon Press, 1870, p. v.

② William Stubbs, "Methods of Historical Study," in William Stubbs, *Seventeen Lectures on the Study of Mediaeval and Modern History and Kindred Subjects*, Oxford: Clarendon Press, 1886, pp. 110-111, 113.

他也对学校的教学和讲座安排多有不满。在斯塔布斯看来，学术研究经常需要集中思考和持续调查，而牛津大学的委员会对教授的教学和讲座安排有很多不合理的地方，这往往会干扰教授的研究工作。他希望为牛津大学的历史学家争取到"多一点弹性的系绳"①。为此，斯塔布斯对委员会提出了如下建议：

> 希望委员会对文学和历史研究有更多的同情，希望它对教授教学的真正性质有更多的欣赏，希望它能比新规章已显示的看得更清楚，比如，安排教授职责的轻率，他们讲座的数量和性质不是根据学科的性质，而是根据几个案例中的津贴数额。……如果能采取最好的方法来争取到一位优秀的教授，让他用他知道自己能发挥最大作用的方式去工作，不是名义上的，而是实实在在的，那就足够了。

斯塔布斯意识到这些有待改进的地方。作为钦定的近代史讲座教授，斯塔布斯还是牛津大学近代历史系的学术管理者（Academic Administrator），他非常努力地履行自己的职责，"力图使历史学在牛津大学的学术研究中保持其应有的地位，并使牛津在欧洲各院校中保持其作为历史研究苗圃的声誉"。斯塔布斯在任期间奠定了牛津历史系的成功，他建立的标准先是被剑桥大学仿效，后来又被19世纪后期新成立的学

---

① William Stubbs, "A Last Statutory Public Lecture," in William Stubbs, *Seventeen Lectures on the Study of Mediaeval and Modern History and Kindred Subjects*, Oxford: Clarendon Press, 1886, pp. 382-383.

院和大学纷纷仿效。用瑞芭·索弗（Reba Soffer）的话来说，他影响了至少三代人的历史研究。①

2. 引进德国的史学方法

19世纪中后期，在以牛津大学和剑桥大学为代表的英国传统大学里掀起了一场改革。学术界一般认为，这一时期的大学改革在很大程度上效仿了德国大学的模式。② 第二次世界博览会上德国展出的成果令英国人极为震撼，很多英国人认为这是德国科学研究推动的结果，于是提倡效仿德国对英国的大学进行改革，使之成为各个学科学术研究的中心，并且强调大学的研究宗旨应该是为国家发展服务，而不是为宗教服务。在这种背景下，历史学科在英国的大学里也获得了发展机会。

尽管英国国内有一些人对德国文化吹毛求疵，但还是有很多学者接受了德国文化的优越性。以阿克顿勋爵、斯塔布斯为代表的英国大学里的历史学者们，积极向国内引进以兰克史学为代表的德国学术思想和研究方法。斯塔布斯是在英国推进科学史学的关键人物，他被任命为牛津大学钦定讲座教授虽然有其特定的政治和宗教原因，却也是对史学专业化

---

① Quoted from Richard Marion Koch, "William Stubbs (1825—1901): Victorian Historian and Churchman," Ph. D. Dissertation, University of Connecticut, 2002, p.148.
② 除德国大学模式的影响外，当时英国社会上正在崛起的中产阶级对大学改革有更重要的推动作用。功利主义者和非国教徒是中坚力量，从根本上讲，他们都希望打破大学为宗教服务的传统，实现大学的世俗化和专业化，使大学的研究成果为国家建设服务。参见李晶晶：《19世纪英国传统大学的社会评价及其改革研究——以牛津大学和剑桥大学为例》，华东师范大学硕士学位论文，2008，第21—25页。

的莫大鼓舞。① 的确,斯塔布斯是努力将兰克的研讨班制度(Seminar)引入英国大学的学者之一,目的是为下一代历史学家提供必要的培训。他在牛津大学主讲的一系列讲座中,谈到了英国历史学欠德国,特别是欠现代职业历史学奠基人兰克的债。

事实上,英国历史学受德国史学的影响由来已久,至少在第一次世界大战之前,这种"长期的亲密关系"就一直保持着。② 在牛津大学近代历史系,重视德国的学问可能是从翻译兰克的著作开始的。得益于19世纪中期开始的牛津大学改革,法律与历史荣誉学位于1864年建立起来,而后到1871年,牛津大学的近代史与法律正式分离。历史刚刚独立成系,需要一些重要的著作来引导其发展方向,在此背景下,牛津大学

图35 德国历史学家利奥波德·冯·兰克,"实证史学"创始人。1875年阿道夫·杰本斯(Adolf Jebens)复制朱利叶斯·施拉德(Julius Schrader)的原画,现藏于德国柏林的勃兰登堡博物馆。

---

① Ian Hesketh, "Making the Past Speak: The Science of History in Victorian Britain," Ph. D. Dissertation, York University, 2006, p. 99. 赫斯基集中探讨了维多利亚时代关于历史知识本质问题的争论,时间大致限定在1860年到1890年之间。

② James Campbell, "Stubbs, Maitland, and Constitutional History," in Benedikt Stuchtey and Peter Wende, eds. , *British and German Historiography, 1750-1950: Traditions, Perceptions, and Transfers*, Oxford: Oxford University Press, 2000, p. 120.

的一些历史学家向克拉伦登出版社提议出版兰克的《英国史》(*A History of England Principally in the Seventeenth Century*)英译本。这部长篇巨著的德文版最初在1859年至1869年间以八卷本形式出版,后于1875年由克拉伦登出版社首次以六卷本的英文版出版。为了推动该书的出版,马克斯·米勒争取到了兰克的许可(为此出版社付给兰克100英镑),牛津大学近代历史系的八名教员无偿承担了翻译工作,其中的两名教员乔治·基钦(George Kitchin,1827—1912)和查尔斯·博斯(Charles Boase,1828—1895)负责编辑。据说这是该出版社第一次应新大学院系的要求接受一套书。尽管这套书的翻译是无偿的,出版社却没有赚到钱:到1878年7月,它的借方余额为624英镑。[1] 事实上,兰克著作的英译本销量并不理想。正如克拉伦登出版社的秘书在1885年告诉兰克本人的那样,"您的著作在英国一小群历史学者中享有无限的声誉;但这个群体人数很少,并且他们中的大多数人研究您的原版著作"。尽管如此,当兰克的著作在英国被阅读和传播,并被牛津大学的斯塔布斯和剑桥大学的阿克顿勋爵这些学者解读时,那一小群专业历史学家必然大受鼓舞,并对他们的学科及其可能性充满憧憬。[2]

在一战之前的数十年里,很多有志向的年轻英国历史学家一般会在德国的大学里进修一段时间,就像其他学科的英

---

[1] Simon Eliot, ed., *History of Oxford University Press: Volume II: 1780 to 1896*, Oxford: Oxford University Press, 2013, pp. 569-570.

[2] Leslie Howsam, *Past into Print: The Publishing of History in Britain, 1850 -1950*, London: The British Library and University of Toronto Press, 2009, pp. xii, 7.

DR. STUBBS AND HIS ADHERENTS OF THE 'HISTORICAL SOCIETY.' WINTER OF 1882–3
(See note in the text, page 106)

图 36（上） 斯塔布斯和他的"历史学会"追随者们，拍摄于 1882 年 12 月 1 日，该照片显示了斯塔布斯学会的原始成员。出自查尔斯·奥曼爵士的《维多利亚时代牛津的记忆》(*Memories of Victorian Oxford*，1941)。

图 36（下） 斯塔布斯学会标识，由斯塔布斯·鲍尔斯（Stubbs Powers）设计，印在学会的出版物上。

国学者们一样。在那里，他们能够接受更加专业化的、严谨的训练。1882年，一位曾在德国求学的名叫塞缪尔·查尔斯·布雷亚历（Samuel Charles Brearley）的美国学生向牛津大学引介了兰克的"研讨班"理念。1883年，这一倡议在主席弗里曼的主持下首次付诸实践，最初以布雷亚历进步学会（Brearley Improvement Society）作为临时名称来组织研讨班，后来于1884年正式更名为斯塔布斯学会（Stubbs Society）①。该学会效仿兰克的教学研究模式，力图在牛津大学的学生中培养批判性思维和求知欲，进而逐渐提升英国历史学的发展水平，这些努力得到了斯塔布斯、弗里曼等牛津大学教师的大力支持。

作为斯塔布斯学会"早期活动的灵魂人物"，斯塔布斯在牛津大学任职期间，基本上出席了该学会的每次会议，他还在研讨班上参与讨论，并点评与会者提交的每篇论文。该学会成员在研讨班上讨论的主题较为广泛，"不仅包含历史理论与解释问题，也涉及当代的工业革命、宪章运动等议题"②。斯塔布斯曾感叹道，历史学会的成立是他在牛津大学的一个重要收获，他对这样的专业学会寄予厚望："如果所选的主题具有独特而普遍的吸引力，材料丰富而兴趣广泛，如果学会

---

① 斯塔布斯学会的全称为斯塔布斯国防和外交事务学会（The Stubbs Society for Defense and Foreign Affairs），是牛津大学最古老的官方附属文书阅读和辩论学会【勿与非附属的辩论协会牛津联盟（Oxford Union）混淆】，并且发展势头良好，一直延续至今。它是牛津大学在国际历史、大战略和外交事务方面最杰出的学术论坛。它以维多利亚时代历史学家威廉·斯塔布斯的名字命名，在其历史上曾邀请过许多人文和科学领域的杰出人物演讲。
② 陈磊：《斯塔布斯与英国现代史学之建立》，《史学集刊》2019年第6期，第40页。

倡导者的热情、能力和毅力以及所有历史系学生的支持能确保取得成功，那么学会的前景将是非常美好的。"① 的确，斯塔布斯学会培养了众多杰出的学术、宗教与政治人才，如同未来学者的"试验场"。该学会的成员包括后来的斯塔布斯信件的收集者、温彻斯特学院院长威廉·H. 赫顿，还有后来成为著名的"曼彻斯特历史学派"（Manchester School of History）领军人物之一的詹姆斯·泰特（James Tait，1863—1944），以及两位后来的牛津大学钦定教授弗雷德里克·约克·鲍威尔和查尔斯·哈丁·弗思爵士（Sir Charles Harding Firth，1857—1936）。牛津大学内外的很多杰出学者都曾在该学会上提交论文，这些论文随后受到了批判性的质疑和讨论。一百多年来，斯塔布斯学会一直是牛津大学最负盛名的学会之一。② 作为当时为数不多的以历史研究为导向的学术共同体，斯塔布斯学会在培养牛津大学学生的历史研究能力，乃至提升英国史学的专业化水平方面都发挥了关键作用。

斯塔布斯曾在家乡纳尔斯伯勒的一个小学校里接受过德语教育③，这使他能够直接阅读德文资料并与德国学者交流。对斯塔布斯而言，德国有着特殊的重要性：他把它当作英国

---

① William Stubbs, "A Last Statutory Public Lecture," in William Stubbs, *Seventeen Lectures on the Study of Mediaeval and Modern History and Kindred Subjects*, Oxford: Clarendon Press, 1886, p. 376.

② Richard Marion Koch, "William Stubbs (1825—1901): Victorian Historian and Churchman," Ph. D. Dissertation, University of Connecticut, 2002, pp. 211-212.

③ James Campbell, "Stubbs, Maitland, and Constitutional History," in Benedikt Stuchtey and Peter Wende, eds., *British and German Historiography, 1750-1950: Traditions, Perceptions, and Transfers*, Oxford: Oxford University Press, 2000, p. 114.

自由的遥远故乡和来源,他大部分学识和思想的基础都是德国的,他的学问主要与1849年之前的德国历史有联系,他的《英国宪政史》对德国学者的引用也最多。斯塔布斯毫不掩饰自己认为德国优于法国的想法,他坚持认为,法国历史的发展导致专制、暴政,必然结果是爆发革命。[①] 关于斯塔布斯对德国史学的偏爱,梅特兰给予肯定,认为这是"那个年代想要做好工作的英国人很有可能会做出的选择"[②]。

相比同时期德国的历史研究状况,斯塔布斯在谈到英国的历史研究现状时表达了不满。他认为当时英国图书馆的条件、英国人对档案资料的重视以及人们对历史研究的热爱都不及欧洲大陆国家。不过他又对英国未来的发展前景充满信心,希望将来能赶上欧陆国家史学发展水平,并能促成英国与欧陆国家的交流合作。对此,斯塔布斯表达了这样的愿景:

> 我承认,作为一名历史学者,我最深切的愿望正是朝着这一目标而来:我非常乐意成为一个有助于并能够协助在英国建立一个历史学派的人,这个学派将与欧洲其他工作者一道完成一项共同的任务;它不是建立在哈勒姆、帕尔格雷夫(Palgrave)、肯布尔、弗劳德和麦考莱的基础上,而是建立在大量收集整理过的材料上,这些材料是那些作家在材料匮乏、分散和无序的时候曾试

[①] James Campbell, "Stubbs, Maitland, and Constitutional History," in Benedikt Stuchtey and Peter Wende, eds., *British and German Historiography, 1750-1950: Traditions, Perceptions, and Transfers*, Oxford: Oxford University Press, 2000, p.115.

[②] F. W. Maitland, "William Stubbs, Bishop of Oxford," *The English Historical Review*, Vol.16, No.63 (July, 1901), p.423.

图建立的。当所有现存的中世纪世界的记录,无论是完整的还是非常丰富的摘要,都将以完全值得信赖的方式呈现其内容的时候;当每个大图书馆都有它们的副本,每个城镇都有一个大图书馆的时候,这样的时代也就不远了。古物研究者学会通过向市政公司和主要省级图书馆提供出版物的副本,播下了一粒种子,这标志着古物研究的发展和考古珍品的保存进入一个新时代。①

斯塔布斯坚持以自己的方式将德国学术的精髓嫁接到牛津教育体系的古老主干上,这为建立于牛津的、基于斯塔布斯的史学理念的历史系提供了一种以"寻找历史真相"为基础的"特殊学科"。② 斯塔布斯坚持历史教学要以原创性研究为基础,由此引进了一种在德国已经发展得较为成熟的学术标准。他给专业史学这一新职业带来的不仅仅是灵感,还有研究方法,由此使其得以继续发展。总体而言,尽管斯塔布斯并没有提出新的学说,也没有创建新的史学理论,但是在将德国学术研究方法引入英国这点上,他的功绩是其他任何人所难比拟的。③ 甚至可以说,在英国,用严谨的方法进行历史考订,正是从斯塔布斯开始的。

斯塔布斯在1866年的牛津大学发表了就职演讲,维多利

---

① William Stubbs, "Inaugural," in William Stubbs, *Seventeen Lectures on the Study of Mediaeval and Modern History and Kindred Subjects*, Oxford: Clarendon Press, 1886, p. 12.
② Richard Marion Koch, "William Stubbs (1825—1901): Victorian Historian and Churchman," Ph. D. Dissertation, University of Connecticut, 2002, pp. 152, 303.
③ 乔治·皮博迪·古奇:《十九世纪历史学与历史学家》,耿淡如译,卢继祖、高健校、谭英华校注,北京:商务印书馆,1997,第555—556页。

亚时代著名历史学家格林在听了演讲后,意识到一个新时代已经到来,他感叹道,"最终困扰历史学科的古董观念将被摧毁"①。

作为一名历史学家,斯塔布斯的职业生涯是连接两个历史写作世界的桥梁,一个是古物研究的(antiquarian),另一个是专业的。②

斯塔布斯初到牛津大学任职时,英国史学专业化水平确实相当落后。斯塔布斯在牛津大学任职钦定讲座教授的十八年间,明显推动了英国史学的专业化进程。19世纪90年代以后,在英国史学界出现了一股新势力,他们接受了历史学家的专业训练,热衷于使用批判的方法进行档案研究。③业余历史学家在史学的专业化中受到了冲击,作为一个独立学者和历史学家的弗雷德里克·哈里森(Frederick Harrison,1831—1923)在1898年表达了他对卡莱尔和麦考莱时代的怀念:

> 在德国兰克史学的影响下,19世纪的历史学家致力于原创性研究而不是动人的叙述。与我们的祖父辈专注于叙述风格不同的是,斯塔布斯、弗里曼等人的学派满

---

① Quoted from Richard Marion Koch, "William Stubbs (1825—1901): Victorian Historian and Churchman," Ph. D. Dissertation, University of Connecticut, 2002, p. 14.
② Richard Marion Koch, "William Stubbs (1825—1901): Victorian Historian and Churchman," Ph. D. Dissertation, University of Connecticut, 2002, p. 15.
③ James Campbell, "Stubbs, Maitland, and Constitutional History," in Benedikt Stuchtey and Peter Wende, eds., *British and German Historiography, 1750-1950: Traditions, Perceptions, and Transfers*, Oxford: Oxford University Press, 2000, p. 107.

足于"科学的记录"。①

3. 斯塔布斯的著作出版

在关于历史是一门科学的争论出现之前,历史被公认为是一门远不如古典文学严格的课程,甚至有学者说它是"为富人开设的简易课程"。那些为普通读者写的浅显易懂的历史书籍,似乎使历史研究变得如此容易理解,"以至于完全成了无聊的事情"②。专业历史学家约翰·罗伯特·西利指出,文人尤其是麦考莱和卡莱尔的作品似乎为普通读者"铺设了一条通往历史知识的坦途",但事实是,"求知没有坦途"。在西利看来,那些读起来令人愉悦的历史作品"破坏了公众的品味",因为在阅读这些作品时,普通读者——

图 37 历史学家托马斯·卡莱尔。约 1860 年由艾略特与弗莱(Elliott & Fry)拍摄。

> 永远不会被要求去研究或评判,而只是去想象和享受。他在阅读时所作的思考与小说读者的思考完全一致;他会问——这个角色描绘得好吗?这真的很有趣吗?这个故事是否持续有吸引力,它在接近尾声时是否有适当

---

① J. R. Hale, *The Evolution of British Historiography: From Bacon to Namier*, London: Macmillan, 1967, p. 57.
② Leslie Howsam, *Past into Print: The Publishing of History in Britain, 1850-1950*, London: The British Library and University of Toronto Press, 2009, p. 41.

地提升？最终的结果是，对公众来说，历史和小说没有区别。……简而言之，历史与科学失去了任何联系，甚至是最遥远的联系，最终成为纯文学（*belles lettres*）的一个分支。①

业余历史学家成功的标志是写出广受欢迎的历史作品，他们主要凭借华丽的文风和动人的叙述赢得普通读者的认可。这些业余历史学家的作品让公众误以为历史不过是一种文学体裁。在这种背景下，早期专业历史学家要坚持历史是一门学术科目并为他们自己确立新的权威地位，就必须在他们自己的专业工作和业余爱好者的工作之间划清界限，在历史的写作和评价方面坚持完全不同的标准。在大学谋职的历史学家意识到科学思想和实践在他们同时代人中的声望，开始主张历史是一门科学。它要求一群训练有素的专家在档案中搜寻文献证据，进行系统地分析以便发现和传播对过去的准确描述。② 大多数早期专业历史学家都坚信，只要将兰克的原则，以及在当时更广泛的科学文化影响下产生的严谨方法应用于历史学科，历史写作就可以是准确的、可证实的、可靠的。他们还一致同意，科学训练不仅能让历史学家做好研究、写作和教学的准备，还能让他们作为批判性的读者和知识渊博的评论家接触同行的作品。③ 到维多利亚时代后期，专业历

---

① John Robert Seeley, "History and Politics," *Macmillan's Magazine*, Vol. 40, August 1879, p. 292.
② Leslie Howsam, *Past into Print: The Publishing of History in Britain, 1850-1950*, London: The British Library and University of Toronto Press, 2009, p. 6.
③ Leslie Howsam, *Past into Print: The Publishing of History in Britain, 1850-1950*, London: The British Library and University of Toronto Press, 2009, p. 32.

史学家已非常重视对原始文献的严谨考证和批判性使用。

在上述背景下,斯塔布斯的《英国宪政史》这类自诩枯燥乏味的著作被奉为专业主义的象征。① 1874年,也就是该书第一卷出版后的第二年,《威斯敏斯特评论》(*Westminster Review*)就断言这是"本季度我们读到的最好的书",尽管这本书朴实无华,但它在克拉伦登出版丛书中显然优于大部分其他书籍。考虑到宪政史对一般读者的吸引力必然不如以历史名义流传的大部分内容,但斯塔布斯的这部书似乎既不吸引也不排斥普通读者,这就说明了很多问题:

> 这一主题很难用普通历史常用的修辞来使作品生色,但它本身就给历史学家增添了尊严——换句话说,在这个主题上,如果作者不是很沉闷乏味,就已经很成功了。斯塔布斯先生不是很沉闷,他学识渊博。虽然我们不认为非专业人员会读这本书,但对于牛津大学历史系的学生来说,这本书可能是为他们设计的,它将是不可或缺的。不幸的是,历史系的人并不多,但这本书太好了,我们希望它有更大的受众规模,超过通常要求的克拉伦登出版社印刷精良的书籍销量。

到1878年,斯塔布斯的《英国宪政史》第三卷已经问世。《纽约时报》称其为"精雕细琢的学术性著作",并赞赏这项研究所具有的启发性,其中一些观点"对大部分读者来说是相当新鲜的"。

---

① Rosemary Jann, "From Amateur to Professional: the Case of the Oxbridge Historians," *Journal of British Studies*, Vol. 22, No. 2 (Spring, 1983), p. 131.

斯塔布斯的三卷本《英国宪政史》经历了不同的版本和印版：到1897年，第一卷已经是第六版，第二卷已是第四版，第三卷已是第五版。一份关于该书销量和收益的统计数据显示，仅1876年，第一卷（当时已经出版到第二版）总共就卖出了522本，斯塔布斯从中净赚63英镑1先令6便士。到1880年，该书的三卷本除了各自陆续再版外，还都推出了一种"图书馆专供版（Library Edition）"，至此，斯塔布斯的《英国宪政史》销量更是达到1582本，他从中赚取了359英镑13先令3便士。作为一本有声望的学术著作，《英国宪政史》虽然没能像当时的一些畅销书那样大卖，但年复一年稳定的销量仍可以为出版商和作者提供一定的经济保障。[①]

斯塔布斯的《英国宪政史》是牛津大学出版社通过教育系列推广历史研究的实例。19世纪60年代以来，随着英国大学的改革与扩张，人们日益意识到一个新的、有利可图的教育市场正在发展，这激发了出版社对法律、历史、英国文学等学科教科书的兴趣。从出版书籍的数量可以看出，出版社显然对各层次教育书籍都表现出了越来越大的兴趣。牛津大学出版社为开拓教育市场适时推出了克拉伦登出版丛书。值得注意的是，在出版计划方面，该出版社不仅重视教学文本，还对教育工作进行了广泛的界定，以便把严肃而重要的研究著作纳入其中。[②] 从该出版社发表的一份图书（包括已经出版和准备出版的书籍）目录中可以看到如下声明：

[①] Simon Eliot, ed., *History of Oxford University Press: Volume II: 1780 to 1896*, Oxford: Oxford University Press, 2013, p. 563.

[②] Simon Eliot, ed., *History of Oxford University Press: Volume II: 1780 to 1896*, Oxford: Oxford University Press, 2013, pp. 568, 737.

大学讲师、中小学教师和所有对教育感兴趣的人应特别关注以下作品,其中大部分是最近由克拉伦登出版社出版的,这些作品直接涉及科学和学问(learning)的当下状况以及迫切的教育需求。①

克拉伦登出版丛书很好地适应了牛津大学历史和法律教学改革后的需求,这使得历史和法律书籍都有了相当稳定的销量。牛津大学历史系的教学大纲从一开始就专注于英国历史,特别是政治史和宪法史;必修科目是政治学和政治经济学,选修外国历史。在某种程度上,当时很不成熟的历史系有一个核心,那就是以斯塔布斯为范例的可靠的宪政史和中世纪史。②像当时许多具有参考功能的法律书刊一样,斯塔布斯的《精选宪章》由于需要经常更新和修订而保持了稳定的需求和销量。《精选宪章》为教学提供了详细的文献基础,正如查尔斯·奥曼(Charles Oman,1860—1946)所言,"它就像一本圣经,考生可以在没有上下文的情况下识别出任何段落"。斯塔布斯的这本书还有一个更大的优势,那就是迎合了不止一个市场,它似乎同时吸引了历史学家和律师。法律书籍必须随着立法和判例法的发展而修订,像斯塔布斯这样的著作也适合定期修订。再加上不断变化的教学大纲和固定的文本,这就创造了一个新的版本可以卖给旧版本的拥有者的

---

① William Stubbs, *Select Charters and Other Illustrations of English Constitutional History, from the Earliest Times to the Reign of Edward the First*, Oxford: Clarendon Press, 1870.

② Simon Eliot, ed., *History of Oxford University Press: Volume II: 1780 to 1896*, Oxford: Oxford University Press, 2013, p. 561.

市场。从1870年的最初版本到1895年的修订版本,《精选宪章》经过8个版本的修订和增补,许多机构都需要不断获取最新版本。出版社还受益于这样一个事实,即每一个重大修订的版本都产生了与实质性变化相关的新版权。[1]

斯塔布斯在宪政史领域的权威地位为其学术作品的成功提供了保障,进而在一定程度上增强了牛津大学出版社对历史学术著作出版的信心。学术出版由于读者群体有限一直不被看好,有出版界评论家将学者视为"纯属装饰"。为反驳这种观点,牛津大学出版社学术委员会委员菲利普·盖尔(Philip Lyttelton Gell,1852—1926)提供了一个核算结果,即仅斯塔布斯的历史作品就为牛津印刷业带来了价值5000英镑的就业机会。[2] 牛津近代历史系研究委员会(Board of Studies for the School of Modern History)指出,由于近代历史已成为"德国大学最喜爱的研究,而在英国,它已成为出版商选择的事业领域",更重要的是,牛津应该有一位历史教授,"能够在历史学术研究和探索工作中发挥突出作用"。可以说,斯塔布斯在当时的牛津历史系就起到了这样的作用。牛津大学基督圣体学院的历史导师罗伯特·莱恩(Robert Laing)表示,斯塔布斯的这些作品"主要是为这里的历史系准备的",它们会对历史系的研究工作起到明显促进作用。[3]

事实上,斯塔布斯还以其他形式推动了牛津大学出版社

---

[1] Quoted in Simon Eliot, ed., *History of Oxford University Press: Volume II: 1780 to 1896*, Oxford: Oxford University Press, 2013, pp. 562-563.

[2] Simon Eliot, ed., *History of Oxford University Press: Volume II: 1780 to 1896*, Oxford: Oxford University Press, 2013, pp. 19, 72.

[3] Quoted in Simon Eliot, ed., *History of Oxford University Press: Volume II: 1780 to 1896*, Oxford: Oxford University Press, 2013, pp. 58-59.

向历史出版方向的发展。① 他曾在 1868 年至 1884 年和 1891 年至 1901 年间担任牛津大学出版社学术委员会委员。他在出版社投入了大量时间,据说他"作为大学出版社的委员会委员,在履行职责时表现出了……勤奋和对细节的把握"。他对这项工作很感兴趣,因为他热爱书籍以及与书籍有关的一切。即便在斯塔布斯离开该委员会之后,出版社还经常就历史书籍的出版问题向他征求意见。②

长期以来,牛津大学出版社在海外市场的主要业务是圣经销售,然而,在 19 世纪后期,它开始成为世俗书籍的主要出口商。1886 年的《伯尔尼公约》(Berne Convention)和 1891 年在美国颁布的《蔡斯法案》(Chace Act)③ 所代表的国际版权的扩展鼓励了这种贸易。斯塔布斯的《大宪章》(*Magna Carta*)是一本用于历史系教学的未装订的小册子,最早于 1868 年由牛津大学出版社出版。由于它在英国和美国都很畅销,1879 年以装订形式出版。据不完全统计,斯塔布斯的《精选宪章》的 8 个版本在图书馆馆藏中共有 445 本,英国和爱尔兰的图书馆藏有 69 本,欧洲图书馆收藏了 54 本,美国各个版本总共收藏了 275 本。④ 英国宪政史的著作在世界各

---

① See Leslie Howsam, *Past into Print: The Publishing of History in Britain, 1850-1950*, London: The British Library and University of Toronto Press, 2009, pp. 40-43, 71-75.

② Simon Eliot, ed., *History of Oxford University Press: Volume II: 1780 to 1896*, Oxford: Oxford University Press, 2013, p. 526.

③ 正式名称为"1891 年国际版权法(International Copyright Act of 1891)",但通常被称为"蔡斯法案",以美国罗得岛参议员乔纳森·蔡斯(Jonathan Chace)命名。

④ Simon Eliot, ed., *History of Oxford University Press: Volume II: 1780 to 1896*, Oxford: Oxford University Press, 2013, pp. 21-22.

地的传播也是令斯塔布斯倍感欣慰的事情：

> 对一名研究英国制度的学者来说，最令人欣慰的是发现在较遥远的国家的文献中，对我国宪法的研究正占据着重要的地位。我不禁感到非常高兴，因为时常能收到德国、俄罗斯、丹麦、法国、意大利和美国的学者就我们在这里工作的主题发表的大量论文和小册子，他们阅读、评论和利用我们的书籍。[1]

在英国国内，尽管 1850 年通过了《公共图书馆法》(Public Libraries Act)，但地方政府迟迟没有行使它所赋予的权力。在 1870 年，仍然有 16 个郡没有免费的公共图书馆，许多城镇和伦敦市镇直到 19 世纪 90 年代才被纳入该系统。

图38 普利茅斯公共图书馆内景。由威廉·亚历山大·勒珀蒂 (William Alexander Le Petit) 创作于 1832 年。

---

[1] William Stubbs, "A Last Statutory Public Lecture," in William Stubbs, *Seventeen Lectures on the Study of Mediaeval and Modern History and Kindred Subjects*, Oxford: Clarendon Press, 1886, p. 380.

图39 肯特郡的一座小型公共图书馆内景。约1860年由查尔斯·詹姆斯·理查德森(Charles James Richardson)所绘,现藏于纽约史密森学会的库柏·休伊特博物馆。

这些新机构收录出版社书籍的频率有多高？从十家维多利亚时代晚期公共图书馆的目录中抽取的样本表明，新近问世的出版社书籍在借阅藏书中的出现频率较低。不过，斯塔布斯的《英国宪政史》出现在大多数抽样目录中，这表明该书在当时得到了相对较多的认可，也得到了可喜的传播。[1]

三、小　结

作为英国宪政史家，斯塔布斯顺应社会发展，为英国人提供了一套较为完备的英国宪政史参考书；作为教育工作者，斯塔布斯特别重视历史教育，他提倡在英国的大学里把历史学作为一门训练判断力的学科，他的著作作为大学教材影响了牛津大学的几代学生；作为史学家，斯塔布斯早年致力于

---

[1] Simon Eliot, ed., *History of Oxford University Press: Volume II: 1780 to 1896*, Oxford: Oxford University Press, 2013, p.698.

教会史和编年史方面的资料整理和考订,为英国中世纪史文献资料的校订和保存作出了突出贡献。他吸收了当时较为先进的兰克史学方法并将其引进英国,在英国提倡科学的史学方法,鼓励对学生进行专业的史学训练,推进了英国史学的进步。正如詹姆斯·坎贝尔所言,斯塔布斯的思想"代表着一种独特的历史研究方法",对英国历史系的学生们产生了深远的影响。在担任牛津大学出版社学术委员会委员期间,斯塔布斯还为牛津大学近代史系历史书籍的出版奠定了基础。

维多利亚时代的英国处于由传统社会向现代社会的过渡时期,这种转变不仅表现为经济工业化、政治民主化、宗教多元化,还表现在专业化的现代学术的出现。历史学作为一门独立的学科在英国的大学里被确立起来。[①] 人文及社会科学的学者们纷纷向科学看齐,致力于证明自己学科的科学性与专业性并想以此赢得尊重,历史学也不例外。斯塔布斯被认为是英国第一位专业的历史学家,他极力推崇德国兰克的史学理念和研究方法,他在牛津大学任职期间发表的学术成果和学术理念,为牛津大学历史学科乃至英国现代史学的建立奠定了基础。斯塔布斯、阿克顿勋爵等人引领了英国维多利亚时代历史学的发展趋势:从业余到专业,从注重情感的浪漫主义到专注事实的客观主义,从而使历史学作为一门独立的学科得以确立。

在英国,自维多利亚时代晚期开启的历史学专业化和职业化,使得学院派历史学家成为历史知识与信息的唯一权威

---

① George B. Stow, "Stubbs, Steel, and Richard II as Insane: The Origin and Evolution of an English Historiographical Myth," *Proceedings of the American Philosophical Society*, Vol. 143, No. 4 (December, 1999), p. 605.

来源。与早先的业余历史学家不同，专业历史学家大都依托于大学或其他学术机构，他们坚持历史作品的成功不以普通读者的认可和追捧为衡量标准，并坚信专业历史作品的权威基础来自翔实的原始资料、扎实的考证、专业同行的认可等。早期专业历史学家还极力避免使用那些成功的业余历史学家最常用的华丽辞藻、艺术想象力以及某些叙事技巧，这通常使得他们的著作枯燥乏味，很难拥有广泛的读者群体。历史书籍出版商很快意识到历史学实践的这些变化，面对历史学发展的新趋势，出版商们大都希望历史书籍能兼具学术资历和大众吸引力。然而，带着这种期望的出版商们在当时的专业历史学家中很难找到合作者。

总体来看，大学出版社在当时承担了大部分学术性强的、利润低的专业历史书籍的出版，当然，它也通过有利可图的教育市场得到了一定的补偿，并赢得了学术声望。

第二部分 大众出版与大众化国民知识生产

导　言

19世纪，历史学家托马斯·卡莱尔观察到当时英国的整个出版行业已变得前所未有地商业化，出版商使出种种营销和广告手段，只为研究国民大众的购书兴趣所在。维多利亚时代初期书籍生产技术的变革让书籍变得更加便宜，除小说外，众多知识性、信息性与教育性书籍如洪水般地进入千家万户。甚至在中下阶层读者的书架上，绝大多数情况下这类书籍也会占据更中心的位置。

图1　英国诗人加布里埃尔·罗塞蒂正同诗歌评论人西奥多·瓦茨-邓顿校阅其诗集。由罗塞蒂的助手画师亨利·特雷弗利·邓恩创作于1882年。

图 2 许多印刷厂雇佣妇女做排字工。出自《伦敦新闻画报》1861 年 6 月 15 日。

19世纪中期前,大众知识出版难以实现的一个重要原因是"知识税(tax on knowledge)"的存在。新技术让印刷可以用上更便宜的原料,纸价随之下跌,而政府为了掌控舆论,对超过一定页数的书籍征收纸张附加税,造成书价高居不下,民间又将这一附加税称为"知识税"。许多出版商为了规避缴纳"知识税",不得已才减少非虚构类型书籍的页数,他们或者出于自身利益,或者出于行业原则,并同其他自由贸易者、慈善家、社会自由论者和某些激进主义者组成反对"知识税"的先锋群体。1836 年的新法令降低了"知识税"的一半税额,1861 年该税完全废止,知识生产大众化曾经最难以逾越的障碍至此瓦解。①

---

① John Feather, *A History of British Publishing*, London: Routledge, 2006, pp. 112-113.

此外,1830—1850 年间,出版商为了扩大书籍的市场流通,首度联合起来向政府施压,要求改革版权法。1836 年,他们成功令政府在出版物法定送存制度上妥协。以前每部新出版物需递送保存本给 11 家图书馆,现在削减到 5 家图书馆:大英博物馆、剑桥大学图书馆、牛津大学博德利图书馆、爱丁堡的苏格兰律师公会图书馆(即后来的苏格兰国立图书馆)与都柏林三一学院图书馆。1842 年法案再次规定,只有大英博物馆需要出版商无条件提前递送保存本,其他图书馆必须向出版商申请。同年,规定提供给作品 42 年版权的新版权法问世,这也有出版商联合争取的功劳。新版权法不仅同时保证了作者创作作品和出版商发行书籍的积极性,而且维护了书籍贸易秩序的稳定。这些版权方面的改革举措,极有利于知识书籍的规模增长与大众化。

图 3 牛津大学博德利图书馆的阅览室内,一位正在研读的学者。由约翰·勒凯斯(John Le Keux)创作于 1836 年。

图 4　牛津大学博德利图书馆远景。出自查尔斯·奈特的《老英格兰》(*Old England*)，出版于 1845 年。

为大众教育需要，供应知识书籍变成出版工业的一个绝对焦点。1838 年以来，《出版人通告》(*Publishers' Circular*) 开始频繁出现独立的"教育书目"和"教育专刊"。尤其是随着正规学校教育体系的成型与完善，学校提供了最主要的知识书籍消费市场。教学用的课本于19世纪30年代脱胎于"文本书（text-book）"，在约半个世纪内形成现代意义上的"教科书（textbook）"概念。1859年身为学校督学的文学批评家马修·阿诺德（Matthew Arnold，1822—1888）说道："学校用书的销量之大是独一无二的。"① 大出版商朗文有着经营教育书籍的传统，其在19世纪为寄宿学校出版了大量系列教科书，不仅包括用于基础教育的阅读指导、文学欣赏课本，也包括用于中高等教育的科学、历史和地理课本。② 约翰·默里和麦克米伦也很快加入基础教科书出版的行列，到19世纪60年代，牛津大学出版社的学术顾问团成立教科书委员会，专门负责主要面向公共学校的"克拉伦登系列丛书"。相比之下，剑桥大学出版社更专注中学教科书，1870年开始发行的"皮特系列丛书"适用于参加剑桥大学入学考试的学生阅读。正规学校入学人数呈几何级增长，教学科目的扩充也让具有持续属性的教科书出版极为有利可图，哪怕只是一套小有声誉的系列教科书，也能为出版商带来上万英镑的年利润收入。

就知识书籍而言，教育与商业之间的界限是模糊的，一些教科书超出学校教育的范畴，在普通的国民大众间也能得到广泛阅读。同时，许多出版商也开始构筑"大众读者的书库"，意欲让中下阶层民众不受极端激进思想钳制，成为有教养、有理性、懂科学的人。约翰·默里从1829年起发行再版

---

① Matthew Arnold to Arthur Hugh Clough, September 29, 1859, in Matthew Arnold, *The Letters of Matthew Arnold*, *Volume 1:1829-1859*, edited by Cecil Y. Lang, Charlottesville: The University Press of Virginia, 1996, p. 500.

② Roy Yglesias, "Education and Publishing in Transition," in Asa Briggs, ed., *Essays in the History of Publishing in Celebration of the 250th Anniversary of the House of Longman, 1724-1974*, London: Longman, 1974, pp. 369-382.

古今经典图书的"家庭书库（Family Library）"系列，类似的，还有1848年起劳特里奇发行的"铁路书库（Railway Library）"。这些系列瞄准日益强大的新兴工人阶级市场，通过预先挑选重要书籍吸引想要走捷径了解人类知识精华的工人阶级前来购买。19世纪中期之后"大众"（popular）一词真正成为一个卖点，出版商争先向读者推出以"大众"字眼为名的图书，例如《大众英国植物科学史》《大众天文学史》《大众英国地理概览》，等。这些书大多有着不错的销量，特别是鼓励读者注意身边的自然物体与现象的知识普及读物，如约翰·乔治·伍德（John George Wood）《海岸的常见物》（*Common Objects of the Sea-Shore*）在四年里卖出约10万本。[①]除此之外，这一时期不少新发行的报纸、期刊也经常登载专题科学知识，《钱伯斯爱丁堡杂志》（*Chambers' Edinburgh Journal*）、《泰晤士报》《伦敦新闻画报》（*Illustrated London News*）和《画报》（*The Graphic*）也会间歇地分出专门版面刊登各类知识的介绍性文章，并配上有助直观理解的插图。

成立于1826年的实用知识传播协会（Society for the Diffusion of Useful Knowledge）是一个慈善性质的组织，十分倚重廉价书刊来向大众传播知识。协会雇用了一名出版商查尔斯·奈特（Charles Knight）为其服务，其最出名的廉价出版物包括《便士杂志》（*Penny Magazine*）、《便士百科》（*Penny Cyclopaedia*）和《教育季刊》（*Quarterly Journal of Education*），皆在大众市场上名利双收。依靠实用知识传播协会与新成立的伦敦大学院的亲密关系，奈特的出版物中许多

---

① Bernard Lightman, *Victorian Popularizers of Science: Designing Nature for New Audiences*, Chicago: The University of Chicago Press, 2007, p.173.

都有大学教授参与编撰，他们将自然科学、机械发明和高雅艺术以文字或图像的形式转述给成千上万的读者。在这些出版商眼中，知识书籍，尤其关于新科学的书籍，就是治疗英国社会、政治和宗教痼疾的解药。

图5 威尔士一座乡间别墅内的藏书室。由夏洛特·博赞基特（Charlotte Bosanquet）创作于19世纪40年代。

另外，还有可归纳为特殊形态的"实用知识"书籍，处理与人们日常生活行为相关的信息。其中有些是未经修饰的中立数据，如火车时刻表和城市商业名录；另一些呈现特定语境下边界封闭的事实，也指所有"博学的人"应当知道的事实，因而与其他"科学的知识"在本质上差别很小，但也不可避免地会带有作者的主观认识和审美感受，如旅游指南书、礼仪书、烹饪食谱、操作手册和医药手册。这些信息性较强的书籍在维多利亚时代更加普遍的原因，一是工业革命深入各个技术行业，激发了民众对实用知识的需求；二是信息收集的社会热情,上至议会与地方政府,下至管理机构与民间慈善、宗教组织,都需要出版收集起来的信息以方便管理组织、建立权威、获取相应社群支持、表现公共责任,或者展示变革的道德需要。

到维多利亚时代盛期,知识出版的形态已经确立。教科书的畅销让知识书籍不再挣扎于出版业的边缘,符合中产与工人阶级的科学图书的增长则将知识生产的大众化推向高潮。关于生活、工作与消遣的知识与信息被分门别类地付诸出版,宏大的参考书、百科全书和英语词典编纂计划开始实施并被出版商纳入宣传战略的重中之重,以至引发全民参与的狂欢,部分反映了维多利亚时代英国国民的民族身份认同与对国家成就的强烈骄傲。

本部分的两章主要以出版行业的角度,分别考察了大众知识生产中具有此种特征的两种出版物——百科全书与旅游指南书,涉及一场知识与信息的革命。

我们的目标是给国民奉献一套包罗万象，但却轻便、价格低廉的普及知识的辞典；每个主题都以刚好必要的篇幅呈现。现在它完成了，就留待世界去检验我们既定的目标是否会实现吧。

——威廉·钱伯斯，《钱伯斯回忆录》
1868年①

并且，我们谈及这个词的时候，大体上要考虑的是思想或智力，而非感觉和意志。

——《钱伯斯百科全书》第五卷"知识"词条
1863年②

---

① William Chambers, *Memoir of William and Robert Chambers*, Edinburgh: W. & R. Chambers, 1883, p. 269.
② W. & R. Chambers, et al., *Chambers's Encyclopaedia: A Dictionary of Universal Knowledge for the People*, Vol. V, London: W. and R. Chambers, 1863, p. 818.

第四章
百科全书与钱伯斯兄弟的知识出版大帝国

人们普遍认为18世纪是启蒙主义的时代,而百科全书的出版是那个百年间启蒙哲人们最具代表性、最值得赞叹的成就之一。文化史学家彼得·伯克(Peter Burke)指出,18世纪的百科全书之所以对后世影响深远,在于"其对培根经验主义主张的实践",以理性思维为普通人撰写完整的人文艺术与科学之见解。他将狄德罗和达朗贝尔的《百科全书》(*Encyclopédie*)称为"那个时代所有可得信息的大全,同时也是一幅政治学和知识经济学的生动画卷"。

在18世纪,百科全书的出版标志着知识生产的贸易成为"一桩大型产业"[①]。彼得·盖伊(Peter Gay)则说《百科全书》事业"充分表明启蒙哲人对公共舆论这一尚未成型的新生力量寄予了厚望"[②]。1829年,伦敦出版商托马斯·柯蒂斯(Thomas Curtis)在《伦敦百科全书》(*London Encyclopaedia*)的序言中也将18世纪视为百科全书的时代:"当时至少有六部各具特色与优点的百科全书流传于世,它们销量可观,有助

---

① 彼得·伯克:《知识社会史 上卷:从古登堡到狄德罗》,陈志宏、王婉旎译,杭州:浙江大学出版社,2016,第12、116—117、194页。
② 彼得·盖伊:《启蒙时代:人的觉醒与现代秩序的诞生(下卷:自由的科学)》,刘北成、王皖强译,上海:上海人民出版社,2016,第499页。

于向'绝大多数人传播知识'。"而事实上,百科全书作为一种新的、有启蒙意味的"知识储存(knowledge storage)"图书,在 18 世纪其市场影响力并没有那么巨大。狄德罗《百科全书》畅销欧洲的光芒掩盖了当时其他百科全书出版商的失落,在这部为法国启蒙运动作"全景式总结"的伟大作品之外,人们对百科全书的兴趣远不如对小说、诗歌、戏剧、报纸和政治宣传册的兴趣,包括伊弗雷姆·钱伯斯(Ephraim Chambers, c. 1680—1740)的《百科》(*Cyclopedia*)、《德意志百科全书》(*Deutsche Encyclopädie*)以及后来更加知名的《不列颠百科全书》(*Encyclopaedia Britannica*)的第一版。这是可以预见的,因为百科全书常常体量庞大、卷帙浩繁,版本也经常发生变动,内容上则缺少中心论纲。对于一个普通读者而言,其广阔的知识覆盖面难免令人生畏,而高昂的定价更是打消了许多读者的购买欲望。① 即使是狄德罗的《百科全书》,最初也并没有受到太多关注,罗伯特·达恩顿(Robert Darnton)在其杰出著作《启蒙运动的生意》(*Business of the Enlightenment*)中已经发现,《百科全书》最终的畅销是出版行业一系列复杂阴谋、争斗与投机的结果。要说它畅销,其畅销程度也只不过是在 18 世纪末,也就是法国大革命的顶峰时,达到从贵族精英渗透到资产阶级的地步。②

从这一层面上来说,18 世纪百科全书的名声更多地在于

---

① Frank A. Kafker, "Preface," in Frank A. Kafker, ed., *Notable Encyclopedias of the Late Eighteenth Century: Eleven Successors of Encyclopédie*, Oxford: Oxford University Press, 1994, p. 1.

② 罗伯特·达恩顿:《启蒙运动的生意:〈百科全书〉出版史(1775—1800)》,叶桐、顾杭译,北京:生活·读书·新知三联书店,2005,第 512—516 页。

其象征意义。在新的文学全盛时期（Augustan Age）的知识语境下，这群编写百科全书的启蒙哲人对"完整知识（Complete Knowledge）"的追逐象征着对现代性，以及与之相应的传统文学层级的突破。他们的百科全书满足了18世纪综合知识生产的现代化需要，显然也是编写者传讲启蒙叙事最持久的思想介质，正是基于此，18世纪才被包括托马斯·柯蒂斯在内的19世纪知识教育出版商们称为"百科全书的世纪"[①]。

在英国，若要论及真正在出版市场上开花结果，最终走入万千寻常百姓家中的百科全书，我们必须将目光从启蒙时代移到维多利亚时代。从19世纪伊始，英国的百科全书出版才在漫长的蛰伏后迎来高潮。随着维多利亚时代科学与艺术的高度繁盛，古旧的知识等级制开始坍塌，逐渐被百花齐放的人类知识体系（a system of human knowledge）所取代。新的百科全书是现代知识的一种系统化整合形式，它们就像英语词典和科学指南一样迅速占领社会大众的旨趣高地，成为大众教育投资的新宠，从而在知识性消费的市场上层见叠出。参与出版生意的文学投机者、作者、编辑、出版商、书商、编纂人和教育家都认识到这些参考书的潜力：它们既是中产阶级装点门面的一大利器，也为有抱负的工人阶级提供从阅读中自学知识的机会。[②]"知识阅读市场"的不断扩张保证了商业获利的未来，从而驱使大都市书籍共同体的成员们发起

---

① Seth Rudy, *Literature and Encyclopedism in Enlightenment Britain: The Pursuit of Complete Knowledge*, Basingstoke: Palgrave Mcmillan, 2014, p. 47.

② John Issitt, "From Gregory's Dictionary to Nicholson's Encyclopedia: Intrigue and Literary Craft in the Reshaping of Knowledge," *Publishing History*, Vol. 65 (January, 2009), p. 5.

资本主义化的百科全书出版方案,试图将曾面向绅士学者和社会精英的百科全书重塑为思想观点更兼收并蓄、更适合中低阶层的新产品。

如果不计入18世纪启蒙主义渊源的《不列颠百科全书》的五次再版(1842—1911),维多利亚时代的百科全书事业中最为耀眼的当属钱伯斯兄弟公司(W. & R. Chambers,后文简称"钱伯斯兄弟")的《钱伯斯百科全书:国民通用知识辞典》(*Chambers's Encyclopaedia: A Dictionary of Universal Knowledge for the People*,后文简称《钱伯斯百科全书》)。它无疑取得了卓越的商业成功,出版后畅销四海,其出版商中的一位,威廉·钱伯斯(William Chambers,1800—1883)称之为"廉价与教导图书事业的至高成就"[①]。此后,钱伯斯兄弟又在1888年发行了有大量增补内容的第二版,并且直接影响了《不列颠百科全书》第九版的设计。

在维多利亚时代,《钱伯斯百科全书》以可靠、专业和文化解读性强而著称,尤其体现在人文、地理、历史、传记方面。

一、钱伯斯兄弟的知识出版

《钱伯斯百科全书》的出版并非一次偶然的投机,纵观钱伯斯兄弟一生的出版事业,该系列丛书实际上是其知识教育出版事业整体规划的重要组成。在19世纪上半叶,大部分英国人仍然很难在市面上找到能提供纯正知识教育的书籍,主

---

① W. Chambers, *Story of a Long and Busy Life*, Edinburgh: W. & R. Chambers, 1882, p. 111.

要的出版社倾向于在熟悉的市场寻找容易获利的图书种类，所面向的是富裕且已受过良好教育的资产阶级读者。而像商店职员、中小学教师这样的中产阶级市民的需要往往被忽视了，更不必说广大工匠与非熟练工人。来自爱丁堡的威廉·钱伯斯与罗伯特·钱伯斯两兄弟，是当时为数不多注重向只有基本教育水平和少量闲钱的中低层大众读者普及知识的出版商，靠白手起家而获取成功的经历使他们对这些读者充满同情，这激励他们投身于教导大众读者"自我提升（self-improvement）"的事业中去。[①]

钱伯斯兄弟俩分别于1800年和1802年出生于爱丁堡以南特威德河岸的皮布尔斯镇，是一位棉纺织工的儿子。在少年时期，他们的教育几乎完全依靠"自学（self-education）"，也就是阅读书本。罗伯特在阁楼里找到父亲珍藏的第四版《不列颠百科全书》，激发了他对百科知识的巨大阅读兴趣。他后来回忆道："于我而言这是一个新世界，我由衷地感谢有这么一种人类知识合集存在，能让人如此方便地查阅。它就像盛满精美食物的餐桌一样在我面前展开，给我的感受不亚于其他大部分孩子得到一整个玩具店的礼物。"[②] 皮布尔斯镇上有一位名为亚历山大·埃尔德（Alexander Elder）的书商，钱伯斯兄弟俩的父亲詹姆斯经常光顾其开办的流通图书馆，为兄弟俩借来诸多经典文学名著，因此他们从小便熟悉乔纳森·

---

① Aileen Fyfe, "Steam and the Landscape of Knowledge: W. & R. Chambers in the 1830s-1850s," in Miles Ogborn and Charles W. J. Withers, eds., *Geographies of the Book*, Farmham: Ashgate, 2010, p. 54.

② Robert Chambers, *Memoir of Robert Chambers with Autobiographic Reminiscences of William Chambers*, New York: Scribner, Armstrong, and Co., 1872, p. 56.

斯威夫特（Jonathan Swift，1667—1745）、奥利弗·戈德史密斯（Oliver Goldsmith，1728—1774）、托比亚斯·斯默莱特（Tobias Smollett，1721—1771）和亚历山大·蒲柏（Alexander Pope，1688—1744）的作品。

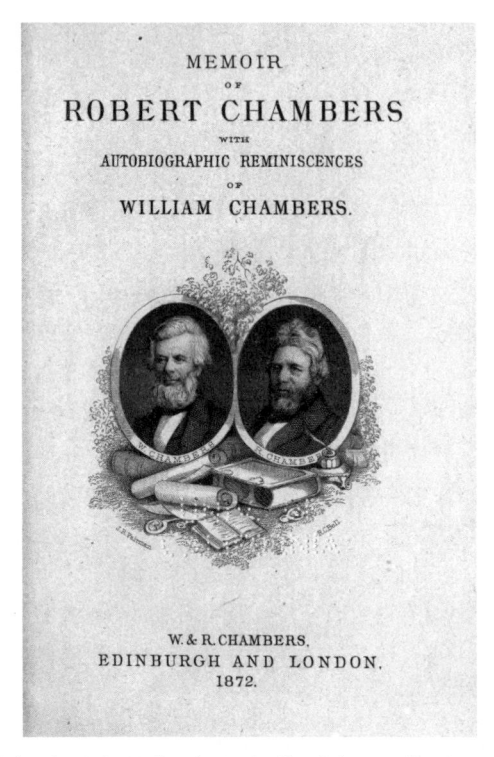

图 6　威廉·钱伯斯与罗伯特·钱伯斯的画像。出自《罗伯特·钱伯斯回忆录》（*Memoir of Robert Chambers*）扉页。

威廉从 14 岁起开始跟随爱丁堡卡尔顿街的书商约翰·萨瑟兰（John Sutherland，1786—1860?）做学徒，学习从事书籍贸易的学问。其间在萨瑟兰的店里，他接触到了英国启蒙政治经济学者洛克、亚当·斯密和休·布莱尔的著作，同时也在弟弟罗伯特的影响下对天文、化学等现代自然科学产生了兴趣。罗伯特在爱丁堡接受了几年古典学院教育后，与完成学徒生涯的兄长先后于 1818—1819 年开设了自己的书店。他们打算从事廉价书贸易，即出售硬面纸板装订的新书，而非传统的皮革封皮的书。这一想法似乎来源于 18 世纪末靠低价售卖娱乐书籍而名利双收的伦敦书商詹姆斯·拉金顿（James Lackington，1746—1815）的成功[①]，直接的助推则来自稍晚些时候伦敦出版商托马斯·泰格（Thomas Tegg，1776—1845）的实践经验，后者是英国最早从出版标准作品的廉价版本中赚得丰厚报偿的出版商之一。

图 7　拉金顿与艾伦公司（Lackington，Allen & Co.）在伦敦的书店，名为"缪斯的神殿"。由威廉·沃利斯（William Wallis）绘制于 1828 年。

---

① Richard G. Landon, "Small Profits Do Great Things: James Lackington and Eighteenth-Century Bookselling," *Studies in Eighteenth-Century Culture*, Vol. 5 (1976), pp. 391-393.

图 8 一家书店的门口,绅士正在翻阅摆出来的折扣图书。出自《画报》(*The Graphic*)(1896 年 12 月 26 日),由弗兰克·达德(Frank Dadd)所绘。

接下来的十年间,钱伯斯兄弟的售书事业发展得如火如荼。1832 年,他们了解到实用知识传播协会正利用一系列廉价出版物培养大规模阅读受众,受此激励,他们决定合伙成立出版公司。该公司发行了自己的廉价周刊《钱伯斯爱丁堡杂志》,每期售价仅 1.5 便士。威廉负责公司的商业运作,罗伯特负责为期刊撰写专栏文章。这部周刊奠定了钱伯斯兄弟后来百科全书出版的雏形。根据其读者公告,它将"提供关于文学、科学、政府、商业、教育、农业和工业的文章",给予人们"健康、实用与惬意的精神知识盛宴"。① 19 世纪三四十年代,《钱伯斯爱丁堡杂志》收获了意想不到的声誉,在苏格兰低地获利颇丰,年均 3 万余本的销量令呈献同样题材、背靠实用知识传播协会的《便士杂志》也相形见绌。② 1850 年起,钱伯斯兄弟与伦敦出版商威廉·S. 奥尔(William S. Orr)签署分销协议,由后者印刷再版,进而打开广阔的伦敦市场,周刊年均销量更是超过了 5 万本。

图 9 格林尼治的实用知识传播协会演讲场景,演讲者背后墙壁上有弗朗西斯·培根的半身像与"知识就是力量"的标语。该画现藏于伦敦国家航海博物馆(National Maritime Museum, Greenwich, London)。

---

① "The Editor's Address to the Reader," *Chambers's Edinburgh Journal*, February 4, 1832, p. 1.
② Aileen Fyfe, "Steam and the Landscape of Knowledge: W. & R. Chambers in the 1830s-1850s," in Miles Ogborn and Charles W. J. Withers, eds., *Geographies of the Book*, Farmham: Ashgate, 2010, pp. 55-60.

图10 钱伯斯兄弟的书店与出版社所在地,爱丁堡滑铁卢道(Waterloo Place)。出自1829年的《现代雅典!系列图景:十九世纪爱丁堡》(*Modern Athens! Displayed in a Series of Views*; *or*, *Edinburgh in the Nineteenth Century*)。

《钱伯斯爱丁堡杂志》的畅销给了钱伯斯兄弟扩大廉价大众知识出版的信心。1833—1834年,他们依照杂志同样的纸张、页数和排版,仅剔除虚构文学部分,每两周发行一种类似版式的《国民百科》(*Information for the People*)系列册子,每分册售价依然为1.5便士。分册每次只讨论一个人文或科学的主题词条,如"天文学""加拿大移民浪潮""道德哲学""美国独立战争"等。它还有一项《钱伯斯爱丁堡杂志》未尝或者说未能采用的新技术——大量的插图。在1835年,出满100册后的《国民百科》内容被汇编成单独的一卷出版。和《钱伯斯爱丁堡杂志》一样,《国民百科》也饱受读者欢迎,钱伯斯兄弟曾骄傲地宣布,《国民百科》的销量达到了每册1.6万本,有的分册甚至售出4.7万本。[①] 1842年,钱伯斯

---

① *Chambers's Edinburgh Journal*, February 1, 1834, p. 1.

兄弟发行了《国民百科》全新增补修订的第二版,此后,钱伯斯兄弟还在1848年、1856年分别发行了第三版和第四版。其中第三版全套卖出超过10万套,共带来11200英镑的利润。①

《国民百科》的版式非同寻常,既不属于杂志,也不属于书籍,倒更像是宗教出版团体如伦敦圣教书会(Religious Tract Society)大量发行、每年在工业城市由传教士和圣经学生沿街分发的宗教短文小册子(religious tracts)。它们的特点都是单册只集中讲述一个主题,语言直白清楚,售价极为低廉,只不过钱伯斯兄弟不是为传福音,而是为帮助中下层大众获取知识并从中谋利。② 二者都相信书籍能促进个人进步,不同的是钱伯斯兄弟对"进步"的定义趋向于包括道德与理性在内的人类全部知识而非单纯的属灵知识。

似乎是因自身的贫寒家境和年少时的求知经历,钱伯斯兄弟在《国民百科》1842年第二版的序言里表明了他们对于大众知识出版的一贯立场:

> 这次出版的努力方向是让工人阶级和中产阶级能真正享受到百科全书特性的作品。我们设想的计划是挑选

---

① Aileen Fyfe, "Steam and the Landscape of Knowledge: W. & R. Chambers in the 1830s-1850s," in Miles Ogborn and Charles W. J. Withers, eds., *Geographies of the Book*, Farmham: Ashgate, 2010, pp. 70-71.

② 钱伯斯兄弟显然认同《国民百科》与宗教短文小册子在形式上的相似性,《国民百科》的几种后继作品直接采用了"tract"作为书名,如1844年的《实用与消遣短文杂集》(*Miscellany of Useful and Entertaining Tracts*)和1853年的《教导与趣味短文宝典》(*Repository of Instructive and Amusing Tracts*)。

那些阶层的人应知晓的重要主题条目……由此，如果他们用心研习和接纳这些文章，便会成为"知识渊博的人(well-informed man)"……《国民百科》并不是要成为一部无穷尽地解释所有人类各行业知识的百科全书，而是一部为每个想要提升自我学识的人设计的百科全书，帮助他们获得能够延伸、解放和滋养自身的知识……[①]

《国民百科》向读者保证不会因繁杂的技术性细节而造成阅读负担，词条作者只会用容易理解的语言呈现科学、物理、数学、道德哲学、博物学、政治史、地理、文学等"人类知识的最重要分支"。钱伯斯兄弟曾担心没有了杂志中占有相当分量的故事、诗歌和闲谈，《国民百科》不会卖得太好，但事实证明他们提供知识"自助"的理念与计划是合乎实际的，《国民百科》在大众读者间广受喜爱。钱伯斯兄弟欣慰地发现他们的中产阶级和工人阶级读者确实有着对"知识与指导"的需求，而非仅为娱乐而阅读。这证明只要方法得当，钱伯斯兄弟能够生产出更为大众化的、作用更显著的百科全书。

《国民百科》在百科题材方面与实用知识传播协会于1828年开始发行的《实用知识书库》(*Library of Useful Knowledge*)非常相似，但钱伯斯兄弟声称"《国民百科》每分册包含和《实用知识书库》至少一样多的文字，而售价只有后者的四分之一"[②]。事实上，《国民百科》取得早期成功的原因之一便是其低廉的1.5便士价格。几乎没有"体面的知识性读物"能被

[①] "Preface," *Chambers's Information for the People, New and Improved Edition*, Vol. 1, Edinburgh: William and Robert Chambers, 1842, p. i.

[②] *Chambers's Edinburgh Journal*, January 31, 1835, p. 1.

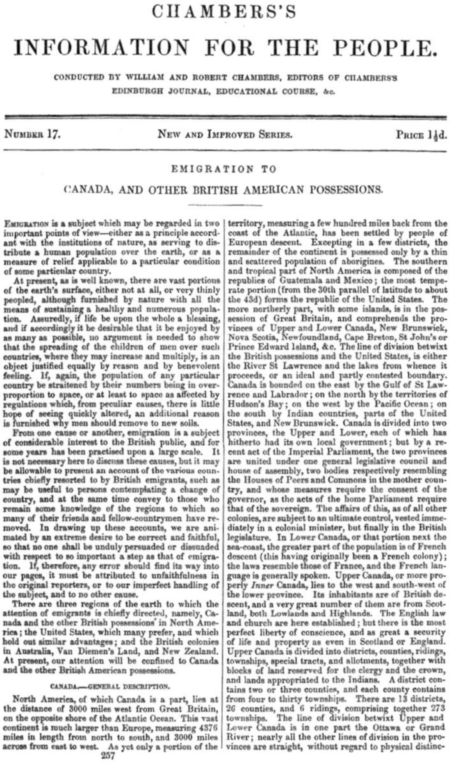

CHAMBERS'S

INFORMATION FOR THE PEOPLE.

CONDUCTED BY WILLIAM AND ROBERT CHAMBERS, EDITORS OF CHAMBERS'S EDINBURGH JOURNAL, EDUCATIONAL COURSE, &c.

NUMBER 17. NEW AND IMPROVED SERIES. PRICE 1½d.

EMIGRATION TO

CANADA, AND OTHER BRITISH AMERICAN POSSESSIONS.

EMIGRATION is a subject which may be regarded in two important points of view—either as a principle accordant with the institutions of nature, as serving to distribute a human population over the earth, or as a measure of relief applicable to a particular condition of some particular country.

At present, as is well known, there are vast portions of the earth's surface, either not at all, or very thinly peopled, although furnished by nature with all the means of sustaining a healthy and numerous population. Assuredly, if life be upon the whole a blessing, and if accordingly it be desirable that it be enjoyed by as many as possible, no argument is needed to show that the spreading of the children of men over such countries, where they may increase and multiply, is an object justified equally by reason and by benevolent feeling. If, again, the population of any particular country be straitened by their numbers being in over-proportion to space, or at least to space as affected by regulations which, from peculiar causes, there is little hope of seeing quickly altered, an additional reason is furnished why men should remove to new soils.

From one cause or another, emigration is a subject of considerable interest to the British public, and for some years has been practised upon a large scale. It is not necessary here to discuss these causes, but it may be allowable to present an account of the various countries chiefly resorted to by British emigrants, such as may be useful to persons contemplating a change of country, and at the same time convey to those who remain some knowledge of the regions to which so many of their friends and fellow-countrymen have removed. In drawing up these accounts, we are animated by an extreme desire to be correct and faithful, so that no one shall be unduly persuaded or dissuaded with respect to so important a step as that of emigration. If, therefore, any error should find its way into our pages, it must be attributed to unfaithfulness in the original reporters, or to our imperfect handling of the subject, and to no other cause.

There are three regions of the earth to which the attention of emigrants is chiefly directed, namely, Canada and the other British possessions in North America; the United States, which many prefer, and which hold out similar advantages; and the British colonies in Australia, Van Diemen's Land, and New Zealand. At present, our attention will be confined to Canada and the other British American possessions.

CANADA.—GENERAL DESCRIPTION.

North America, of which Canada is a part, lies at the distance of 3000 miles west from Great Britain, on the opposite shore of the Atlantic Ocean. This vast continent is much larger than Europe, measuring 4376 miles in length from north to south, and 3000 miles across from east to west. As yet only a portion of the territory, measuring a few hundred miles back from the coast of the Atlantic, has been settled by people of European descent. Excepting in a few districts, the remainder of the continent is possessed only by a thin and scattered population of aborigines. The southern and tropical part of North America is composed of the republics of Guatemala and Mexico; the most temperate portion (from the 30th parallel of latitude to about the 43d) forms the republic of the United States. The more northerly part, with some islands, is in the possession of Great Britain, and comprehends the provinces of Upper and Lower Canada, New Brunswick, Nova Scotia, Newfoundland, Cape Breton, St John's or Prince Edward Island, &c. The line of division betwixt the British possessions and the United States, is either the River St Lawrence and the lakes from whence it proceeds, or an ideal and partly contested boundary. Canada is bounded on the east by the Gulf of St Lawrence and Labrador; on the north by the territories of Hudson's Bay; on the west by the Pacific Ocean; on the south by Indian countries, parts of the United States, and New Brunswick. Canada is divided into two provinces, the Upper and Lower, each of which has hitherto had its own local government; but by a recent act of the Imperial Parliament, the two provinces are united under one general legislative council and house of assembly, two bodies respectively resembling the Houses of Peers and Commons in the mother country, and whose measures require the consent of the governor, as the acts of the home Parliament require that of the sovereign. The affairs of this, as of all other colonies, are subject to an ultimate control, vested immediately in a colonial minister, but finally in the British legislature. In Lower Canada, or that portion next the sea-coast, the greater part of the population is of French descent (this having originally been a French colony); the laws resemble those of France, and the French language is generally spoken. Upper Canada, or more properly *Inner* Canada, lies to the west and south-west of the lower province. Its inhabitants are of British descent, and a very great number of them are from Scotland, both Lowlands and Highlands. The English law and church are here established; but there is the most perfect liberty of conscience, and as great a security of life and property as even in Scotland or England. Upper Canada is divided into districts, counties, ridings, townships, special tracts, and allotments, together with blocks of land reserved for the clergy and the crown, and lands appropriated to the Indians. A district contains two or three counties, and each county contains from four to thirty townships. There are 13 districts, 26 counties, and 6 ridings, comprising together 273 townships. The line of division betwixt Upper and Lower Canada is in one part the Ottawa or Grand River; nearly all the other lines of division in the provinces are straight, without regard to physical distinc-

257

图 11 《国民百科》的一本分册。该分册为 1847 年第 17 期，共 15 页，显示“前往加拿大及其他英属美洲殖民地的移民”词条。

如此便宜地买到，过版权保护期的再版书售价至少 5 先令起，报纸每份要 5 便士，《实用知识书库》也要每期 6 便士。除了教会做委派的教士免费分发的宗教小册子，英国最便宜的书本是街头小贩叫卖的传统故事集、歌谣乐谱、激进的政治小册子与罪犯的自白书。这些书只需 1 便士左右就能买到，但内容常常耸人听闻且具有误导性。《国民百科》的价格与这些书相差无几，内容却要有益得多，而且正是要纠正那些书所误导的认知。

在知识出版这一专业领域，钱伯斯兄弟希望尽可能地与实用知识传播协会区分开来。他们坚信《国民百科》的内容足以胜过《实用知识书库》与1833年实用知识传播协会新发行的《便士百科》。依他们所见，实用知识传播协会对目标读者的理解较为狭窄，没能意识到许多"中间阶层"也和雇佣工人一样，上不起昂贵的学校也买不起像《不列颠百科全书》这样昂贵的学术汇编，而他们不应因家境差异而被动接受实用知识传播协会在百科全书中夹带的偏颇价值观。钱伯斯兄弟认为中产阶级——甚至也包括工人阶级——真正需要的是未经处理的、客观中立的"信息（information）"，一如《国民百科》书名中"information"所暗示的知识的纯粹性与客观性。托妮·丹尼尔·韦勒（Toni Danielle Weller）注意到，19世纪英国民间"信息"一词向"嵌入物质形式的文化商品"的转义。[1] 通过掌握"信息"而自学成才的途径，逐渐成为工人阶级突破身份固化、推翻等级特权的手段。[2] 诚然，各词条页面独立分离的百科小册子也许缺乏某些评论家所说的"书籍外在的高贵"，但这一策略确实推动了向中下阶层的知识传播。[3]

---

[1] Toni Danielle Weller, "Information in Nineteenth Century England: Exploring Contemporary Socio-Cultural Perceptions and Understandings," Ph. D. Thesis, City University, London, 2007, pp. 132-138.

[2] Jonathan Rose, *The Intellectual Life of the British Working Classes*, New Haven: Yale University Press, 2001, p. 20.

[3] "Preface," *Chambers's Information for the People, New and Improved Edition*, *Vol.* 1, Edinburgh: William and Robert Chambers, 1842, p. iii.

二、《钱伯斯百科全书》问世

后世历史学家普遍认为《国民百科》是钱伯斯兄弟出版百科全书的试水之作,也是《钱伯斯百科全书》的前身。如果说第一版的《国民百科》还保留着杂乱无章、主题经常变更的杂志特点,从第二版起它便开始向百科全书的组织方式靠拢,有了清晰明了的知识分类,同类的条目文章被放置在一块。① 然而,《国民百科》也许为钱伯斯带来了商业利润,但终究无法被称为真正的百科全书。

1852 年,雄心勃勃的钱伯斯兄弟花了 400 英镑买下德国著名百科全书《布罗克豪斯百科全书》(*Konversations-Lexikon*)第十版(1851—1855)的英文版权。《布罗克豪斯百科全书》首版于 1796 年,由莱比锡的布罗克豪斯公司(F. A. Brockhaus AG)出版,整个 19 世纪共发行十三种版本,在欧洲大陆智识与文人群体中影响很大。《布罗克豪斯百科全书》的出现是欧洲商业中产阶级与旧式精英阶级抗衡的最早成果,它摈弃 18 世纪狄德罗《百科全书》和《不列颠百科全书》奠基的长篇百科传统,不再像写学术论文一样写百科条目,树立起短小精悍、语言直白却又不失学术客观性的新典范。②

---

① Aileen Fyfe, *Steam-powered Knowledge: William Chambers and the Business of Publishing, 1820-1860*, Chicago: The University of Chicago Press, 2012, p. 70.

② Jeff Loveland, *The European Encyclopaedia from 1650 to the Twenty-first Century*, Cambridge: Cambridge University Press, 2019, p. 37.

布罗克豪斯公司的百科全书编纂特色，自然契合钱伯斯兄弟面向中下阶层读者的志趣。分别来自英国与德国的这两家出版商是如何打上交道的尚不清楚，历史学家桑德拉·库尼（Sondra Cooney）曾提出两种猜测：第一，可能是在1851年的伦敦万国工业博览会（Great Exhibition）上，布罗克豪斯因前一年令人瞩目的356种出版物而获奖，远道而来参观的钱伯斯兄弟自然认识了这个同样热衷大众知识出版的德国公司；第二，《布罗克豪斯百科全书》的第七版曾被翻译成英文在英国和美国销售，钱伯斯兄弟可能在当时就已经通过此版本熟识了布罗克豪斯公司。不论哪种可能，1852年双方已经开始商议《布罗克豪斯百科全书》英语版权的购买事宜。①

钱伯斯兄弟原本指望完整翻译《布罗克豪斯百科全书》，不过最终从德语直译并没有成为《钱伯斯百科全书》的创作核心，部分因为钱伯斯兄弟意识到英国中下阶层偏爱更简洁、不那么具有演绎性质和介绍得过于细枝末节的百科全书。1852年8月钱伯斯兄弟在写给布罗克豪斯公司的信中表示，因为英语和德语阅读公众的差异，他们需要为文字内容投入一大笔资金。② 结果是，钱伯斯只局部翻译《布罗克豪斯百科全书》的某些内容，主要借用其框架和理念，多数词条需要他们聘请学者重新撰写或补充。补充内容的甄别和筛选一部分参考了钱伯斯自己的《国民百科》，一部分参考了实用知识

---

① Sondra Miley Cooney, "A Catalogue of Chambers Encyclopaedia 1868," *The Bibliotheck: a Scottish Journal of Bibliography and Allied Topics*; January 1, 1999, p. 17.

② Sondra Miley Cooney, "A Catalogue of Chambers Encyclopaedia 1868," *The Bibliotheck: a Scottish Journal of Bibliography and Allied Topics*; January 1, 1999, p. 17.

传播协会的《便士百科》，还有一部分是根据当前人文科学、自然科学和医学知识新发现完全原创的。①

《钱伯斯百科全书》正式出版于1860年至1868年，出版方式按照《国民百科》同样的套路，每两个月发行一次售价1.5便士的词条单册，每过一段时间整理成一卷，最终形成完整的十卷。在卷首语中，钱伯斯兄弟提到规避长篇标准论文的思路，这既与他们过去知识出版的惯常做法一脉相承，也是基于《布罗克豪斯百科全书》特征的必然结果：

> 至此而言，（副）书名《国民普遍知识辞典》表明了这本书的基本特点……书中信息可能会被归为"非专业的"，囊括每个有智慧的人时不时会谈及或思考的那些主题。同时，就目前来说，作者已经尽其所能让他们的陈述简洁、合乎科学地精确。本书如此安排的一大目的即让它容易查阅……使其既与面面俱到的论文集（collection of exhaustive treatises）区别开来，又与特殊知识类别的辞典有所不同。②

《钱伯斯百科全书》的编纂是对"知识建构民主化（democratization of structuring knowledge）"的标榜，并且显然是立足于《国民百科》与《布罗克豪斯百科全书》大众知

---

① Rose Roberto, "Democratising Knowledge and Visualizing Progress: Illustrations from Chambers's Encyclopaedia, 1859—1892," Ph. D. Thesis, University of Reading, 2018, p. 162.

② W. & R. Chambers, "Notice," in *Chambers's Encyclopaedia: A Dictionary of Universal Knowledge for the People, Vol. I*, London: W. and R. Chambers, 1860.

识生产模式上的进一步延展。这一模式不同于18世纪产生的学术型百科全书，它不需要读者预先接受古典文史教育，不需要他们熟悉培根主义哲学，词条作者也没有像18世纪启蒙哲人那样按"记忆""理智"和"想象"的形而上分类解释知识，更不曾用旧的知识三分法（语法、逻辑和修辞）区分概念。它沿用《国民百科》中的首字母排序分类法，让大众读者得以根据自身阅读习惯，方便自主浏览任何他们愿意了解

图12　1860年版《钱伯斯百科全书》第一卷。

的"信息",而不必担心深陷高深学术的泥潭。与之相反的是,几乎同一时期的《不列颠百科全书》第八版(1860)延续了18世纪学术型百科全书的精英传统,甚至可视其为该传统的最高峰。这套源远流长的百科全书由一群学究把持,侧重呈现新的学术成果,比如其第一卷便完全由杜格尔德·斯图尔特(Dugald Stewart,1753—1828)、詹姆斯·麦金托什(James Mackintosh,1765—1832)、理查德·惠特利(Richard Whately,1787—1863)、约翰·普莱费尔(John Playfair,1748—1819)和约翰·莱斯利(John Leslie,1766—1832)几位在当时人文与科学领域颇为著名的学者的论文组成。①

钱伯斯兄弟通过出版《钱伯斯百科全书》推进"知识建构民主化",便是对代表着精英传统的《不列颠百科全书》的反叛声明。《钱伯斯百科全书》将"信息"分解为较之研究论文更短小、易读的单元词条,即便读者希望更深入地探索其查阅的知识内容,词条也提供了交叉参照的指引。简言之,《钱伯斯百科全书》几乎在每个方面都试图与18世纪启蒙思潮影响下的百科全书传统割裂:它没有任何政治性诉求,其整理、构建知识的实践完全以适应大众而非精英趣味为基调。

《钱伯斯百科全书》分卷在出版初期销量并不高,但之后逐渐趋于稳定,1868年全卷完结后最终成为出版社利润最丰厚的资产。在19世纪80年代,这套丛书如钱伯斯兄弟所预料,以其全卷低至4英镑10先令的价格俘获了中产阶级市场,更是进入一部分工人阶级的书架,每年卖出8—10万全卷套

---

① Rose Roberto,"Democratising Knowledge and Visualizing Progress: Illustrations from Chambers's Encyclopaedia, 1859—1892," Ph. D. Thesis, University of Reading, 2018, pp. 97-99.

装。相比之下,《不列颠百科全书》全本共 25 卷,买下全卷套装的价格为 37 英镑 10 先令,几乎是《钱伯斯百科全书》的 10 倍。平均年收入只有 30 英镑左右的英国普通工人与宅邸男仆的确购买不起定价高昂的《不列颠百科全书》,但大众化的《钱伯斯百科全书》肯定在他们的消费水平之内。[①]

图 13 印刷厂的日常场景。出自《伦敦新闻画报》1879 年 8 月 30 日。

---

① Rose Roberto, "Democratising Knowledge and Visualizing Progress: Illustrations from Chambers's Encyclopaedia, 1859-1892," Ph. D. Thesis, University of Reading, 2018, p. 101.

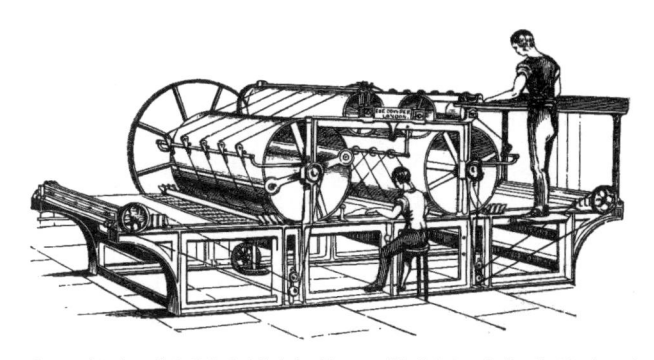

图14 钱伯斯兄弟公司使用的蒸汽印刷机——"阿普尔加思与考珀"(Applegarth and Cowper)四轮滚筒印刷机。出自《1851年伦敦工业博览会官方图画目录》(*Official descriptive and illustrated catalogue of the Great Exhibition 1851*)。

钱伯斯兄弟重视大众读者市场,但这并不意味着他们要做亏本的慈善买卖,他们能够给予读者亲民价格的前提是用新技术打破成本壁垒。在19世纪,钱伯斯兄弟是英国最先将蒸汽动力大规模地用于非文学印刷的商人。最初在1832年,大受欢迎的《钱伯斯爱丁堡杂志》因印量不足、印刷缓慢而导致供不应求,浇铸铅版虽然能暂时解决问题,但毕竟不是长久之计。为了一劳永逸地提高印刷效率,他们引进了蒸汽印刷机。这在爱丁堡书业属于破天荒的事情,毕竟当时爱丁堡只有詹姆斯·巴兰坦(James Ballantyne,1772—1833)在用蒸汽印刷机印刷作家沃特·司各特的作品。结果,蒸汽动力决定性地改变了钱伯斯兄弟的图书生产力,随着印量得到大幅提升,他们得以更坚定地实施"薄利多销"策略,为中下阶层大众提供其他知识出版商(比如实用知识传播协会的查尔斯·奈特)所无法提供的低价读物。

钱伯斯兄弟从《钱伯斯爱丁堡杂志》到《国民百科》的一系列出版物,包括一些国内外已过版权期的学术著作的所谓"人民版本（People's Edition）"，皆受惠于蒸汽印刷机，因价格低廉而畅销于世。到了19世纪60年代印刷《钱伯斯百科全书》时，钱伯斯兄弟购置了当时主要在大型报业集团使用的双面滚筒印刷机，可在保证质量的同时进一步加快印刷速度。

三、编辑与作者群体

桑德拉·库尼在研究钱伯斯档案时发现，1868年《钱伯斯百科全书》全卷完结时列出的116位词条作者并不是全部，档案里显示聘请的作者实际上有240位，多出来的75位应是序言里所说未包含在撰稿人列表里的"诸位朋友"，他们"以其个人了解的当地或其他方面知识撰写了单个词条"，剩下的包括几位编辑以及几位可能会引起政治或宗教争议而被故意隐去姓名的作者。[1]

钱伯斯兄弟负责监督和指导百科全书编纂的大体方向，他们聘请安德鲁·芬勒特（Andrew Findlater，1810—1885）担任主编，带领包括副主编约翰·M. 罗斯（John M. Ross，1833—1883）在内的五名助手共同进行具体落实词条风格与体例统一的工作。[2] 芬勒特和钱伯斯兄弟一样是苏格兰人，毕

---

[1] Sondra Miley Cooney, "A Catalogue of Chambers Encyclopaedia 1868," *The Bibliotheck: a Scottish Journal of Bibliography and Allied Topics*; January 1, 1999, p. 19.

[2] Robert Collison, *Encyclopaedias: Their History Throughout the Ages; A Bibliographical Guide with Extensive Historical Notes to the General Encyclopaedias Issued throughout the World from 350 B.C. to the Present Day*, New York: Hafner Publishing Company, 1964, p. 188.

业于阿伯丁大学,与钱伯斯兄弟有长期交情。早在 1853 年他曾为诗人柯勒律治(Samuel Taylor Coleridge, 1772—1834)的《都市百科全书》(*Encyclopaedia Metropolitana*)撰写过一条关于古希腊哲学家伊壁鸠鲁的词条,1857 年被指定为修订版《国民百科》的主编。他本人很可能就在苏格兰学术圈小有名气,因为 1911 年版的《不列颠百科全书》正好收罗了关于他的词条。他不仅主编过钱伯斯旗下几种学术出版物,还经常为著名报纸《苏格兰人》(*Scotsman*)供稿,在天文、语言和自然地理学领域皆有所涉猎。因此在考虑聘任芬勒特做《钱伯斯百科全书》主编时,他的博学、勤勉和知识编辑行业的熟练经验让他成为《钱伯斯百科全书》主编之位的最合适人选,钱伯斯兄弟对其寄予了深深信任与厚望。[①]

芬勒特的个人才能保障了《钱伯斯百科全书》的出色完成,尽管从第三卷起他才开始全权负责。他曾亲自撰写过几个高质量的重要词条,但他"在这一事业中的特别优点"是其丰富的知识储备和严谨的态度。依靠这些广博知识,芬勒特可以科学地筹划和分组各个内容五花八门的零散单册,将合作撰稿作者们的作品统一起来。"有理由相信,除了音乐之外,他能在处理百科全书的任何事宜上持有独立意见。"[②]

在保证语言的简洁和大众化的同时,芬勒特和他的五名助手还有一项任务,即让百科全书的各处文本都贯彻客观、严谨和中立的精神。其一,他们尽量避免无谓的政治和宗教争议,以防范当局的出版审查(相反,在 18 世纪狄德罗的

[①] William Chambers, *Memoir of William and Robert Chambers*, Edinburgh: W. & R. Chambers, 1883, p. 269.

[②] "The Late Dr Andrew Findlater," *The Scotsman*, January 2, 1885, p. 4.

《百科全书》中,政治和宗教争议是刻意保留的,意图种下人们反思的"革命性"种子);其二,明确地勘查词条叙述是否有足够的原始材料支撑,以树立《钱伯斯百科全书》的权威性。《钱伯斯百科全书》1868年第十卷的附言表彰芬勒特说:"他以其技术、品味和对纯粹公正的锲而不舍而工作。"虽然当前缺乏芬勒特在编辑中追求公正的具体事例,但我们能从副主编约翰·M.罗斯的文章处理原则中管窥:这位来自苏格兰艾尔郡的年轻文人有着和芬勒特同样的学术自觉和抱负,在他的"编辑圣所(editorial sanctum)"里,"剪刀加糨糊"的写法是完全不够知识出版资格的。除非最微不足道的文章都忠实依照原始来源,除非最无足轻重的事实和日期都被仔细核实过,才能令他满意。[1]

约翰·蒙哥马利(John Montgomery)受雇为《钱伯斯百科全书》首版唯一一位全职作者,撰写了最多的1231条词条,包括少量从《布罗克豪斯百科全书》翻译成英文的词条。他几乎以一己之力完成第十卷的增补,所涉及主题非常广泛。

绝大部分作者是来自苏格兰各地、身处各个行业的知识分子,最有名气的除了芬勒特、罗斯两位主编外,可能要属语言学家亚历山大·梅尔维尔·贝尔(Alexander Melville Bell, 1819—1905)。他是可视语言符号的发明者,他的儿子——亚历山大·格拉汉姆·贝尔(Alexander Graham Bell, 1847—1922)因发明电话而更为著名。在《钱伯斯百科全书》中,他写有"表音文字""阅读与书写""速记法""口吃"

---

[1] J. Brown, 'Biographical sketch,' J. M. Ross, *Scottish History and Literature to the Period of the Reformation*, Glasgow: James Macleehosea and Sons, 1884, p. xx.

"可视语言"五个关于语言学的词条,而他撰写这些词条的时间正好是其可视语言研究的攻坚时期,在《钱伯斯百科全书》完结的前一年,他正式出版了《可视语言:通用字母研究》(*Visible Speech*:*The Science of Universal Alphabetics*)。

另一位较知名的人物是现代心理学奠基人之一亚历山大·贝恩(Alexander Bain,1810—1877),他撰写了关于哲学、情绪和情感的24个词条。贝恩早在1840年就与钱伯斯兄弟以及芬勒特结识,在贝恩因其宗教怀疑论立场而长期受阿伯丁、格拉斯哥学术圈排挤时,罗伯特·钱伯斯的赏识给了他希望。钱伯斯兄弟曾在1850年为其出版《动物本能与智力》(*Animal Instinct and Intelligence*)一书,帮助贝恩重新回归学术圈,到1860年他终于被阿伯丁大学接纳为逻辑学教授。因此,钱伯斯兄弟和芬勒特请他为《钱伯斯百科全书》撰写一批心理学词条时,尽管大学授课任务繁重,他仍欣然同意。

除贝尔和贝恩之外,还有古典学家约翰·斯图尔特·布兰基(John Stuart Blackie,1809—1895)、气象学家亚历山大·巴肯(Alexander Buchan,1829—1907)、植物学家威廉·卡拉瑟斯(William Carruthers,1830—1922)、数学家罗伯特·M. 弗格森(Robert M. Ferguson,1829—1912)等。他们在为《钱伯斯百科全书》撰写词条时,还没有功成名就,依然奋斗在学术生涯的初期。与《不列颠百科全书》的精英作者群体不同,更多为钱伯斯工作的作者属于"非精英"作者群体,他们一生默默无闻,在历史上踪迹难寻,其中便包括贡献最大的约翰·蒙哥马利。除蒙哥马利之外,《钱伯斯百科全书》第一版用稿较多的作者还包括:

乔治·多德(George Dodd)(444 条)

亚当·汤姆（Adam Thom）（355 条）

詹姆斯·洛里默（James Lorimer）（264 条）

罗伯特·斯图尔特（Robert Stuart）（207 条）

亚历山大·克鲁克香克（Alexander Cruikshank）（206 条）

斯蒂文森·麦克亚当（Stevenson Macadam）（177 条）

威廉·安德森（William Anderson）（95 条）[①]

还有许多作者像以上所列举的这些人一样，凭借充分自信的知识专长贡献了大量专业词条。他们或许是为了抒发仕途遇阻的失意，或许是对教育公众怀有抱负，或许只是单纯对写百科词条感兴趣。例如，乔治·多德只是一位再普通不过的小圈子作家，最初是查尔斯·奈特的助手，曾为《便士百科》《英语百科》（English Cyclopaedia）和《多国工业百科》（Cyclopaedia of the Industry of All Nations）写过诸多词条。奈特退休后开始与钱伯斯兄弟合作，主要写作大众旅游指南书和介绍工业生产的书。在其为《钱伯斯百科全书》撰写的四百多个词条中，大多数与铁路、蒸汽、工厂、机器、工业艺术等工业事物相关。又如爱丁堡大学的公共法学教授詹姆斯·洛里默，他在 19 世纪五六十年代遭受着持续的身体病痛折磨而无法过多进行法律咨询，为了让自己的法律知识能继续造福社会，他将精力花在为《钱伯斯百科全书》撰写法律方面的词条上，这也是其为数不多的兴趣之一。历史学

[①] Sondra Miley Cooney, "A Catalogue of Chambers Encyclopaedia 1868," *The Bibliotheck: a Scottish Journal of Bibliography and Allied Topics*; January 1, 1999, pp. 63-104.

家约瑟夫·罗伯逊（Joseph Robertson，1810—1866）则将撰写苏格兰史方面词条作为一种原创研究，试图借此为自己在苏格兰教会史家中争得一席之地。钱伯斯兄弟发行《钱伯斯百科全书》也许初衷是考虑到大众读者的市场，但最终所构造出的作者群体，同样因"大众化知识生产"的需要而具有了另一层面的"大众性"。以此而见，《钱伯斯百科全书》从创作环节开始便在为非精英的中产阶级"大众学者"提供机会。

四、为知识配上插图

文艺复兴以降，许多种类的书籍印有卷首插图、边角装饰和从视觉上分割文本的"花饰（vignettes）"。19世纪早期，百科全书的图画已经能印刷制作，当时两种重要的印图技术分别是凸版木刻、凹版金属雕刻或蚀刻。

前者印出的木版画较为粗糙，难以表现图画细节，在百科全书中主要用于示意图印刷，因为示意图基本是实用性质的，几何线条并不太需要表现丰富细节，比如《布罗克豪斯百科全书》直到20世纪初叶还考虑使用木刻。后一种技术通常使用铜版，印出的铜版画比木版画更精致、线条更清晰，百科全书出版商认为只有需要表现更多细节的图画才使用铜版刻印，如人体骨骼和建筑。铜版刻印也有缺点，它比木刻成本要高得多，需要更多的刻工和特殊纸张，装订耗费也要随之攀高，而且凹版不便于混合字模排印，通常只能单独印在一页上。

无论是木刻还是铜刻，19世纪的百科全书已开始"为知识配上插图"。木版的示意图已比较普遍，尽管钱伯斯兄弟参

图 15 托马斯·比维克《英国鸟类史》(1809) 中的木雕刻印插图,表现出精细的细节。

图 16 书籍装订工作间的日常场景。出自 1843 年乔治·多德的《工厂的日常》(*Days at the Factories*)。

照的《布罗克豪斯百科全书》第十版还未使用插图[①]。钱伯斯意欲为读者补充插图，但为了控制成本便倾向于使用一种新式的混合凸版木雕（wood-engraving）技术。传统上的木刻（woodcut）使用木材切面，用简单的小刀刻印，但这种新的木雕技术改用木材的端面纹理和专门的钉头雕刻刀，因此能更好地描影与雕刻细节，在节约成本的同时制作出更精美的图画。曾做过铜版刻工的托马斯·比维克（Thomas Bewick，1753—1828）在19世纪初发现了新式木雕技术的优势，通过在其所著的《英国鸟类史》（*A History of British Birds*）中插入大量有丰富羽毛、植被细节的鸟类插图而名声大噪。[②] 比维克的学徒们掀起了一场"木雕刻印革命"。随着维多利亚时代中期木雕刻印发展成"工厂化"产业，刻工与画家相互合作生产既简约又美观和有深度的图画，而技术高超的木雕刻工往往能从中赚得可观的财富和名声。

针对如何呈现插图的问题，钱伯斯兄弟在制作百科全书的过程中先后雇了两名刻印艺术家（engraver-artist）——乔治·梅森（George Mason）和其师傅J. R. 佩尔曼（J. R. Pairman）负责木雕刻印插图的工作，并为此设立了一个"艺术部（Art Department）"。佩尔曼从1858年便开始为钱伯斯兄弟的出版物绘制插图，在1866年梅森离职后才正式接替其位置，最终成为整个公司的"艺术编辑（Art Editor）"。

[①] 直到第十三版（1882—1887）时，《布罗克豪斯百科全书》才在盗印自己的对手《迈耶百科全书》竞争下开始使用插图。

[②] Jenny Uglow, *Nature's Engraver: A Life of Thomas Bewick*, Chicago: The University of Chicago Press, 2006, pp. xiii-xix; C. C. Oman, "Thomas Bewick as an Engraver of Plate," *Apollo*, Vol. 39, No. 232 (May, 1944), p. 146.

图 17 铸字工作间的日常场景。出自 1833 年 10 月 26 日的《便士杂志》。

图 18 19 世纪木雕刻印工作间的典型场景。出自法国《画报》(*L'illustration*) 1844 年第 53 期。

图19 正在工作中的木雕刻工。出自1858年的《男孩的工业信息读物》(*Boy's Book of Industrial Information*)。

在梅森和佩尔曼的指导下,《钱伯斯百科全书》的插图几乎有一半都使用精湛的木雕刻印技术,由此创造出一幅幅模仿照片纹理的形象化图片。这种风格由佩尔曼延续到《钱伯斯百科全书》1888—1892年的第二版,第二版中虽然图片总量减少了810幅,但出现了更多仿真图画。钱伯斯兄弟对选择插入何种图画也有所讲究,他们最主要增加不常见事物的插图,如古人、外国人、野外动植物、医学和科技等内容,以更形象的表现形式让人们理解相对应词条。另外还有一定量的工业化产物,为工人阶级提供工业科学知识,图画总体可大致分为博物、科学与技术三类。关于动物形象,有些图示非常逼真,比如某些猩猩和鸟类,可能是刻工根据模型、标本或照片而非凭空想象雕刻的。还有一些图示的细节并不完全忠实于原貌,但刻工仿照科学原理,尽可能让它看起来准确、合乎科学逻辑而近似真实,遵循了19世纪晚期科学美(scientific aesthetics)的流行趋势。①

除了梅森和佩尔曼这样的专职刻工,钱伯斯兄弟还将某些制图工作对外委托给独立刻工。爱丁堡刻工詹姆斯·斯图尔特(James Stewart)擅长在版画中雕刻生物细节,于1862年受托绘制了以"G"开头的词条,其中包含13种虫鱼鸟兽形象,

图20 1860—1868年版《钱伯斯百科全书》中的各类插图。

---

① Rose Roberto, "Illustrating Animals and Visualizing Natural History in *Chambers's Encyclopaedias*," *Cahiers victoriens et édouardiens*, Vol. 88 (2018).

如塍鹬（Godwit）、鰕虎鱼（Goby）、龙虾幼虫（Glass crab）。另一位伦敦的木版插画师沃尔特·克兰（Walter Crane，1845—1915）在其自传中提到，1861年他刚结束学徒生涯时，接到钱伯斯兄弟的伦敦分销商威廉·S. 奥尔的订单，为《钱伯斯百科全书》绘制从莎士比亚半身像到夏威夷景色的一系列历史地理插图。他认为要保证最终画面恰当的权威性，"有必要拿到一张前往大英博物馆阅览室的门票"，因为在那里能找到"有价值的参考书"。①

五、打开美国市场

在钱伯斯兄弟利用蒸汽印刷机和木雕刻印技术抢占英国大众读者市场的同时，也愈加意识到北美洲大众市场的巨大潜力。1850年之前，他们已经与加拿大哈利法克斯、蒙特利尔和多伦多的出版公司建立了合作联系，但真正的挑战在于打开美国市场。

19世纪40年代，美国结束了经济萧条，继而重新恢复了与英国的书籍贸易，而在杰克逊共和主义的影响下，东海岸城市的中产阶级笃信"人人机会均等，人人都有希望改变命运"的理念，尤其是在识字率相对较高的新英格兰，通过自助的知识教育爬升阶级成为一种普遍的思潮。

1853年秋天，威廉·钱伯斯踏上了他人生中第一次北美之旅，在纽约，他惊异于美国公众教育的普及、美国人对阅读的热爱、印刷文化的无处不在，从而促使其考虑在美国开

---

① Walter Crane, *An Artist's Reminiscences*, London: Methuen & Co., 1907, p. 67.

创大众知识书籍事业：

> 在纽约，公共图书馆、讲座和阅览室作为社会进步的机构是十分重要的……教育的普及使美国人很容易投资购买报纸和书籍。到处都能看到劳工和更富裕阶级一样拿着报纸。每个小城镇都会发行至少一种报纸，而大城市里报纸则成千上万地印出。在街头、旅馆门口以及火车车厢，都能看到报童卖出许多份报纸……我认为每天早上阿斯顿酒店（Astor House）的顾客能买下几百份报纸。早餐时几乎每个人都有份报纸。我想我能断言，任何一个工人每天，或者至少一周的多数时候，都会带着报纸去上班。总之，在美国报纸不是一项悠闲的奢侈（casual luxury），而是日常必需；而且报纸普遍的低廉价格促进了其在最大范围的流通。[①]

钱伯斯兄弟曾尝试过两种办法向热爱阅读、谋求"自助"的美国人"售卖知识"。第一种是直接出售印刷刻版，吸引美国印刷商购买后自主重印其作品，结果并不太理想。第二种是试图说服美国书商担任代理人，直接进口其作品的正式装订本，但由于英美之间国际版权制度的缺失和美国对进口货物征收的高昂关税，在美国从事书籍进口远不如盗版、重印生意划算和稳妥，因而钱伯斯兄弟不得不用折扣吸引美国书商买家。在19世纪50年代，至少购买1000份钱伯斯知识手册或刊物的美国书商将能得到低至四折的优惠订购价。对于

---

① William Chambers, *Things as They Are in America*, Edinburgh: William and Robert Chambers, 1854, pp. 203-204.

钱伯斯兄弟来说,这样处理得到的利润确实较低,但好在他们出售的书刊本身定价就特别便宜,实际上并没有像其他从事跨大西洋生意的文学出版商,如朗文和约翰·默里那样有太大的收益落差。他们只需要在美国市场上站稳脚跟,就能得到源源不断的经济回报。

图21　1861年美国纽约街头,市民阅读报纸和招贴海报。上、下图分别出自《伦敦新闻画报》(*Illustrated London News*)1861年5月25日、1861年6月15日两期。

1855年左右,钱伯斯兄弟与两个美国出版商保持长期联系:波士顿的古尔德、肯德尔与林肯公司(Gould, Kendall & Lincoln)和费城的 J. B. 利平科特公司(J. B. Lippincott & Company)。钱伯斯兄弟与古尔德之间因为刻版交易存在无法解决的技术标准不统一问题,以及古尔德在引进图书上过于谨慎的态度,关系逐渐生疏。与此同时,他们与观念更一致的利平科特建立了合作关系,双方的跨大西洋书籍贸易逐渐走向繁盛,按照美国书籍进口制度的一种变通惯例,钱伯斯以未装订印稿(printed sheet)的形式出售书刊,一般每种出版物500份或1000份印稿。① 在某些特别情况下,钱伯斯也向利平科特出售装订好的成书,通常是相对不会遭受审查且市场前景良好的教科书。

在《钱伯斯百科全书》之前,钱伯斯兄弟已与利平科特签署了几部知识类型图书的引进协议,包括1854年的《教导与趣味短文宝典》与《实用与消遣短文杂集》、1855年的新版《国民百科》与《美国文学手册》(*Hand-book of American Literature*),以及1856年的《英格兰图史》(*Pictorial History of England*)。在50年代末,钱伯斯兄弟曾询问利平科特《钱伯斯百科全书》在美国市场的可能前景,而利平科特深谙"美利坚民族性"在美国图书市场的作用,送来其组织美国作家撰写的一些词条作为回应,表示增添百科全书覆盖的"美国文化范畴"能有效提高其在美国的销量。在这一切新增工

---

① Aileen Fyfe, "Business and Reading Across the Atlantic: W. & R. Chambers and the United States Market, 1840-60, " in Leslie Howsam and James Raven, eds., *Books between Europe and the Americas: Connections and Communities, 1620-1860*, Basingstoke: Palgrave Macmillan, 2011, pp. 262-263.

作最后完成后，利平科特开始以绝对的信心印刷《钱伯斯百科全书》的美国版本。同时，他也开始坚决地打击可能的盗版，例如写信给 D. 阿普尔顿公司（D. Appleton & Co.），警告他们不要再继续进行《钱伯斯百科全书》的无版权重印。①

古尔德曾拒绝购买钱伯斯兄弟《国民百科》，理由是独立的单册利润微薄，也不方便销售，但这对于利平科特来说却不成问题。利平科特同意为读者提供两种可选的版式类型：其一是《钱伯斯百科全书》原版整体分卷的费城版本，通常出版于原版在爱丁堡付印后的一年内；其二便是钱伯斯兄弟最初发行的一系列连续的独立单册，利平科特用钱伯斯寄来的相应刻版在费城印刷而出，售价定为同样非常低的 20 美分。

正如利平科特所预料，也得益于其在美国南部和中西部的书籍贸易联系，尽管 1860—1865 年的南北战争为书籍销售带来了困扰，第一版《钱伯斯百科全书》仍在美国卖得相当成功，以至于在读者强烈请求下，利平科特从 1870 年开始发行《钱伯斯百科全书》"美国版本"的第二版，主要根据现状变化修订和美国相关的词条文本。他向钱伯斯写信陈述了补偿方案：通过协议说服阿普尔顿完全放弃盗版，并让钱伯斯兄弟参与《钱伯斯百科全书》"美国版本"的利润分红。

利平科特坚持发行"美国版本"第二版，实际上反映出国际版权制度缺失造成的麻烦，即缺少共有法律来确定，在不同国家里谁可持有某作品的最终版权。几乎整个 19 世纪里，至少是 1891 年国际版权立法前，美国出版商可以不经原外国

---

① Rose Roberto, "Democratising Knowledge and Visualizing Progress: Illustrations from Chambers's Encyclopaedia, 1859-1892," Ph. D. Thesis, University of Reading, 2018, p. 203.

作者或持有版权的出版商同意而自由出版其作品,并且没有给予任何补偿的合法义务。但考虑到英国作品在美国的巨大市场潜力,许多出版商仍给予了相应补偿。英美之间的出版贸易主要依托于一种没有明文规定的"贸易礼节(trade courtesy)"。这是美国出版行业的一套自我监管的贸易惯例,以管控竞争和稳固重印利润。它有两大原则:先占原则(principle of priority),凡第一个公开宣布(正在)印刷某部外国作品的人掌握该作品在美国重印的独占出版权,其他人不能再有涉足;协同原则(principle of association),首个重印了某外国作者作品的出版商拥有对该作者全部后续作品的独占出版权。因此在"贸易礼节"管制下,英美双方出版商为保持行业利益而必须承认对方的"贸易权利",并遵守类似版权协议的经济分成。[1]

在利平科特与钱伯斯兄弟进行生意往来的二十多年里,便是遵循"贸易礼节"而保持良好的合作,但涉及英美不同市场需求而要进行利益冲突的再版时,并不完全等同于"贸易礼节"也就失了灵。不过,这次经历为后来双方的再度合作铺下了道路。1887年,当钱伯斯兄弟准备发行第二版《钱伯斯百科全书》时,他们与利平科特再次签署协议,清楚说明了双方在版权、付款和印刷上的义务与权利:钱伯斯兄弟拥有美国领土之外的《钱伯斯百科全书》全部版权,而利平科特拥有美国领土之内该著作的全部版权直到1912年协议期

---

[1] Jeffrey D. Groves, "Courtesy of the Trade," in Scott E. Casper, Jeffrey D. Groves, Stephen W. Nissenbaum and Michael Winship, eds., *A History of the Book in America, Volume 3: The Industrial Book, 1840-1880*, Chapel Hill: The University of North Carolina Press, 2007, pp. 140-141.

结束，双方同意保护对方各自在英国和美国的版权利益。最终，《钱伯斯百科全书》在美国市场的销售稳固了下来。

六、小　结

钱伯斯兄弟公司的大众知识出版和《钱伯斯百科全书》的发行，是维多利亚时代社会变革的回响。出版业和书籍市场的转型推动了知识阅读从精英转向大众，而这场转型的出现与中产阶级的崛起息息相关：知识型书籍成为中产阶级践行"自助"理念、试图打破阶级边界的工具。吕西安·费弗尔与亨利-让·马丁（Henri-Jean Martin）指出七种主要动因：

第一，教育立法促成大众知识水平的显著提高；

第二，人口的激增创造了更大的书籍消费市场；

第三，旅游与信息交流更为便捷，读者得以接触到广大的外部世界和各种观念；

第四，休闲时间的增加创造了更多阅读机会；

第五，书籍贸易与出版商的职业化；

第六，专供低教育水平大众读者的书籍出现；

第七，新知识产权制度的执行。

作为知识精英产物的狄德罗版《百科全书》与《不列颠百科全书》，两者的市场反应已经证明中产阶级开始承担百科全书消费主力军的角色。在维多利亚时代，本就属于商业中产阶级一员的钱伯斯兄弟从事大众知识出版，正是顺应了这一变化中的知识阅读潮流——毕竟，"在一个大众书籍市场出现较早的社会里，词典与百科全书的发展是社会最明显的特征之一"。19世纪下半叶，出版《钱伯斯百科全书》是钱伯斯兄弟最有雄心的事业，他们意图以最庞大的规模为中下阶层带去关于世界万物知识，或者说是曾经只有精英才能享受阅读的知识。从这个意义来说，《钱伯斯百科全书》代表着大众知识出版的最高峰。

通过吸纳知识而"自我提升"，是19世纪隐藏在百科全书流行趋势中的中产阶级哲学，钱伯斯兄弟公司不是第一个提出此理念的英国出版商，但的确是将它发扬光大的先行者。不只《钱伯斯百科全书》，钱伯斯兄弟公司的大部分出版物都承载、宣扬着进步哲学和知识教育的实用性，传递着"自我提升"的思想信号。这些皆是自苏格兰启蒙运动以来就微妙地存在于苏格兰出版业活动中的价值观，正如本章前文所揭示的，钱伯斯兄弟借用《钱伯斯百科全书》这样的知识书籍致力于实现"知识建构民主化"，实际上也是传播苏格兰启蒙运动的精神遗产。

总之，钱伯斯兄弟的大众知识出版事业为19世纪英国知识社会从精英向大众扩展提供了通道，其在知识生产中的成就与价值不应被忽视。

默里先生，您可能很难想到您的旅游书给我们带来了怎样特别的感觉——我们自童年以来就如饥似渴地读了您出版的外国旅游书。现在我们与您的出版社终于见面，在这里有如此多英语文学中最聪慧的思想。这种愉悦，想必是只有生于他乡的英国人后代才能感受到的力量。

——鲁滨逊博士致约翰·默里的信
1840 年 11 月 2 日

约翰·默里的"旅游指南"不是象牙塔里学生的作品，而是那些愿意为描述他去的地方而倾尽全力吸收知识的作者所写的。

——塞缪尔·斯迈尔斯，《后一代约翰·默里回忆录与书信集》
1891 年[①]

[①] Samuel Smiles, *Memoir and Correspondence of the Late John Murray with An Account of the Origin and Progress of the House, 1768-1843*, Vol. 2, London: John Murray, 1891, p. 463.

第五章
大众旅游指南书的崛兴与转型

维多利亚时代是英国旅游业迅猛发展的时代。具有足够的经济能力并拥有法律给予的周末休假闲暇、怀有求知和探索欲望的中产阶级掀起了维多利亚时代短期旅游的高潮，这可以被定义为"早期大众旅游"。它既不同于16—18世纪英国贵族前往大陆游学时以名义上接受教育为主要目的、为期数年的"大旅行（Grand Tour）"传统，也不同于第二次世界大战后火车、私人汽车、飞机等多种便捷交通方式并行使用，信息技术、影像技术和发达的通信体系开始盛行的现代大众旅游，而是一种由中产阶级引领的，以休闲消遣、观光游览、了解外部世界为目的的出游。其特征主要表现为旅游的商业化、普遍化与游客的理性化。道路的修缮和铁路系统的发展促进了这一旅游热潮的扩大。随着城市的快速扩张、人口的快速增长和游客种类从中产阶级向更广大的社会下层扩增，旅游服务业也随之出现。其中，旅游指南书（guidebook）作为辅助游客旅游的最佳知识性工具从幕后走到了台前，成为维多利亚时代旅游的文化象征。

旅游指南书在维多利亚时代能够大规模发行的前提，得益于19世纪书籍出版业的繁荣。一定程度上，这一繁荣是由19世纪小说文学的高度畅销而刺激产生的，但版权制度的完善和垄断性出版巨头的出现也起到了一定的促进作用。旅游指南书因自身的工具属性，其兴盛可以说是由当时的出版繁荣造就的。因指南书需供读者即时查阅，需要紧跟旅游时尚并及时更新所含信息，所以注定会定期修订再版。并且，由于愿意购买旅游指南书的读者众多，出版商往往也会尽可能加大印量。在此过程中，专门出版旅游指南书的大型出版社出现，其出版事业以满足读者旅游期望、引导读者旅游行为、促进旅游消费为目的。

图 22　维多利亚时代的书店。出自弗朗西斯·贝德福德·唐金（Francis Bedford Donkin）的《书店之书》（Book of Shops），出版于 1899 年。

书籍的发行和销售形成了一整套产业链，倚靠更便捷的交通以及出版社与书店的合作模式进行分销（一些出版社也自己下设书店）。书籍的售卖和供应方式变得更为丰富了，流通图书馆如雨后春笋般出现，通过会员定期订阅的方式让

"书籍流通"于大众之间。除了图书馆、书店外，车站站台的书摊也是旅游指南书售卖的极为重要的地点。此外，现代书籍生产技术与印刷革命让书籍大规模付印成为可能，尤其是基于水油互斥原理的平版印刷（lithography）的发明加快了印刷效率。广泛运用彩色平版印刷可以快速印出多色页面，而这是内含地图、景色图片的旅游指南书所必需的。具备了这样的书籍产业和生产技术条件，旅游指南书才得以大规模出版和再版。

那么，旅游指南书是怎样在早期大众旅游中出现全盛的？它是如何将旅游目的地的知识与信息付诸阅读介质的？并且，作为知识性工具，它与维多利亚时代的社会与公众有着怎样千丝万缕的关系？又如何影响了早期大众游客的行为、心理和观念？为了回答这些问题，我们需要进一步剖析维多利亚时代旅游指南书出版生态的形成过程。

一、维多利亚时代的早期大众旅游

维多利亚时代的英国社会见证了从"古代旅行"向"现代旅游"的过渡，结束了英国人海外游学的"大旅行"传统，出现了以中产阶级为出行主体的早期大众旅游。这种新的旅游形式要求建立服务游客的新型产业，从而能为游客即时提供关于旅途和目的地的文化知识，以方便他们完整地享受旅程。在这一关乎休闲与知识的社会变迁中，维多利亚时代大量发行的旅游指南书起到了恰如其分的关键作用。

（一）早期大众旅游兴起

19世纪，英国工业革命深入英国社会的每个角落，早期

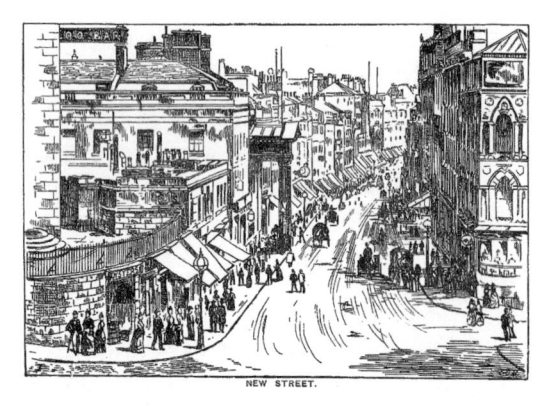

图 23 伯明翰新街（New Street）一景。出自 1889 年《科尔克大众指南：伯明翰观光》(*Kirk's Popular Guide: What to See in Birmingham*)。

大众旅游也在这一社会条件下兴起。工业革命使机器大工业生产成为经济重心，以科学为主导的社会管理和工厂管理体制广泛传播，从而促进了英国社会经济的快速发展，加速了英国的都市化进程。城市规模迅速扩大，郊区和卫星城成为大城市的重要标志，城市人口出现爆炸式增长。1801 年，英国三分之一的人口生活在城市，但生活在十万人口以上的大型城市的居民占比仅有十分之一；到 1851 年，人口统计显示英格兰和威尔士已有超过一半的人口生活在城市；而到 1901 年，英国约四分之三的人口可归类为城市人口，其中生活在大型城市的人口约占三分之一。工业革命的深入发展使得一些新兴工业化城市兴起，如伯明翰、曼彻斯特和格拉斯哥等城市在 19 世纪 20 年代拥有超过一百万人口（到 19 世纪末增长到五百万人口）。这些城市在 19 世纪成为地区资本最为集中的地方，是都市中心的典范，它们的兴起与工业化关系甚密——它们是运销、交易、制造业中心和行政中心，同时也是文化娱乐的聚集地。事实说明，文化娱乐供应的重要性不亚于工业生产，如19世纪上半叶发展最为迅速的英国城市都是海滨胜地，这在很大程度上促进了旅游业的扩大与转型。

在英国都市化的过程中，还有一项塑造都市社会布局的重要因素——郊区城市化。郊区城市化是乡村式郊区逐渐产生城市式社会地域组织的过程，大多出现于外省工业城市。

图24　伯明翰郊区艾吉巴斯顿风景速写，创作于1830年。出自莱恩斯家族剪贴簿（Lines Family Scrapbook）档案。

如伯明翰的郊区艾吉巴斯顿（Edgbaston）、利物浦的郊区埃弗顿（Everton），由于城市边缘地区地价低廉且有可观的升值潜力，以及规避城市污染、考虑自身健康等原因，出现了城市人口向郊区稳定流出的现象。郊区成为维多利亚时代商人的度假地、工厂制造业的选址地和上层家庭的迁居地。郊区的美好对市民的吸引力不单单如此，因为工作的种种限制而不能选择生活在郊区的许多市民会利用假期前往郊区度假，这正是一种渴望郊区生活的精神诉求。在郊区城市化的同时，也有从郊区流向城市的人口，这便是工业革命造就的一批产业工人，他们从郊区涌入城市，在城市中寻求工作机会，成为旅游产业所需的重要劳动力来源。

早期大众旅游的另一项条件——工业化时代的近代交通运输的出现和发展。与古代交通相比，近代交通有着根本性的改变，尤其是以新的公路和铁路为核心的近代道路系统开始出现。19世纪初，沥青公路的发明改善了公路的行驶条件。

得益于此，维多利亚时代马车驿站系统遍布全国，出租马车成为城市交通的最主要方式。到维多利亚时代晚期，蒸汽汽车开始代替马车成为主要的城市交通方式，公共汽车公司组建起来，方便了早期大众游客的短途出行。城际之间，完善的铁路系统建立起来，19世纪初蒸汽火车也开始投入使用，城际交通运输出现质的飞跃，乘坐火车旅行比乘马车速度快了四倍。1825年，英国建成了第一条铁路，总线长48公里，连接了斯托克顿（Stockton）和达灵顿（Darlington）。1830年，曼彻斯特至利物浦的铁路开通。19世纪40年代，政府开始在铁路系统上介入，议会颁布了一系列铁路法规，使铁路服务与检查逐渐实现现代化。随之而来的是大量铁路运营公司的出现，其中较为著名的有大中央铁路公司（Great Central Railway）、大东部铁路公司（Great Eastern Railway）、大北部铁路公司（Great Northern Railway）、大西部铁路公司（Great Western Railway）、兰开夏与约克郡铁路公司（Lancashire and Yorkshire Railway）、伦敦和西北铁路公司（London and North Western Railway）、米德兰铁路公司（Midland Railway）和东北铁路公司（North Eastern Railway）。这些铁路公司在20世纪上半叶逐渐合并为"四巨头（The Big Four）"。除铁路以外，河流和运河组成的水运系统也发展起来，1812年英国试航了第一艘汽船，到维多利亚时代初期汽船已完全投入商业使用和旅游运输。

工业革命从一场技术领域上的革新开始，迅速席卷19世纪英国社会各个层面，以至英国城市生活和人民思想观念都产生了翻天覆地的变化。工业上的大发展与科技上的不断推陈出新使人们对未来充满了信心，并且更加相信"文明"的力量。伦敦大学历史学教授罗伯特·沃恩（Robert Vaughan）

曾于19世纪40年代写道：城市就是知识、教养和进步的地方。在城市中心，大量图书馆、艺术画廊、音乐厅、博物馆、展览馆拔地而起，以满足市民尤其是中产阶级的文娱休闲需求。此外，市政领导者还积极投入资金为中下层阶级修建绿地公园。一些新发明改变了城市风貌，提供了新的城市生活经验。例如，玻璃板的发明使商店的全景橱窗展示成为可能，煤油灯的使用和晚些年代电灯的出现点亮了城市夜生活，电报技术使人们能够在短时间内进行远距离交流。城市街道得到前所未有的大规模翻新和拓宽，琳琅满目的百货商店、舒适的旅馆和装潢精致的餐厅四处扩建。在这些市政工程和新的城市商业风貌影响下，中产阶级市民形成了一种在工作之余寻求"休闲度假"的生活态度，而外出旅游便成了"休闲度假"的合适方式。从此，他们借助新的便捷交通往来于各个城市，在市郊搜寻景点和消遣的好去处，"早期大众旅游"应运而生。

（二）从"旅行"到"旅游"

要谈到早期大众旅游的源头，就不得不提及此前英国社会如火如荼的"大旅行"。这一旅行形式开始于16世纪伊丽莎白统治下贵族寡头盛行的时期，到19世纪前期基本结束。彼时上层社会贵族子弟普遍会前往欧洲大陆巡回游学，规模有时大到令人叹为观止。在早期大众旅游兴起之前，"大旅行"奠定了英国人大规模海外出行的雏形。

"大旅行"最初的目的是英国商业贵族考察欧陆文化和商业市场、拓宽知识面和视野，以图回国后发展本土商业经济。英国革命后上层贵族占据了大量财富和土地，并通过控制上议院和内阁而掌握了国家机器，建立起长达两百年的贵族寡头政权。为了执掌权力的智性需要,贵族寄希望于从欧洲大陆国家得到有益的政治经验,因而鼓励青年子弟前往欧陆进行巡游观光和学习,以增长他们的见识和执政能力。最为流行的"大旅行"目的地是意大利和法国,作为欧洲两大思想运动——文艺复兴和启蒙运动——的起源地,二者都拥有丰富的文化遗产、思想源泉和自然风光,特别适合英国贵族子弟前往游学。需要学习的内容主要分为三方面:一是欧陆各国社交礼仪,以改善言谈举止和风度,同时伴有舞蹈、剑术和骑术的研习;二是流利标准的外语尤其是法语,以备将来在政坛和外交界使用;三是对各国不同民族文化的鉴赏能力。① 游学的时间往往也很长,18 世纪后期贵族游学有时会花上七年至八年,甚至更久的时间。花销也逐渐变得非常巨大,经常每年花费数千英镑。

虽然"大旅行"在贵族阶层中形成了空前的规模,但这种传统并不能算作"大众的",更不能和后来 19 世纪的"旅游"画等号。故其旅行活动并不具备普遍性,原因有二:第一,其主体为上层贵族子女,巨大花销和长久的时间消耗决定了只有贵族能够进行这一活动,直到前维多利亚时代"有闲"中产阶级才开始模仿贵族进行欧陆游学,但广大民众仍被隔绝在这一活动之外;第二,"大旅行"以接受教育和受各民族文化熏陶为主要目的,因此只能称为"旅行(Travel)",而以休闲消遣为目的"旅游(Tourism)"则是在维多利亚时代以中产阶级为主体、逐渐广扩至下层的"早期大众旅游"运动中出现的。

---

① 阎照祥:《17—19 世纪初英国贵族欧陆游学探要》,《世界历史》2012 年第 6 期,第 78 页。

图 25 在意大利罗马参加狂欢节的英国贵族游客。由戴维·艾伦(David Allen)创作于 1780 年,现藏于英国温莎城堡王室画室。

图 26 在意大利坎帕尼亚郊野旅行的英国贵族游客。由卡尔·施皮茨韦格(Karl Spitzweg)创作于 1835 年左右,现藏于德国柏林国家美术馆。

消遣性质的"旅游"是19世纪英国游客的发明。19世纪初,"旅游"一词开始在民间传播,1811年的《体育杂志》(*Sporting Magazine*)首次公开使用这一单词来表示离家到一个或多个地方进行观光、游览的概念。这一词汇最初并不为贵族所接受,他们认为这一词汇充满市井气息,有失贵族的体面。但随着中产阶级的消遣性旅游勃兴,"旅游"一词开始代替"旅行"成为表示外出游览概念的主流词汇,并沿用至今。

旅游的休闲消遣要求起源于中产阶级的出行观念。自18世纪末以来,中产阶级依靠工业革命和资本主义制度的巩固,积累了一定工业财富,并在1832年议会改革后拥有了更高的社会地位。他们中的许多人接受过高等教育,受到启蒙思想的熏染,而工业革命滋长了他们对"工作"与"休假"的严格划分,快节奏的中产阶级工作与休假制度的创立使得他们产生了利用闲暇进行外出游览的想法。不过,他们的旅游不同于以往贵族的教育旅行,而是以休闲放松为目的,最终他们也代替了贵族成为维多利亚时代旅游的主要群体,开创和引领了早期大众旅游。

工业革命加剧了社会劳动分工,促成了城市产业的分化和行业的专门化,许多新兴的产业从传统产业中分离出来,得以在科学化的管理体系和指导方针下迎来独立发展,旅游服务业便是其中之一。在维多利亚时代,旅游服务业借由满足中产阶级消遣性旅游需求,通过引导旅游消费来达成营销获利的目标。例如,旅游服务从业者推出了"包价旅游(package tourism)"的新型旅游形式。英国旅游服务业的先驱托马斯·库克(Thomas Cook,1808—1892)成立了世界上第一家旅游代理公司,这也是现代旅行社的雏形。库克敏锐地观察到中产阶级对禁酒观念的普遍认可，以极低的价格组织了两次参加禁酒运动的包价旅游，后来又多次组织了商业包价旅游和参观伦敦工业博览会的包价旅游，使其旅行社名声大噪。库克亲自担任代理，替游客管理旅游中的一切事务，这样便让游客不必再分神考虑旅途中的各种繁杂琐事，满足了他们纯粹消遣的期望。针对"文化游客"，库克还兼任总导游，同时雇请当地人作为陪同导游，一起为游客讲解沿途自然风光与人文景观的背景知识和最佳欣赏方式。此外，库克的旅行社还开创了报价旅游和散客旅游服务，这些形式后来成为现代旅行社必备的经典服务项目。

图 27　1841 年托马斯·库克父子公司组织的第一次"包价旅游"，被认为是现代旅行团的先驱。出自托马斯·库克档案。

旅游服务业推动了旅馆的大规模扩增和变革。英国旅馆业在维多利亚时代跨入现代化的门槛，出现了不少大型豪华旅馆。这样的旅馆在建筑规模、功能设施、装潢品质、经营管理机制和服务质量等方面，都达到了空前的水平。在维多利亚时代，大型旅馆遍布城乡，尤其是旅游景点附近的旅馆簇拥成群、不可胜数。另外，在交通要道如车站和港口附近，也建有许多旅馆。

早期大众旅游以休闲消遣为目的，出现了许多不同于过去教育游学"旅行"的实践方式。中产阶级大众的旅游目的地范畴扩大了不少，许多人选择前往海滨疗养地，如地中海沿岸地带，其中包括意大利和希腊等地的海滩；温泉城旅游曾红极一时，尤其是前往著名温泉城巴斯的旅游。维多利亚时代后期的英国人还热爱山地旅游，率先发明了滑雪运动，阿尔卑斯山、勃朗峰都是其主要目的地。远离城市、回归自然的自然观光旅游同样也较为盛行，甚至出现了前往极地的旅游。教育水平较高的"文化游客"常常热衷文化旅游，包括知识旅游（前往博物馆、图书馆与历史文化遗址）、宗教旅游（前往宗教圣地朝圣）和文学旅游（拜访文学巨匠故居与文学作品中的景点）三类。

在消遣性"旅游"文化的兴起中，有一种物品与其密不可分。它的兴盛不仅推动着早期大众旅游走向高峰，而且越来越将旅游文化实践与"大众化"的知识即时获取相结合。这便是具有维多利亚时代风格的现代旅游指南书。

二、从"旅行指南"到"旅游指南"

严格说来，"辅助远行的知识性指导书"并非维多利亚时代人的发明，其出版史可追溯至古罗马辅助旅行的地图和罗马旅行家帕萨尼亚斯（Pausanias）所著的《希腊志》（*Hellados Periegesis*）。该书对希腊各地风土人情的描述，使其具备了"旅行指南"的原始形态。随着基督教的建立和传播，中世纪欧洲出现大量朝圣指南书，作者在书中向前往圣地耶路撒冷、罗马和圣地亚哥的朝圣信众告诫路途上需要注意的事项,指明正确的行进道路,并介绍沿途可参观的教堂和圣物。除开针对基督徒的宗教虔信特征,这种朝圣指南书已初具近代旅行指南书的功能。

文艺复兴时期的人文主义学者致力于将中世纪的旅行指南书引入世俗领域。在意大利与德意志地区,古物研究开始流行,人文主义者们对古典地理志的研究使他们燃起了撰写新时代旅行指南的兴趣。在他们笔下,旅行更具世俗视野和艺术审美性。同时,由于人文主义者热爱书写人文情调和个人内心感受,从而在旅行指南中除知识指导性之外新增了文学风格,如列昂纳多·布鲁尼(Leonardo Bruni)的《佛罗伦萨颂》、康拉德·策尔蒂斯(Konrad Celtis)的纽伦堡赞颂诗等。① 在今天看来,他们的作品实际上更贴近旅行文学这一新的体裁。

在17—18世纪英国"大旅行"时期,旅行文学销量甚高,是英国贵族子女前往欧陆游学的必备读物,而不少游客在游学归来也尝试撰写游记付诸出版。"大旅行"时期出版的少量旅行指南书也不免要适应当时英国贵族的旨趣,即教育、规范子女言谈举止,培养子女宫廷礼节和政治敏锐的目的。18世纪大英帝国在全球的殖民扩张,更加促使具有帝国意识的英国旅行家撰写英国殖民地和世界各地区的游记,以满足无法长途旅行的英国读者的猎奇趣味。

拿破仑战争结束后,英国旅游经济复苏,旅游业蓬勃发展起来,这一现状使19世纪初一些出版商意识到旅行指南书

---

① Nicholas T. Parsons, *Worth the Detour: A History of the Guidebook*, Stroud: The History Press, 2007, p. 175.

巨大的市场潜力。19世纪初到维多利亚女王登基前，旅行书籍再次经历了一次嬗变，即19世纪早期旅行指南与旅行文学的分野，从此旅行指南脱离旅行文学，不仅开始了向消遣性"旅游指南"的转型，也成为一片独立的出版领域。

这一分野发端于三个方向：其一，欧洲领先和畅销旅游指南书的英译出版，翻译著作原出版年代主要集中在18世纪末和19世纪初，包括约翰·埃贝尔（Johann Ebel）的《瑞士游客旅游指南》（*Traveller's Guide Through Switzerland*）（1817）、J. B. 龙伯格（J. B. Romberg）的《布鲁塞尔及其近郊》（*Brussels and Its Environs*）（1816）、马里安诺·瓦西（Mariano Vasi）的《罗马及其近郊新图景》（*A New Picture of Rome and Its Environs*）（1818）、赖夏德的旅游指南系列（Guides Reichard），等；其二，英国人所著的新的旅游指南书出版，如埃德蒙·博伊斯（Edmund Boyce）的《比利时游客》（*The Belgian Traveller*）（1815）、爱德华·普兰塔（Edward Planta）的《巴黎新图景》（*A New Picture of Paris*）（1814）、查尔斯·坎贝尔（Charles Campbell）的《比利时、荷兰和德意志游客完全指南》（*Traveller's Complete Guide Through Belgium, Holland and Germany*）（1815）、声名远扬的女作家玛丽安娜·斯塔克（Mariana Starke，1761—1838）的《大陆旅游》（*Travels on the Continent*）（1820）；其三，专注旅游指南书的出版社以及一般出版社内部主管旅游指南书的部门出现，在约翰·默里从事旅游指南出版之前，19世纪早期英国重要的旅游指南出版商有塞缪尔·利（Samuel Leigh）、尼利（Neely）、琼斯（Jones）和舍伍德（Sherwood），直到最终默里于19世纪30年代进入旅游指南书出版领域。

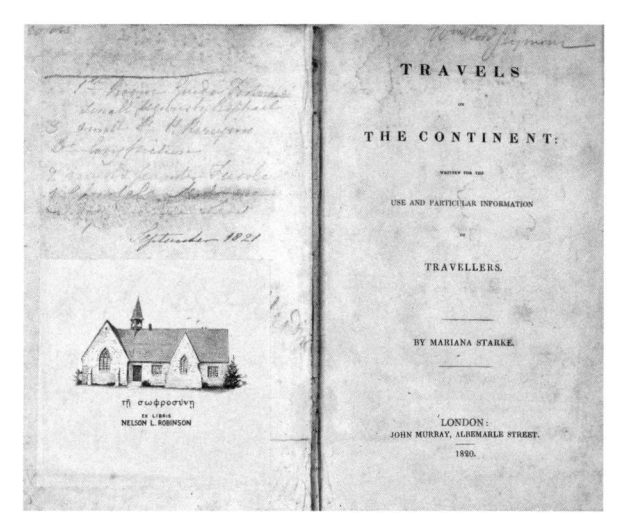

图28 玛丽安娜·斯塔克的《大陆旅游》1820年初版。

约翰·默里三世（John Murray III，1808—1892）出版第一部旅游指南书前，英国国内已经出现享有声誉的更注重实用信息而非"大旅行"传统的旅游指南书，如菲利普·普雷斯通（Philip Playstow）的《绅士法国旅游指南》（*Gentleman's Guide to France*）（约1766）印至第10版（1788）、弗朗西斯·柯格伦（Francis Coghlan）的《法国指南》（*A Guide to France*）（1828）印至第6版。① 在1820年至1830年间的欧洲，一些旅游指南书作者甚至开始与出版商合作，尝试开创系列丛书，如赖夏德和加利尼亚尼（Galignani）的旅游指南系列。丛书采用高辨识度的统一编排和装帧，旅游目的地覆盖

---

① Nicholas T. Parsons, *Worth the Detour: A History of the Guidebook*, Stroud: The History Press, 2007, p. 324.

了欧洲大陆大部分区域。① 19世纪初,英国本土也出现了统一装帧和封面风格的尝试,如基尔斯利指南书系列(Kearsley's Guide)和塞缪尔·利旅游指南书。②

在教育游学的"旅行"向休闲消遣的"旅游"转变的过程中,贵族家庭教师(bear-leader)为贵族子弟游学所著述的"旅行指南"消亡了。19世纪新"旅游指南"的目标读者不再是前往欧陆教育游学的贵族子女,也不再是"旅行文学"所针对的文学猎奇者,而是真正需要用其辅助旅游的新兴中产阶级游客。这些游客的出行目的不只是简单的离开常住地,当他们到陌生的景区各处观光游览时,需要的不是给上层贵族准备的礼仪说教,而是"大众性"的、能够强化观赏感受的知识。"旅游指南"能够取代"旅行指南"最主要的原因便是,其即时提供旅游知识与信息的实用功能更加适合中产阶级的心理需要。

19世纪上半叶的旅游指南书已经具备维多利亚时代旅游指南书的原型。它们以大众市场的消费为导向,提供大量景点信息和旅游目的地的政治、经济和文化风俗介绍,帮助文化游客更好地理解自己即将前往的地区。同时,指南书也会设计好旅游方略和观光路线,引导读者按路线游览它们所介绍的景区。书中选定的食宿信息和附带的广告页面更体现出旅游指南用实用知识引导消费的功能。这些功能的存在,是

---

① Francois, Pieter, "If It's 1815, This Must Be Belgium: The Origins of the Modern Travel Guide," *Book History*, Vol. 15 (2012), p. 79.

② Giles Barber, "The English-language guide book to Europe up to 1870," Robin Myers and Michael Harris, *Journeys Through the Market: Travel, Travellers and the Book Trade*, New Castle: Oak Knoll Press, 1999, p. 102.

旅游指南出版商为赢得市场竞争创造的，但客观上形成了旅游指南书的"实用性"，从而满足了不可能提前做大量规划的大众游客的需求。

在内容和风格上，维多利亚时代以前的早期旅游指南兼具 18 世纪的旅行文学写作传统和现代旅游指南的实用功能。作为矛盾的混合体，其引导性并不如维多利亚时代盛期的旅游指南撰写清晰。它们内容纷杂烦琐，全面却无侧重，亦不具备权威的文本标准。[1] 在体例上它们虽尽力摆脱旅行文学的束缚，避免按照行进方向和文学叙事的写作体裁，然而在内容撰写上却落入国家志、地理志的格式化窠臼，而具体景点描写仍奉持旅行文学极富细节性的写作手法。比如，博伊斯的《比利时游客》和普兰塔的《巴黎新图景》都采用了现代旅游指南的结构框架。前者更接近贝德克尔的国家志类型，内容分为地理、历史、宗教、政府、民间习俗、生产、商业、汇率换算、交通方式等国家基本概况；后者则接近默里旅游指南，针对热爱文学、艺术和建筑的文化游客，内容按游览景点分类，包括凯旋门、宫殿、博物馆、图书馆、植物园、学校、剧院、教堂、公园、广场、大型市场、喷泉、桥梁等（甚至描述了严格意义上并不属于旅游景点的工厂和监狱），另外还包括重要的文化组织和人物，如各类文学社团、慈善机构、物理学家和商业人士，最后还描述了城市边界和周边地区，而全书只在最开始的第一章简单介绍了前往巴黎的路线、巴黎城市历史和地理分区、汇率换算、当地交通方式、当地习俗等实用信息。两部书虽都在体例上与 19 世纪后期的

---

[1] Francois, Pieter, "If It's 1815, This Must Be Belgium: The Origins of the Modern Travel Guide," *Book History*, Vol. 15 (2012), p. 77.

旅游指南书并无二致，但在具体的景致描写上却采用的是旅行文学的表现手法。

19世纪30年代，旅游指南书重心不明确的状况得以扭转，这一时期的旅游指南书开始将编排重心放在更为"大众化"的指导性知识上，向读者提供关于旅游地点的实用信息与必备的文化背景知识，景致描述仅点到为止。其中最有代表性的，便是玛丽安娜·斯塔克的《大陆旅游》在19世纪30年代的修订版。相比1820年的初版，该书修订版在游览的知识指引上更加合理和完善，成为第一部现代旅游指南，直接激励了默里旅游指南现代风格的诞生。

三、维多利亚风格旅游指南书

（一）约翰·默里和贝德克尔系列指南书

随着维多利亚时代的旅游指南书出版逐渐趋于正规化和专业化，出版资本和市场资源也日益集中，旅游指南书行业出现了占据垄断地位的出版商，其旅游指南系列的目的地也几乎覆盖全球，甚至其名字也演变成"旅游指南"的代名词，他们便是约翰·默里和贝德克尔（Baedeker）。他们出版的旅游指南书是维多利亚时代旅游业中最为经典、最为常见的书籍系列，并且是维多利亚风格旅游指南书成型的标志。大部分维多利亚时代的游客旅游时，都会随身携带这两大出版社的旅游指南书。这股风潮刮遍全英国，更不必说这两大系列指南书以其庞大的发行量、丰富的知识内容、同读者的紧密联系而成为风尚指标，引领着"有闲"中产阶级为主体的早期大众旅游蓬勃发展。

约翰·默里家族从 1768 年起就开始从事出版生意，主要出版文学作品，是简·奥斯汀、柯南·道尔、拜伦爵士和查尔斯·达尔文作品的出版商。默里同时经营旅行文学作品的出版，家族公司的第二代传人约翰·默里二世（John Murray II，1782—1845）在任时，旅行文学成为出版社主要的出版物之一。

数十年的旅行文学出版经验，为约翰·默里二世在维多利亚时期出版旅游指南书积累了市场资本并打下了公众基础。约翰·默里二世作为总编辑，在促进旅行文学销售上采用更重视市场导向的策略。默里旗下的旅行文学作者须在旅途中进行笔录，记下其心路历程和一切值得记录的风景或事物，记下的文字材料分为日志和日记两种。旅行文学作者向出版社呈交样稿时，也同时呈交日志和日记。① 作为编辑，约翰·默里二世利用样稿、日志和日记交叉比对，依靠出版商的直觉把握读者旨趣，调整样稿的顺序和语句，删除多余或冗杂的文字，以使最终成书更易懂，从而产生足够的商业吸引力。② 此外，约翰·默里二世采用各种办法标榜旗下旅行文学作者的权威身份，在公众间为他们建立名声。例如，他在封面上只标注一名最有声誉的作者（尽管作品由多名作者合作完成），在作者名后加注权威科学机构名（如皇家地理学会、伦敦皇家学会等），在书中提及权威科学机构认证。他还常采

---

① Charles W. Withers and Innes M Keighren, "Travels into Print: Authoring, Editing and Narratives of Travel and Exploration, c. 1815-c. 1857," *Transaction of the Institute of British Geographer*, Vol. 34, No. 4 (2011), p. 562.

② Charles W. Withers and Innes M Keighren, "Travels into Print: Authoring, Editing and Narratives of Travel and Exploration, c. 1815-c. 1857," *Transaction of the Institute of British Geographer*, Vol. 34, No. 4 (2011), pp. 563-564.

图 29 约翰·默里二世。1833 年由爱德华·芬登（Edward Finden）绘制，大英美术馆藏。

图 30 约翰·默里三世。约 1845 年由希尔与亚当森照相馆拍摄，美国纽约大都会艺术博物馆藏。

用作者穿着当地居民服饰的画像作为封面，使用作者绘制的地图作为插页，用来强调作者旅游的真实性。① 通过以上方式，约翰·默里二世不仅促进了作品的销售、强化了作者的威望，还树立了默里在旅游书籍出版领域的品牌权威。

默里旗下的旅游书籍比重由旅行文学向旅游指南倾斜，可以说是从出版玛丽安娜·斯塔克的《大陆旅游》开始的。该书原名《游客游览欧洲大陆的信息和指示》（*Information and Directions for Travellers on the Continent of Europe*），由于畅销而成功印至第 8 版（1832）。玛丽安娜的目标读者不是贵族和古物研究家，而是中产阶级游客。她为这些游客提供与目的地相关的气候、食物、交通、住宿、卫生、交易等实用信息和路程指导，并用感叹号标记的方式为风景、建筑和艺术品划定等级（此后为默里和贝德克尔采用，即星级体系的原型），后面再增添相应的知识介绍。尽管《大陆旅游》中存在不少过时、错误的信息，但

① Charles W. Withers and Innes M Keighren, "Travels into Print: Authoring, Editing and Narratives of Travel and Exploration, c. 1815-c. 1857," *Transaction of the Institute of British Geographer*, Vol. 34, No. 4 (2011), pp. 565-567.

它仍可被视为第一部现代意义上的旅游指南书,并具备最明显的特征——旅游知识的系统化和旅游产品的营销性,象征着 19 世纪旅游指南市场的黎明。事实上,约翰·默里三世曾于 1889 年在《默里杂志》(*Murray's Magazine*)上间接表达了对玛丽安娜的《大陆旅游》的敬意,表明《大陆旅游》可能为默里旅游指南系列提供了灵感。①

1831 年,在欧洲考察的约翰·默里三世凭着自己的感悟,向父亲写信表达了现存旅游指南书存在的问题:

> 很遗憾,我发现斯塔克女士在其书再版上是如此草率,德意志部分的错误不可计数,我从出国伊始就不遗余力地收集信息来改进它。最近有一部新的更好的赖夏德旅游指南书出版了。你认为它值得翻译吗?(塞缪尔·)利发行的最后一版指南书特别令人失望,几乎每行都有错误。②

约翰·默里三世在欧洲大陆进行调查,以期亲自著述一部旅游指南书"指出一个地方特殊之处,或最好在这个地方而非在别的地方才能看到的东西",解决过去旅游指南"描述所有'可能'看到的东西而迷惑读者"的错误,并且采用"最为凝练和简洁的风格"。他在完成草稿后又亲自重走了一

---

① Nicholas T. Parsons, *Worth the Detour: A History of the Guidebook*, Stroud: The History Press, 2007, p. 274.
② Samuel Smiles, *Memoir and Correspondence of the Late John Murray with An Account of the Origin and Progress of the House*, 1768 — 1843, *Vol. 2*, London: John Murray, 1891, p. 460.

遍其中规划的路线，并把手稿交给朋友，让他们试走后提出修改意见。此后他在欧洲又进行了数次旅行，在欧洲城市停留了更长时间，用以探索其书中路线和偏远乡村地区之间未谈及的间隙地带。1837年，约翰·默里三世正式出版了旅游指南《大陆游客手册》(*Handbook for Travellers on the Continent*)。

《大陆游客手册》的出版具有划时代的意义，基本上代表了典型的默里旅游指南系列风格。它一气呵成地将游客出行指引、景区实用信息和观光地背景知识融入整体性叙述，与同时代的其他旅游指南相比，其对详细、准确的地方知识与信息细节极为强调，旨在提高游客旅游的性价比，这令当时的游客读者耳目一新。全书按地理位置分章节，每章都下设"介绍与信息"和"路线"两小节，形成了默里旅游指南系列

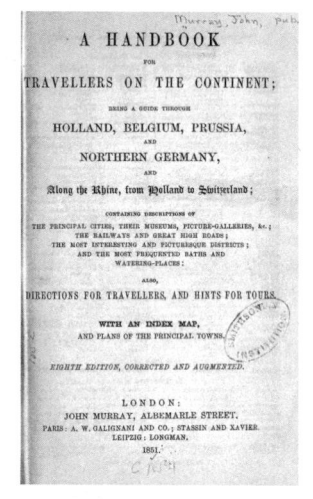

图31 约翰·默里三世所著的《大陆游客手册》（1851年版）。

的基本内容框架，这一特色也启发了贝德克尔、托马斯·库克等后来的旅游指南系列。

在约翰·默里公司急需走出旅行文学书籍的泥潭、转向满足中产阶级读者需求时，《大陆游客手册》及时出现并被整合进默里公司的欧陆游览生意帝国，开启了默里公司的旅游指南书出版事业，成为默里旅游指南系列的第一本书。这一系列融入此前早期旅游指南书的部分特征和结构，同时采取了某些革新设计，如更有吸引力的内容编排和封面。因为杜

绝借鉴旅行文学叙事方法，默里旅游指南更多地是讲述景点的历史文化背景，以及提供能实现"文化旅游"最大价值的观光建议。默里通过创建统一编排、内容风格一致的旅游指南系列，赢得了极高的品牌威望。默里还首先采用星级系统（Star System）的原型，即用星形符号数量来为景点评级，这一方法迅速被当时各类旅游指南书出版商采纳。

在默里之外，19世纪60年代后进入英国市场、较之默里而更胜一筹的是具有德国血统的贝德克尔旅游指南系列。德国人卡尔·贝德克尔（Karl Baedeker，1827—1859）于1827年创建贝德克尔出版社。同默里一样，贝德克尔也是家族企业。在19世纪，该出版社先后由卡尔·贝德克尔、恩斯特·贝德克尔（Ernst Baedeker，1859—1861）、卡尔·贝德克尔二世（Karl Baedeker II，1861—1877）、弗里茨·贝德克尔（Fritz Baedeker，1869—1925）领导。早期的贝德克尔与默里渊源颇深，卡尔·贝德克尔本人曾经承认其出版的第一部旅游指南书抄袭、摘录、翻译了默里旅游指南书中的内容，并且挪用了默里用数字标注路线的设计成果。1844年，他又照搬了星级体系（尽管他后来又进一步改善了该体系并将其发扬光大）。

19世纪50年代末60年代初是贝德克尔进军英国的转折点。1858年，贝德克尔指责默里旅游指南"包含太多过时的观点、太多错误，尤其是关于旅馆方面的错误"。为此，贝德克尔决定独立发行贝德克尔旅游指南的英文版，进入英国市场与默里竞争旅游指南书领域的领头地位。1859年恩斯特·贝德克尔出任公司首脑后，便于1861年发行了贝德克尔英文版。依靠这一系列更侧重实用性的风格，贝德克尔在19世纪下半叶逐渐占据了英国旅游指南书市场更大的份额。

贝德克尔始终视逐渐庞大的中产阶级为潜在读者,甚至主动向更为广大的普通民众,包括中低阶层的趣味靠拢。贝德克尔所构筑的"企业形象"可以用三点概括:精确、客观、权威。其旅游指南行文中不含任何个人色彩或民族色彩的评论,提供大量的资料和紧跟变化的实用信息,减少多余的、容易喧宾夺主的历史文化解析(但仍保留基本的知识性指导与介绍,贝德克尔认为应客观地告知知识而非解读知识,以培养游客在旅游过程中的独立思考和分辨能力)。他知道旅游指南所要面对的是行色匆忙的中产阶级旅客,他们受过一定高等教育、具有独立思考意识,所需要的知识与信息应是"客观中立"的,而非"经过处理"的——如果说默里针对的是"文化旅游",那么贝德克尔针对的则是更为现代化的"独立旅游"。为实现这一目的,贝德克尔指定了一批不同国籍、不同领域的专业人士共同撰写完成旅游指南,并要经常修订再版,以求做到最后成文的公正和权威。[①]

(二)中小型旅游指南书的发展

约翰·默里在19世纪40—50年代的成功不仅引发了旅游指南书出版潮,而且引发了对默里的模仿潮。例如1864年,亨利·盖斯(Henry Gaze)的《如何以七畿尼游览荷兰与比利时》(*Holland and Belgium: How to See Them for Seven Guineas*)便极力模仿默里旅游指南的版面、结构,甚至开本大小,但在文中亨利·盖兹仅目录式地简单罗列了各地景点,附注则

[①] Nicholas T. Parsons, *Worth the Detour: A History of the Guidebook*, Stroud: The History Press, 2007, p. 310.

标出其在默里旅游指南中的相应页码，让读者误以为是默里公司另出的配套旅游目录书。除此之外，不少旅游指南模仿默里的风格和理念，如长期旅居比利时的英国艺术家詹姆斯·威尔（James Wheale）所著的《比利时，亚琛和科隆》针对"文化旅游"行文，花了大量笔墨介绍比利时、亚琛和科隆的艺术环境及作品。[①] 而这种风格，正是默里旅游指南在整个维多利亚时代所表现出来的重要特质。

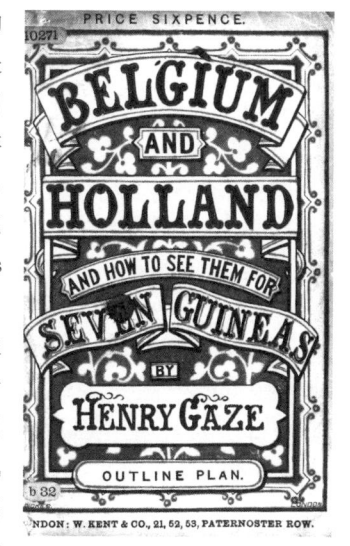

图 32 刻意模仿默里旅游指南的亨利·盖斯《如何以七畿尼游览荷兰与比利时》（1864 年版）。

除了模仿和整合默里旅游指南，维多利亚时期的中小型旅游指南书为与默里竞争，最直接的手段便是采取低价销售。早期的旅游指南书价格往往高昂，附带图画、彩页或精美装帧的指南书则更贵。1823 年的《林肯律师学院学生指南》（*The Student's Guide Through Lincoln's Inn*）包含一些图画，价格达到 10 先令；1803 年的《水浴地点全指南》（*Guide to All the Watering and Sea-bathing Places*）采用硬纸页面，售价 12 先令；1820 年的《英格兰与威尔士新图景》（*New Picture of England and Wales*）包含图

[①] Francois, Pieter, "If It's 1815, This Must Be Belgium: The Origins of the Modern Travel Guide," *Book History*, Vol. 15 (2012), pp. 84-85.

画和一张大地图,捆绑售价 13 先令。① 事实上,这样的高价销售仍然是以 17—18 世纪贵族"大旅行"传统为基础设定的,而 19 世纪早期超过 10 先令的旅游指南书销售额都十分惨淡。

默里旅游指南系列面向中产阶级和"文化游客",价格同样不低,英国国内各郡指南售价稍低,售价最低的《康沃尔游客手册》为 6 先令,售价最高的《东部各郡游客手册》则要 12 先令。目的地为国外的旅游指南书价格普遍高得多,如著名的《西班牙游客手册》售价 30 先令,而最贵的《印度游客手册》在 1900 年的售价高达 1 英镑。19 世纪后期默里面向徒步旅客出版"背包旅游指南"系列(Knapsack Guides),希望借此打入下层大众市场,但仅过 8 年(1864—1872)即以失败告终。尽管后期的默里旅游指南经常打折出售,但对于经济拮据的下层民众来说仍然做不到间歇性购买。据估算,一本默里旅游指南书的平均价格相当于 19 世纪中期农场工人一周的工资。②

默里的高价旅游指南书为其他中小型旅游指南打开了缺口,使大量旅游指南书涌入下层民众市场。其中最大的独立出版社是爱丁堡的亚当和查尔斯·布莱克(Adam and Charles Black),其于 19 世纪 50 年代出版的布莱克旅游指南系列主要针对温泉城旅游,书本短小精悍,每本约 50—60 页,售价 1

---

① John Vaughan, *The English Guide Book, c. 1780-1870: An Illustrated History*, London: David & Charles, 1974, pp. 87-89.

② W. B. C. Lister, *A Guide to the Microfiche Edition of Murray's Handbooks for Travellers*, Washington, D. C.: University Publications of America, 1993, pp. xlii-xliii.

先令。亚当和查尔斯·布莱克同时也发行欧洲和北美著名旅游目的地的廉价指南书，大多定价在 2 先令 6 便士左右。除此之外，还有迪洛（Dulau）、纳尔逊（Nelson）、梅休因（Methuen）、沃德·洛克（Ward Lock）等各具特色的廉价旅游指南书独立出版社。这些出版社的旅游指南书售价大多为 1 先令，前文提到的亨利·盖兹，他的《如何以七畿尼游览荷兰与比利时》在 1868 年售价仅 6 便士。该作者另一部旅游指南《如何以十畿尼游览瑞士》（*Switzerland：How to See It for Ten Guineas*）则售价 1 先令。外省的出版商往往愿意选择出版开本更小、页数更少、内容更精炼的英国国内旅游指南书，自然能把价格压低，例如曼彻斯特出版商埃布尔·海伍德（Abel Heywood）于 19 世纪 60—80 年代发行的"便士指南（Penny Guides）"、约克出版商沃丁顿（T. A. J Waddington）于 19 世纪 90 年代发行的 14 种北部各郡"实用指南（Practical Guides）"，售价均只有几便士，在维多利亚时代后期极为畅销。[1]

19 世纪除了默里和贝德克尔以外，还需提到三种知名的旅游指南系列的出版商。第一种是弗朗西斯·柯格伦（Francis Coghlan）从 1828 年开始发行的系列，主要针对欧洲（包括英国本土）的旅游目的地，其中许多冠名为"微型指南（Miniature Guides）"，大多定价在 2 先令 6 便士。第二种是伦敦的爱德华·斯坦福（Edward Stanford）从 1859 年开始发行的英国国内旅游指南系列，着重介绍英国各地的自然风景，

---

[1] Victoria Cooper and Dave Russell, "Publishing for leisure," David Mckitterick, ed. , *The Cambridge History of the Book in Britain, Volume VI, 1830-1914*, Cambridge：Cambridge University Press, 2009, pp. 492-493.

其中第一部为《德文和康沃尔海岸旅游指南》(*Guide to the Coasts of Devon & Cornwall*),该系列一直延续到20世纪初。这两个旅游指南系列一度非常畅销,柯格伦的法国与比利时指南曾再版18次。二者分别在19世纪40—50年代和70—80年代挑战了默里和贝德克尔的垄断地位。

第三个名字,也是最值得一提的名字是托马斯·库克父子公司(Thomas Cook & Son)。这位由旅行社创始人托马斯·库克建立的出版公司,早年出版的旅游指南书仅仅称得上是小册子,只是其包价旅游的辅助工具,只因他们在安排"包价旅游"时会向希望深入了解背景知识的游客推荐其他出版社的旅游指南书。随着库克旅游代理业务的成功与扩大,库克逐渐意识到出版自己的旅游指南书可以带来更多的额外收益,从此开始重点扶植其旅游指南系列。他雇用专业作家撰写指南文本,指南目的地也从英国国内扩展到欧洲、近东、北非、印度、中国,甚至更远的东南亚地区,同时也涉及专题旅游指南,如温泉城和水疗地旅游指南、战地原址旅游指南等。库克在指南书中专列广告页宣传其组织的包价旅游业务;在带领游客游览景点时,也转而向游客推荐自己的旅游指南书。由于减少了中间环节,加上与游客的天然联系,库克的旅游指南书系列销售火热,每年能以平均每本5先令的价格售出超过1万本。除此之外,库克在火车站台提供旅游指南书出租服务,进一步提高了其指南书的知名度。[①] 总的来说,库克旅游指南系列是最有雄心打破旅游指南市场旧有秩序的系列,也是最有可能成为新的出版巨头的系列,其稳定的盈

---

① Nicholas T. Parsons, *Worth the Detour: A History of the Guidebook*, Stroud: The History Press, 2007, pp. 349-351.

利甚至促使库克拒绝了1900年默里向其出售旅游指南品牌版权的提议。

不断增长的旅游指南书市场还引起了其他商业领域的兴趣。例如，不少制图学家为旅游指南绘制了地图折叠页，从简单的铁路地图到复杂的城市交通地图，不一而足。平版印刷的普及和彩色平版拓印的应用降低了地图印刷的成本和时间。19世纪40年代，爱德华·莫格（Edward Mogg，1803—1860）是首先采用平版印刷技术的出版商之一，他早年出版英格兰和威尔士地区道路指南书和地名索引，采用平版印刷后得以大量印制铁路旅游指南和城市马车乘坐指南，并能够在书中经常插入地图。

图33 19世纪初平版印刷工场的典型场景。约1846年由维克多·亚当（Victor Adam）绘制，现藏于美国纽约大都会艺术博物馆。

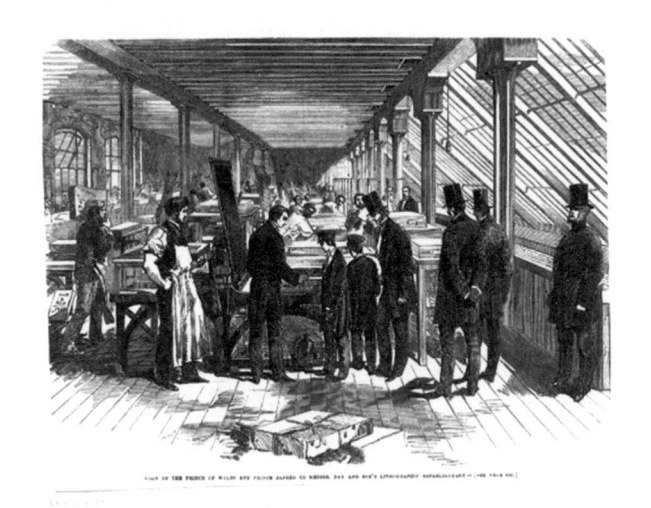

图 34 王室成员正在伦敦一所平版印刷厂参观,约 1855—1860 年。

莫格之后,约翰·巴托罗缪(John Bartholomew)等旅游地图出版商、爱德华·斯坦福等旅游指南出版商也开始大规模运用平版印刷技术。19 世纪 70 年代后,像托马斯·库克父子这样的旅游代理公司和众多像大西部铁路公司(Great Western Railway)这样的大型铁路公司,在进军旅游指南书市场过程中也采纳了平版印刷技术。[1]

(三)城市、城际交通指南书

18—19 世纪的工业化浪潮中,伴随机械的使用和大众化,如钟表这样的精密器物走入普通家庭,大众对"时间"的概

---

[1] Victoria Cooper and Dave Russell,"Publishing for leisure," David Mckitterick, ed., *The Cambridge History of the Book in Britain, Volume VI, 1830-1914*, Cambridge:Cambridge University Press,2009,p. 493.

念有了现代化的理解。"时间"的运用出现了前所未有的革命,其标志即精确和统一"时间"的形成。19 世纪 30 年代,英国的铁路时代来临,铁路系统快速扩张,逐渐遍布全国。精确和统一的"时间"与铁路系统的结合产生了城际交通最重要的乘坐指南:火车时刻表。

火车时刻表是一种特殊的旅游指南形式,它并不向读者推荐、讲解旅游景点,而是单独围绕火车乘坐的实用信息展开,包括大量进站地点和时间、到站地点和时间、行驶时间、所需费用等,使读者能够通过阅读火车时刻表掌握精确的乘车时间,保证乘车顺利。最早的火车时刻表是由大西部铁路公司于 1839 年 5 月发行的一份从曼彻斯特到梅登黑德(Maidenhead)的列车服务时刻单,紧接着是乔治·布拉德肖(George Bradshaw,1800—1853)于 1839 年 10 月发行的《布拉德肖火车时刻表与火车出行的帮助》(*Bradshaw's Railway Time Tables and Assistant to Railway Travelling*)。

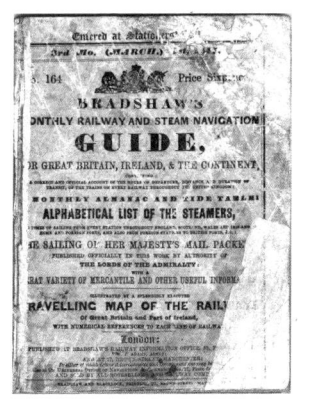

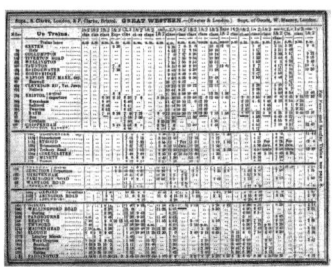

图 35 布拉德肖的列车时刻表封面与内页。均出自 1847 年的《布拉德肖每月大不列颠、爱尔兰及欧洲大陆铁路与汽船乘坐指南》。

布拉德肖的火车时刻表是维多利亚时期最著名的火车时刻表，书中内容整合了全英国火车时刻信息。就像"默里""贝德克尔"成为旅游指南书的代名词一样，"布拉德肖"也成为火车时刻表的代名词。布拉德肖早年从事城市地图的绘制和出版，同时还印刷过水路指南书，其出版的《布拉德肖内陆航行地图》(Bradshaw's Maps of Inland Navigation) 早在19世纪20年代就为其招来了良好名声，此后其水路指南书一直持续发行直到20世纪，涉及整个英格兰和威尔士。

自1839年发行了第一部火车时刻表后，布拉德肖开始全面进军时刻表市场，其火车时刻表发行量越来越大，所囊括的火车信息也越来越多，从最初的仅仅8页到1845年的32页，再到1898年的946页，最终包含了旅游指南书所应有的许多特征：火车沿途地点的历史见闻与知识、食宿信息、各地风景、城镇建筑等，附带图画和地图。1847年，布拉德肖的火车时刻表甚至扩展到了欧洲大陆，1858年英吉利海峡轮船航行开通后，又发行了轮船时刻表和潮汐表①。1864年、1872年和1873年，布拉德肖分别发行了印度、叙利亚和土耳其的火车时刻表，将生意扩展到东方，巩固了其在火车时刻表出版上的领先地位。

19世纪40年代，布拉德肖火车时刻表采用了在后世更常见的表格模式，即建立纵横两方向的坐标轴，分别代表出发、到达的站点与时间，同时还会分出工作日和周末的不同车次与时刻。一整部布拉德肖火车指南包含数个这样的时刻表格，分别代表全英国不同地区的火车时刻信息。

---

① Nicholas T. Parsons, *Worth the Detour: A History of the Guidebook*, Stroud: The History Press, 2007, pp. 336-337.

布拉德肖另一项改革则是采用了"伦敦时间",从某种程度上来说,它推动了伦敦时间的标准化。在1880年正式设立"时区"前,时刻表在时间使用上存在一定程度的混乱,一些时刻表使用各地的当地时间,一些使用"伦敦时间"。最早使用伦敦时间的是1840年的布拉德肖火车时刻表。1842年大西部铁路公司也同样申明使用伦敦时间,到了60年代,伦敦时间已普遍被各时刻表接受为"标准时间",最终促成了1880年标准"时区"的设立。[①] 这一系列创举为旅客乘坐火车旅游提供了方便,也为布拉德肖的市场竞争奠定了优势。

除了布拉德肖,还需提到其最大的竞争者——ABC铁路指南。第一部ABC铁路指南于1853年发行,其最大的特征为:以伦敦为中心点,按照全国其余地点的首字母顺序排列,列出直接与伦敦相连接的各地点的全部时刻信息,包括全天的车次时间、费用等。相比以布拉德肖为代表的传统表格类火车时刻表,ABC的确一目了然且简单易懂,但同样有着巨大缺陷,比如缺少许多小型城镇的乘车信息(因没有与伦敦直接相连而未被收集),另外也无法直观地指明转乘列车的时刻信息,而这在布拉德肖的时刻表中是能轻易找到的。因此,一些有特定需求的乘客常常将布拉德肖和ABC时刻表相互对照使用,以找出最佳乘车方案。

关于欧洲大陆的火车时刻表,除了布拉德肖有所涉及外,从事此方面业务的最大出版商是托马斯·库克父子。1873年,在公司职员约翰·布雷多(John Bredall)的提议下,库克发

---

① Mike Esbester, "Designing Time: The Design and Use of Nineteenth-Century Transport Timetables," *Journal of Design History*, Vol. 22, No. 2 (2009), pp. 97-99.

行了第一部欧陆时刻表,此后便一直经营至今。库克欧陆火车时刻表是伴随着19世纪50年代后英国中产阶级更加倾向于欧陆旅游的风潮而出现的,充分适应了民众旨趣的转向。而通过这一行动,托马斯·库克建立了在欧陆火车时刻表上的权威地位,并将这一权威直接带进20世纪铁路出行的全盛时期。

图36 在火车上阅读的两位乘客。由哈里·弗尼斯(Harry Furniss)创作于19世纪下半叶。

时刻表印刷形式多样而方便,在生活中亦随处可见。除了印刷成合集性质的传统书籍陈列在各类书店或流动图书馆中,还有其他更为常见的形式。比如,制成传单在火车站台分发以及在书摊售卖,制成海报张贴在站台墙壁、柱廊等地方。有时,时刻表也会印在当地报纸上,利用其每日发行的特点,方便读者随时获取火车时刻信息。作为传统书籍的时刻表,合集修订较旅游指南书更为频繁,如布拉德肖、ABC都是每月重新修订,托马斯·库克父子在1883年前每季修订,此后也改为每月修订。在这样的出版、销售形势下,时刻表的发行量自然巨大。据统计,19世纪80年代一家铁路公司每年发行的夏季时刻表达3.5万份,这其中还不含车站分发的传单、张贴的海报以及冬季时刻表的发行量。当时约有100家左右的铁路公司发行时刻表,再加上布拉德肖、ABC、托马斯·库克这样的独立出版商发行的时刻表(其发行量更大)以及轮船时刻表的发行量,每年时刻表总发行量必定是一个极为庞大的数字,以至《泰晤士报》撰文称"当今是一个时刻表的时代"。

此外,还出现了配套时刻表使用的旅游指南书,这样的指南书既适应了新型铁路旅游方式的需要,又保持了传统旅游指南书的格调,其中最重要的出版商是乔治·塞缪尔·米桑(George Samuel Measom,1818—1901)。米桑从1852年到1867年专注撰写和发行铁路旅游指南书,其主题最终基本覆盖了全英铁路网,着重讲述旅客乘坐火车的注意事项、实用信息,介绍沿途城镇、建筑和相关历史沿革,并提供适合旅客的沿途风景欣赏策略。在维多利亚时期,米桑的铁路旅游指南书成为民众乘坐火车的最佳伴侣。

不同于城际交通的铁路旅游指南书,城市内部交通的指南书出现得更早,种类也更为繁杂。早期的城市交通指南书主要是道路指南,如爱德华·莫格早年出版的道路指南系列。书中为读者提供城市地图和道路指示,加上城市地名索引和名录,配合城市地图使用,着重介绍城市中各地的历史、地理和食宿信息。

不过,维多利亚时代最显著、最纯粹的城市交通指南书应是马车乘坐指南。在19世纪末汽车开始大量投入使用前,马车是英国最常见、也是最重要的交通工具。城市出租马车大多采用一匹或两匹马,马后拉上一节木质结构的四轮车厢。从18世纪起,城市马车乘坐指南就已大量出现。以伦敦为例,出租马车业务最早出现于17世纪初,1794年开始接受伦敦市政府出租马车专员(Hackney Coach Commissioners)监督[①],直到1832年,出租马车专员都通过授予驾驶员马车特许经营权的方式来维持垄断。18世纪早期,伦敦马车司机开始为乘客提供印制的服务单,内容最初包括费用列表、规定事项和城市地图。到了18世纪晚期则出现了整合各类实用知识与信息的出租马车指南书,其中最有影响力的是1796年出版的《菲尔丁出租马车价率》(*Fielding's Hackney Coach Rates*),该书按首字母顺序列出伦敦每辆出租马车名录,并分别标识出按距离核算的费用,这一列表形式为众多马车乘坐指南书所采纳,直到19世纪末才有显著改变。[②]

19世纪初,伦敦的马车乘坐指南书界又有了新的面貌。1801年,邮局测量员约翰·卡里(John Cary,1755—1835)测量伦敦各个街道长度后,出版了一部《出租马车费用新指南》(*New Guide for Ascertaining Hackney Coach Fares*)。该指南列出了伦敦每条街道的长度,并配有图解和个人注释来帮助读者理解。该书是菲尔丁马车乘坐指南书的重要补充,特别满足了大众乘车的需求——19世纪上半叶的伦敦民众和外来游客常常将卡里和菲尔丁的指南书对照起来使用,这样

---

① Trevor May, *Gondolas and Growlers: The History of the London Horse Cab*, Stroud: Sutton Publishing, 1995, pp. 1-12.
② Paul Dobraszczyk, "Useful Reading? Designing Information for London's Victorian Cab Passengers," *Journey of Design History*, Vol. 21, No. 2 (2008), p. 122.

能自行计算出所需费用并避免马车司机通过故意绕路或谎报里程的方式讹诈乘客。

然而在很大程度上,19世纪中期以前的出租马车指南和服务单缺乏权威性,受到不少乘客的抱怨。例如,街道长度距离等数据都只是作者个人的测量结果,并非官方统一的数据。许多马车司机在此驾驶里程数上与乘客持有不同意见,不同的马车指南所使用的数据也不尽相同。权威性的逐渐确立要从1831年《伦敦出租马车法案》废除出租马车专员职位开始,它打开了伦敦马车业的自由市场,新的城市交通工具如公共马车和单马双轮轻便车的出现,激励了马车指南书的革新。它们向更便捷、精确的方向发展,除体例上继承和发展卡里的基本模式外,在出版策略方面更接近旅游指南书,如发行小开本的口袋书。1832年,詹姆士·怀尔德(James Wyld)的《出租马车名录口袋书》(*The Hackney Carriage Pocket Directory*)开本大小仅3.3英寸长、4.7英寸宽(约8厘米长、12厘米宽),正好能单手握住阅读。在形式上,该书则采用更为直观的双轴线型表格,并插入地图页供读者对照使用。

图37 伦敦特拉法加广场的马车。出自《伦敦新闻画报》1842年9月10日。

图 38　伦敦双轮出租马车。出自《伦敦新闻画报》1842 年 10 月 22 日。

图 39　1860 年左右，伦敦出现的一种加长厢式公共马车。出自亨利·查尔斯·摩尔（Henry Charles Moore）的《公共马车与出租马车》。

针对新的公共马车,爱德华·莫格于 1844 年开创了其公共马车指南系列,而其兄弟威廉·莫格(William Mogg)则于 1851 年出版了更具权威性的《万种出租马车价格》(*Ten Thousand Cab Fares*)。威廉进行了更为精确的街道测量(使用机械计程器测算 74 个站点到 104 个目的地的距离)得到了更令人信服的数据。他的马车指南书多次修订直至第 10 版,《泰晤士报》称赞其为"曾出版过的最有用的小书之一",能让"伦敦马车驾驶人诚实"。威廉自己也扮演起权威者的角色,甚至鼓励有争议的乘客和马车司机到其办公室来,让他进行仲裁。[①]

城市重大节庆为马车指南书便利民众提供了更大的机遇。对于伦敦而言,19 世纪的两次工业博览会是最典型的例子。由于 1851 年伦敦工业博览会的需要,伦敦出台了新的出租马车法案,将出租马车业置于伦敦大都会警察厅的严格监管下。大都会警察厅整理和发行了官方机构的马车价格书,并出台规定——每辆出租马车须在车厢内配备一本官方马车价格书供乘客阅读;除了官方的努力外,1851 年、1862 年两次工业博览会同样促进了民间众多的马车价格书、马车乘坐指南的再版和更新。为了吸引和便利游客,新的马车指南书开本一再缩小,如霍斯顿与莱特(Houslton and Wright)的《伦敦马车价格》(*London Cab Fares*)小到令人咂舌的 1.5 英寸长、3.1 英寸宽(约 3.8 厘米长、8 厘米宽),可轻松地将其放在随身口袋中。此外,当时还出现了单张纸印刷的马车价格单,免去了游客翻页的麻烦。

---

① Nicholas T. Parsons, *Worth the Detour: A History of the Guidebook*, Stroud: The History Press, 2007, pp. 123-124.

城市交通和城际交通指南书是旅游指南书中的异类,"时间"和"数据"则是它们的核心。它剔除了传统旅游指南书在欣赏策略和旅游目标上的指引功能,单独聚焦于纯数据的实用信息,为读者提供的是精确时间的便利。而在19世纪的发展中,随着游客流动量的增大和习惯、旨趣的变迁,这类交通指南书也在激烈的市场竞争中努力追随游客的脚步,满足游客的需要。正是在这种现代化趋势下,作为异类的交通指南书融合了传统旅游指南书的特征,又在一定程度上改变了旅游指南书的面貌,为旅游指南书界注入了新鲜的血液。

四、19世纪旅游指南书的作者与受众

(一)旅游指南书的作者群体

早期的旅游指南书作者大多拥有旅游从业背景,如许多作者曾是旅游代理人或中介人,负责为游客提供住宿、票务、通信等服务,因而在撰写旅游指南书时自然比旅行文学作者更重视旅游的信息与知识。[①] 此外,一些文学家、旅游爱好者也撰写过旅游指南书,如文学家玛丽安娜·斯塔克。在撰写《大陆旅游》前,她曾于1789—1811年间创作戏剧《和平之剑》(*Sword of Peace*)、《马拉巴尔的寡妇》(*Widow of Malabar*)与诗歌《贫穷的士兵》(*Poor Soldier*)等文学作品。1792—1798年间,她旅居意大利,拿破仑战争结束后重返欧洲,多年欧洲旅游经历和对旅游实用信息缺失的感触,

---

① Francois, Pieter, "If It's 1815, This Must Be Belgium: The Origins of the Modern Travel Guide," *Book History*, Vol. 15 (2012), p. 78.

最终促使她写下了其一生最重要的著作《大陆旅游》。

早期的旅游指南书作者有时会相互借鉴彼此的作品，甚至整段摘抄其他外语书籍内容，但不同于后来者，早期旅游指南作者会列出借鉴的外语书籍。例如，埃德蒙·博伊斯在《比利时游客》前言中明确提及借鉴了西福里恩（Syphorien）的两部旅游书籍《尼德兰的历史与如画之旅》（*Voyage Historique et Pittoresque dans les Pays Bas*）、《法兰西帝国完全环游》（*Itineraire Complet de l'Empire François*）；J. B. 龙伯格在《布鲁塞尔及其近郊》中对博伊斯书中的有益建议表示了感谢并推荐读者购买《比利时游客》；加利尼亚尼旅游指南系列则更为直接，在书名上点明指南书从其他作品整理汇编而成，如《加利尼亚尼的荷兰与比利时旅游指南》（*Galignani's Traveller's Guide Through Holland and Belgium*）在书名中提到汇编自博伊斯、赖夏德和龙伯格的指南[①]，《加利尼亚尼的瑞士旅游指南》（*Galignani's Traveller's Guide Through Switzerland*）则在书名中提到汇编自埃贝尔和考克斯（Coxe）的作品[②]，虽然加利尼亚尼的封面未写出作者，但必然存在一名编辑者整理了上述指南书的内容。由此可见，早期的旅游指南书市场规则并不完善，也未能形成统一规范和风格的旅游指南书系列。因此对于独立的作者来说，要想从出版旅游指南书中名利双收，必须先借助其他作品的名气来抬高自身身价。

---

① Anon, *Galignani's Traveller's Guide Through Holland and Belgium*, Paris: Galignani, 1822.
② Anon, *Galignani's Traveller's Guide Through Switzerland*, Paris: Galignani, 1823.

19世纪中后期，旅游指南书的作者背景更为多元。广阔的市场吸引了各个领域的专门人员参与写作，其中不乏专业学者、历史学家和地理学家，像默里、贝德克尔、托马斯·库克父子这样的知名出版商尤其热衷邀请专业人士撰写指南书。例如，默里1838年出版的《瑞士游客手册》(Handbook for Travellers in Switzerland)，其合作编者威廉·布罗克登(William Brockedon，1787—1854)是著名的阿尔卑斯道路指南书绘图师[1]；1842年《北意大利游客手册》(Handbook for Travellers in North Italy)作者弗朗西斯·帕尔格雷夫爵士(Sir Francis Palgrave，1788—1861)是当时远近闻名的建筑学家与历史学家；1847年《埃及游客手册》(Hand-book for Travellers in Egypt)作者约翰·加德纳·威尔金森爵士(Sir John Gardner Wilkinson，1797—1875)是英国埃及学之父、19世纪埃及学领军人物；1891年《日本游客手册》(A Handbook for Travellers in Japan)合作撰写者巴希尔·霍尔·张伯伦(Basil Hall Chamberlain，1850—1935)是英国著名的日本学先驱、东京帝国大学教授；1895年《小亚细亚、外高加索、波斯等地游客手册》(Handbook for Travellers in Asia Minor, Transcaucasia, Persia, etc)编者查尔斯·威尔逊爵士(Sir Charles Wilson，1836—1905)是一名常年活动于近东的考古学家和地理学家。此外托马斯·库克父子、贝德克尔、爱德华·斯坦福旗下旅游指南书拥有专业背景的作者亦不在少数，此处不再赘述。

然而，具有专业背景、多个领域合作经历的旅游指南书

---

[1] Nicholas T. Parsons, *Worth the Detour: A History of the Guidebook*, Stroud: The History Press, 2007, pp. 273-274.

作者虽然增多，但大部分较有名气的旅游指南书系列并不强调作者的威望，甚至其中绝大多数都不曾提及作者名字。这种掩盖作者权的处理方式与早期独立出版的旅游指南书，甚至默里二世的旅行文学书都大相径庭。在维多利亚时代盛期，约翰·默里、贝德克尔和托马斯·库克力图构建其旅游指南系列的品牌权威，故意压制作者身份，令作者成为系列销售的附属品，作者身份和权威消失在出版商的市场战略和严格控制之下。有时，出版商可能会采取非正规的回避办法来调和作者权威与品牌权威之间的矛盾。比如，贝德克尔召集一批不同国籍、不同领域的专业人士共同撰写旅游指南书，最终署名出版商的名字“卡尔·贝德克尔”（尽管卡尔·贝德克尔本人已于 1859 年去世）。塞尔文图画旅游指南系列（Sylvan's Pictorial Handbook）也使用虚假的作者名，其背后可能仍是不同领域的集体创作者。[①] 通过这些实践，出版商使品牌权威凌驾于作者权威之上，从而使读者因品牌名望而

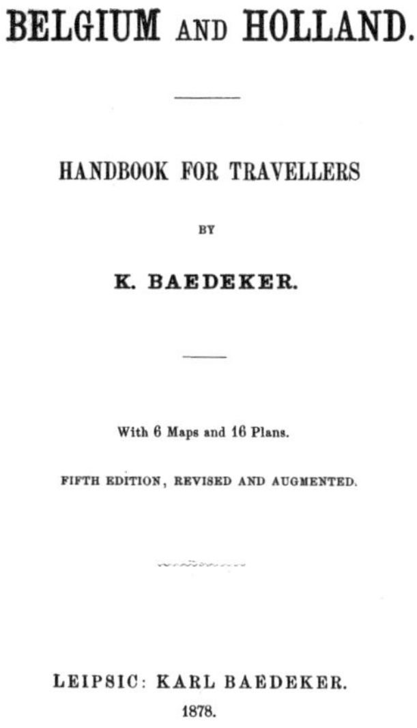
BELGIUM AND HOLLAND.

HANDBOOK FOR TRAVELLERS

BY

K. BAEDEKER.

With 6 Maps and 16 Plans.

FIFTH EDITION, REVISED AND AUGMENTED.

LEIPSIC: KARL BAEDEKER.

1878.

图 40　虽然卡尔·贝德克尔本人已于 1859 年去世，贝德克尔旅游指南仍以其名字作为作者，代替实际的集体撰稿人。该页面出自 1878 年的《贝德克尔比利时与荷兰游客手册》。

---

① John Hannavy, *The Victorian and Edwardian Tourist*, Oxford: Shire Publications, 2012, pp. 43-44.

非作者名望购买旅游指南书。同时,这一做法又在一定程度上照应了出版商"以读者体验为中心"的承诺,其结果再次指向旅游指南书的"功能性"。

作者受出版商策略影响还表现在创作风格上,最典型的例子莫过于默里旅游指南系列的风格变化。早中期的默里并不束缚作者创作,反而给予他们在既定的系列框架内独立发挥的自由,导致一些作者明显过激的叙述风格存在了相当长的一段时间。例如1845年理查德·福特(Richard Ford, 1796—1858)的两卷本《西班牙游客手册》(*A Handbook for Travellers in Spain*)风格极为激进,评论尤其辛辣,是默里旅游指南系列中最具争议的作品。此后这种风格逐渐受到默里的刻意抑制,默里意图寻求一种合适的客观态度,尽力隐藏作者的个人风格和手法。在此方面,贝德克尔做得更加出色,其旅游指南书系列的客观性达到极致,作者权也自然被压缩到最小。[①] 在这一过程中,作者身份从台前退居幕后,个人创作风格被隐藏,甚至仅仅成为集体创作者中的一员,其所代表的不再是作者自身,而是旅游指南系列的品牌效应。

从个人创作到集体创作的变迁象征着"大旅行"传统的彻底没落,这也将旅游指南的"知识性"特质完全从贵族教育引向"大众化"知识供应。在18世纪"大旅行"时期,贵族家庭往往会任用一名私人家庭教师陪同指导子弟前往欧陆游学,这一身份同时融合了陪伴者、保护者、监护者和教师的角色。一些有丰富经验的家庭教师将其陪伴游学的知识编

---

① Victoria Cooper and Dave Russell, "Publishing for leisure," David Mckitterick, ed. , *The Cambridge History of the Book in Britain, Volume VI, 1830-1914*, Cambridge:Cambridge University Press, 2009, p. 494.

辑成书以供其他贵族子弟在游学期间阅读使用，他们深深了解贵族对子女游学的期望与目标，因而在文中极尽侧重贵族礼仪、外交德行和执政技能的灌输。同时，他们也凭多年经验，在书中提醒贵族子女欧陆游学路程上需把握住的机遇和应规避的危险，"让他们眼界开阔，但嘴巴紧闭"。"大旅行"在19世纪中前期走向衰落后，私人家庭教师这一职业也不复存在了。

早期大众旅游风潮的到来激发指南书作者——或者说指南书品牌系列的集体创作者——将写作重点转向"功能性"和"引导性"，这些是更相称中下阶层需求的实践。用于消遣的知识与信息的界限逐渐变得模糊，旅游知识的客观中立成为指南书的基本属性。作者既然受雇于出版公司，便必须为了公司盈利而有针对性地写作，其主要表现在两方面：其一，注重"功能性"或者"实用性"，方法是提供足够丰富的实用信息，包括汇率换算、食宿信息、景点介绍和风俗习惯等，为读者购书营造舒适而轻松的氛围；其二，发挥作者的引导作用，作者运用自己的旅游知识和独到理解为读者规划旅游路线，文中穿插的旅游景点及产品推介既引导读者循着书中既定主题性路线游览，又引导其在旅游过程中进行消费，最终为出版公司带来可观的收益。

（二）旅游指南书的销售市场

旅游指南书的销售市场分为主流市场和下层市场。主流市场中流通的是处于垄断地位的约翰·默里和贝德克尔旅游指南系列，下层市场则充斥着各种中小型旅游指南。维多利亚时代旅游指南书的市场竞争非常激烈，每个指南书品牌都处在争取受众的没有硝烟的"战争"中。无论是拥有整体大规模布局的默里、贝德克尔,还是把旅游指南书销售仅仅当作副业的托马斯·库克父子,都在试图寻找更可靠的投资来吸引和笼络受众。

高度垄断的旅游指南书出版公司能够动用巨额资金来维护指南书出版事业的稳定和指南书系列的权威性,默里公司便是其中一大典型。尽管后来默里因遭受来自中小型指南书和贝德克尔的联合打击而慢慢失去市场份额,但它在销售、管理和营销上所采用的措施依然奠定了其在维多利亚时代前中期的统治基础,这些措施最终被贝德克尔继承和发扬。

默里的旅游指南书销售具有两点比较显著的特征:进行高度商业化的管理和经营,注重家族企业名声,抢占市场份额;建立长期的、统一规划的旅游指南系列丛书。① 从某种角度上说,后一种特征算是前一种特征的结果。约翰·默里三世正是以出版者的商业经营和管理模式创造出了一个旅游指南品牌,这将默里的旅游指南书同19世纪早期作家或资深游客著述的独立旅游指南书区别开来。不同于后者,商业经营的旅游指南书更注重系列的盈利,因此会采用各种办法吸引读者购买,并且雇用一批优秀的作者来随时准备著述新的旅游指南,还会设立专门的部门负责已出版旅游指南书的再版修订工作,以图保持盈利、名誉和市场活力。正是这种眼光长远的商业态度,使默里旅游指南目的地拓展到欧洲以外——英国海外殖民地、北美、东亚甚至靠近北极的地区。

为了保证旅游指南书紧跟时尚,维持信息的时效性(避免玛丽安娜《大陆旅游》中那样的错误),尤其是汇率换算、

---

① Francois, Pieter, "If It's 1815, This Must Be Belgium: The Origins of the Modern Travel Guide," *Book History*, Vol. 15 (2012), p. 83.

旅馆住宿条件和餐饮费用。默里旅游指南常常多次再版以更新实用信息和景点、旅馆住宿条件的评价。例如，1838年版瑞士旅游指南中显示从卢塞恩到施维茨路上的"瑞士鹰"旅馆（Schwartzer Adler Inn）评级为"还算好"，而1846年版的评价变为提醒读者"应防范店主的故意阻留"，1874年版中则仅仅简单地评价为"好"。虽然具体的评价信息并非每年都会修订，但旅游指南正文后的附录（包含旅馆名目、价格等内容）则会每年修订以保持最新状态。[1]

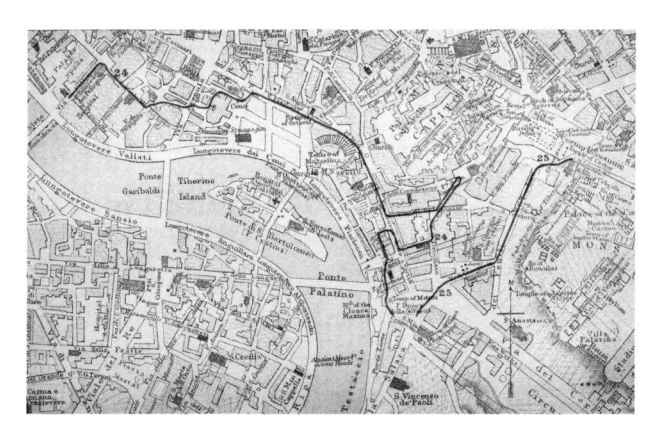

图41 默里旅游指南书中的地图。出自1899年默里的《罗马和坎帕尼亚手册》（*A Handbook of Rome and Campagna*）第16版。

默里也进行市场调研和实地考察，既为把握出版业趋势，也为了解竞争对手风向，从而能够及时采取措施补救或回击。

---

[1] Giles Barber, "The English-language guide book to Europe up to 1870," Robin Myers and Michael Harris, eds., *Journeys Through the Market: Travel, Travellers and the Book Trade*, New Castle: Oak Knoll Press, 1999, p. 104.

例如，一位出版商约翰·莱恩哈特（Johann Lehnhardt）未经默里允许，长期将其旅游地图伪装成"默里品牌"产品销售。他按照默里旅游指南的规格设计地图，在文中处处提及默里旅游指南，不仅读者误认为其是默里旅游指南的副产品，甚至书商也将其置于默里旅游指南专柜，因而一度大卖。默里在市场调研中发现了这一现象，迅速采取广告反击措施，同时提高其旅游指南书中地图的质量，让莱恩哈特无机可乘，从而逐步减少了莱恩哈特的市场份额。① 此外默里旅游指南内容修订的另一项来源是读者反馈：默里呼吁读者向出版社提出意见与建议，以此洞悉大众审美旨趣和阅读期望的新变化。

通过各种市场销售方面的措施，默里旅游指南系列基本垄断了19世纪30—60年代的旅游指南书市场。据玛乔里·摩根（Marjorie Morgan）统计，单个国家或地区的默里旅游指南书销量大约在50—70万份，远超当时其他旅游指南书销量。② 1836年至1858年，默里发行了作为其市场规划核心的欧洲旅游指南，目的地包括法国、德国、意大利、瑞士、西班牙和葡萄牙，这一时段默里的盈利率达到91%，只有意大利中部及南部指南和葡萄牙指南出现轻微亏损。也正是在这一时期，默里出版了数种英国国内旅游指南，这些指南标志着维多利亚时代旅游指南书的成熟。

19世纪50年代是默里旅游指南书最辉煌的年代，此后境况则急转直下。1859年至1880年系列的盈利率降到54%，

---

① Francois, Pieter, "If It's 1815, This Must Be Belgium: The Origins of the Modern Travel Guide," *Book History*, Vol. 15 (2012), p. 83.

② Marjorie Morgan, *National Identities and Travel in Victorian Britain*, Basingstoke: Palgrave Macmillan, 2001, p. 20.

154种旅游指南中多达70种出现亏损,包括大多数英国国内旅游指南以及德国、俄罗斯、挪威、瑞典、瑞士等国外旅游指南。这一时期,贝德克尔的异军突起,以及众多英国本土独立旅游指南出版社抢占市场,使得默里旅游指南系列遭遇了前所未有的打击。1881年至1901年,默里旅游指南的盈利率继续下降到31%,到了1896年,只有爱尔兰旅游指南实现了正收益。

在默里的最终衰落与贝德克尔的强势崛起中,大众游客的旅游旨趣变化是一个关键因素。危难境况下,默里试图求变以挽救颓势,1852年,默里出版社的合伙人罗伯特·库克(Robert Cooke,1816—1891)写信给约翰·默里三世,提出要想扼制竞争对手和维持垄断地位,默里旅游指南首先必须降低售价以打入中低层读者阶层,其次要生产符合大众旨趣的新的旅游指南,最后要保证所有旅游指南在各地的充足供应。[1] 这些提议并未引起默里世的重视,导致公司业务在1859年后被贝德克尔全面压制——无论是便携性、价格、精确性还是全面的信息提供,默里旅游指南已远不如贝德克尔,而随着大众旅游的旨趣转向更"独立自主",默里对背景知识过度讲解的偏执致使其旅游指南的风格不再受欢迎。与之相反,贝德克尔紧跟了这一旨趣潮流,将重心放在广泛丰富的实用信息而非人为"处理过"的、容易误导读者的知识解释上,塑造出其"独立旅游"的风格。

在书籍配给与分销方面,默里的处境也十分艰难。默里

---

[1] Grainne Goodwin and Gordon Johnston, "Guidebook publishing in the nineteenth century: John Murray's Handbook for Travellers," *Studies in Travel Writing*, Vol. 17, No. 1 (2013), p. 45.

旅游指南只能在大城市买到，而偏远市镇和人流量更大的火车站书摊并不见默里旅游指南的踪影。① 虽然 1885 年默里聘用极具创造力的亨利·普伦（Henry Pullen，1836—1903）进行了改革，汲取了贝德克尔和法国乔安尼旅游指南（Guide Joanne）的经验，恢复了一定声誉并实现了部分盈利，但并不足以扭转长达四十年的亏损局面。这时的大众品味已完全倒向贝德克尔和托马斯·库克父子公司，导致约翰·默里四世（John Murray IV，1851—1928）不得不在世纪之交考虑一劳永逸地解决旅游指南系列的问题。1901 年，约翰·默里四世以 2000 英镑的价格将默里旅游指南系列的全部库存、地图和版权转售给爱德华·斯坦福。后者在持有版权十余年后再次转售给苏格兰的缪尔黑德（Müirhead）兄弟，缪尔黑德以此为基础创建了 20 世纪著名的蓝色指南（Blue Guide）。

在下层市场，充斥着多种中小型旅游指南书，它们价格低廉，多含图画、地图和彩页，从而获得了消费水平较低的城市小作坊主、工人和家仆的青睐。这些中小型旅游指南书售价之所以有能如此低廉，最重要的原因在于它们有大量的广告刊登。书的扉页，以及专门分出的一部分页面上常常有单独的大版面商业广告，甚至许多情况下广告页还有单独的重编页码。刊登广告的大多为当地的工厂或商业公司，它们为登载广告必先支付一定量酬金，而大量的广告意味着酬金的积累，使得一部分印刷成本被抵消，书价自然得以大幅度压低。如 1855 年的《康沃尔的伯明翰旅游指南》（*Cornish's*

---

① Grainne Goodwin and Gordon Johnston, "Guidebook publishing in the nineteenth century: John Murray's Handbook for Travellers," *Studies in Travel Writing*, Vol. 17, No. 1 (2013), p. 49.

Stranger's Guide Through Birmingham）因广告太多，看起来几乎像是一部伯明翰工业制造业名目，书中广告包含超过 400 家工厂，其中有些只有名字和运营项目，而有些用了一整页彩图示意其工厂和产品。此外，出版商还在书中罗列了其在英国、澳大利亚、印度等地的全部代理出版机构，而仅有 136 页文字和图画用来作为伯明翰旅游指南，但如此规模宏大地使用彩页和图画的书售价不过 1 先令。同样，默里旅游指南也于 1843 年开始在书后附带《默里手册广告》（*Murray's Handbook Advertiser*），但相比中小型旅游指南书来说则温和许多。如 1858 年的《肯特和苏塞克斯游客手册》（*Handbook for Travellers in Kent and Sussex*）共 454 页，其中广告页仅 36 页，包含欧洲大陆众多国家的提供商广告。后期的默里则完全转向只刊登旅馆广告，这一策略说明刊登广告对默里来说仅仅是宣传手段和帮助读者的工具，未能、也不可能像中小型旅游指南的大量广告那样起到平衡出版花销的作用。

旅游指南书在早期大众旅游中的巨大作用是毋庸置疑的。在维多利亚时代，没有任何一个中产阶级游客会不携带旅游指南书出门。他们每到一处景点，每见到一处景观，必定会阅读旅游指南来了解一切与之相关的知识与信息，其对景观的认识也常常受指南影响。在 E. M. 福斯特（E. M. Forster, 1879—1970）于 1908 年出版的小说《看得见风景的房间》（*A Room with A View*）中，女主角露西·霍尼彻奇被其女伴拉维希小姐抛下，她的贝德克尔旅游指南书也被带走，于是当她参观佛罗伦萨的圣十字教堂时，发现没有旅游指南书的观光变得索然无味，甚至没有了求知的愉悦：

当然这肯定是一座漂亮的建筑，但多么像个谷仓啊！

多么冰冷啊！当然这里有乔托的壁画，以她能适从的触觉价值出现在眼前。但谁来告诉她这些是什么？她倨傲地四处走动，不愿对不清楚创作者和日期的雕塑表现出热情。甚至没有人告诉她，在所有铺满教堂正厅和耳堂的阴沉石板中，哪一块才是真正漂亮的，哪一块才是罗斯金先生最为推崇的。[1]

似乎只有通过旅游指南的帮助，才能完成一场真正的早期大众旅游，才能让英国的中产阶级大众游客快速了解到关于景点的信息和知识，正如一名英国人在《泰晤士报》中所言：

> 信任他的默里旅游指南就像信任他的剃刀，因为它完全是英国的，是可靠的，对于其历史、货币换算、景致，对于旅游路线的线索和沿路的舒适，这本红色手册就是他的"向导、哲人和朋友"。[2]

而正是这本红色手册，在 1873 年的《爱丁堡评论》（*Edinburgh Review*）中得到了"以最好和最有价值的时尚引领了不完美的公众"[3]的极高历史评价。

主流市场和下层市场流通的旅游指南书分别采取不同策

---

[1] E. M. Forster, *A Room with A View*, London: Edward Arnold, 1908, p. 36.
[2] Nicholas T. Parsons, *Worth the Detour: A History of the Guidebook*, Stroud: The History Press, 2007, p. 277.
[3] Grainne Goodwin and Gordon Johnston, "Guidebook publishing in the nineteenth century: John Murray's Handbook for Travellers," *Studies in Travel Writing*, Vol. 17, No. 1 (2013), p. 51.

略招徕受众和提高销售，大众旅游的顺利扩张在很大程度上来源于此。具体而言，主流市场上的旅游指南书较为针对性地吸引和服务中产阶级游客读者，例如其实用信息的时效更新，让读者能了解到每隔一段时间的旅游新趋势、新动态和新推荐。"读者反馈"的出现给予了读者主动性，让出版商能从读者身上收取建议，再反过来制定更符合读者期待的指南书内容。包括在书籍的形态上，默里的"口袋旅游指南"尝试和贝德克尔将指南书开本设计得玲珑小巧也都是考虑到了读者最有可能的阅读习惯，因为游客读者需要携带方便的指南书，在旅游景点现场时能快捷地单手持书对照阅读。

下层市场的旅游指南书则针对中下阶层游客的身份和收入水平来销售。低价策略使更多低收入人群能够买得起旅游指南书，广告策略让他们了解到更多可消费的商业旅游产品，图画和照片的大量登载则容易刺激他们的感官反应，从而让平白的文字更有生命力和想象空间。其设定的旅游方案更适合中下层民众尽可能减少花费而欣赏到最多景点的愿望，采用较为节省但仍能体验到景点核心文化的路线。这些措施在不同

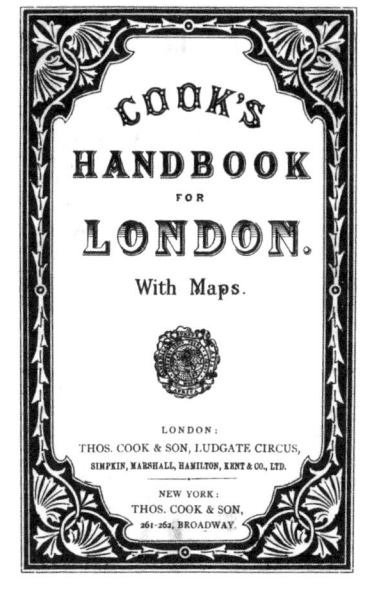

图 42 托马斯·库克父子公司出版的旅游指南书的封面。该书为《库克伦敦手册》，1893 年。

程度上刺激了中下层民众的旅游与消费需求。托马斯·库克是一个典型例子，他利用"包价旅游"的机会向游客推介旅游指南书，不仅可以在游客阅读后深化当次旅游的个人体验，而且使指南书成为完美的宣传手册，激励游客成为"回头客"并再次选择库克的旅游代理。

主流市场与下层市场的旅游指南书虽然针对不同人群、采用不同销售策略，但二者最终达到了相同的目的，也就是推动早期大众旅游扩大，将能提升旅游体验的知识与信息带给游客。主流市场上旅游指南书对实用性的强调、对鼓励游客独立思考的"未处理"客观知识的供应，维持着中产阶级的旅游热忱。而下层市场的旅游指南书则提供低价策略下的精选路线与知识引介，让中下阶层也能享受到符合其学识、财产水平和现实期待的高性价比"文化旅游"，扩充了早期大众旅游的外沿。无论如何，旅游指南书的销售极大地推广了旅游领域中"知识建构民主化"。

五、旅游指南的"功能性"与大众游客读者

（一）旅游指南的内容与架构

现代旅游指南具备一种"功能性"的设计。所谓"功能性"，是指读者不必按照撰写顺序来阅读，书内各部分互不干扰、相互独立，方便读者从中按图索骥，搜寻解决实际问题所需的答案。"功能性"设计分为两大部分：实用信息和背景知识。实用信息是游客到达旅游目的地、游览景点所必需的数据和指引，如可行的城际和城市交通方式、方便游客购物和了解食宿的货币汇率、饮食习惯、住宿条件和当地方言等，

当然也包括挑选游览景点、游览顺序方面的建议与注意事项。实用信息所指导的是游客在旅游目的地基本的、表层的生活与观光，而背景知识则指导他们深入了解旅游目的地的景点标志物进行深层次的"文化旅游"，最大程度提升旅游体验。这两大要素既满足了中产阶级及下层大众或走马观花、或独立思考的要求，也满足了文化游客希望深入探索、最大化旅游对游客知识性"自我提升"的要求。在维多利亚时代，注重前者的即贝德克尔类型，注重后者的即默里类型。

经过30年的变迁，现代旅游指南从旅行文学和道路指南中脱胎而出。第一部现代意义上的旅游指南书是玛丽安娜·斯塔克的《大陆旅游》，在此基础上创作出版的约翰·默里三世《大陆游客手册》则奠定了默里旅游指南系列的基本框架。以《大陆游客手册》为蓝本进一步完善后，默里旅游指南有了一套标准的内容架构。以1899年的第16版《罗马和坎帕尼亚手册》（*A Handbook of Rome and the Campagna*）为例，全书分为三部分：第一部分（共38页）总述目的地的基本信息，同时也包含了一些与当地直接相关的特殊旅游信息，如在罗马城郊采集柴火的去处、在野外可以猎狐的地方等；第二部分（共85页）内容较多而版面较少，因此采用了每页纵向分为两栏的紧凑排版，介绍罗马和坎帕尼亚的文化背景知识，包括罗马的地理分布、各地的简要历史，接着是学术社团、著名学院、罗马城墙和要塞，再接着是罗马城简史和教皇领地介绍、罗马各地值得一提的建筑、雕塑、绘画，最后列出罗马皇帝列表、意大利君主列表、教皇和主教列表、古代名人列表，为读者提供了完整而深入的罗马旅游景点和文化知识解析，帮助读者理解和欣赏这座城市；第三部分是主体部分（共469页），主要讲解路线，提供了43条罗马旅游路线和

18条坎帕尼亚旅游路线供参考，并在地图上用红线标注了出来，每条线路都详细讲解沿途可留意的风景、建筑、文化和艺术景区。①

默里对文学引用情有独钟。诚然，除了默里本人的著作外，其系列中不少作品也都在行文中引用了文学名人的话语。默里认为，通过文学语言或名人话语直接联结书中文字与观赏事物，可以帮助在景点处阅读的游客更深入理解和感受这些文学语言的魅力，而当游客将此感触重新带回现实中时，又会对所其观赏事物有更深层的体会。②

图43　坐在马车里的中产阶级游客。由乔治·威廉·乔伊（George William Joy）创作于1895年，现藏于伦敦博物馆。

---

① Norwood Young, *A Handbook of Rome and the Campagna*, London: John Murray, 1899, p. vi.
② Esther Allen, "Money and Little Red Books: Romanticism, Tourism and the Rise of the Guidebook," *Literature Interpretation Theory*. Vol. 7 (1996), p. 220.

在早期大众旅游时代,中产阶级游客中有一种热爱文化旅游的"文化游客",他们是中产阶级中的上层,也是维多利亚时代前中期旅游的主要人群。如上所述,默里旅游指南致力于满足文化旅游的需要,而其所认定的目标读者,即是那些受过良好教育、聪敏而谦逊的文化游客,他们热爱世间的历史、文学、文化和艺术,只是缺乏对旅游目的地相关知识的了解。默里旅游指南还假定目标读者拥有足够的闲暇、经济实力和欣赏能力,能够长期旅居旅游目的地,短则一个月,长则终身待在旅游目的地,从而完全吸纳指南书中讲解的文化知识,完全深入地游览各个景点——这同今天的大众旅游不尽相同,却是维多利亚时代盛期英国上层社会存在的一种显著现象。客观上,默里促进旅游中文化知识的努力带动了"文化旅游"在中产阶级群体中的热度。

19世纪中期以来,随着中产阶级的壮大和向下延展,具有独立自主意识的游客读者越来越多,逐渐成为社会主流。他们对准确详细的实用信息、客观中性的背景知识有更高需求,使得默里也不得不亦步亦趋地改变思路以跟随潮流。例如,早期的默里旅游指南对旅游目的地的民俗有相当着墨,《大陆游客手册》曾解释荷兰民居窗前放置镜子的原因是,主妇不必走到窗前就能透过镜子看到窗外风景。到经营后期,默里旅游指南中的民俗描写消失了,只保留了与旅游实用信息相关的民俗内容,如提醒读者警惕出租马车敲诈等。[1] 然而,默里的改变仅仅触及表面,评论界对默里的诘难态度已

---

[1] Esther Allen,"Money and Little Red Books:Romanticism, Tourism and the Rise of the Guidebook," *Literature Interpretation Theory*. Vol. 7 (1996),pp. 222-223.

经难以挽救。从 19 世纪 60—90 年代，各类评论杂志，包括《读者》(*Reader*)、《国家评论》(*National Review*) 和曾力挺默里旅游指南的《星期六评论》(*Saturday Review*) 等主流杂志都撰文批评默里的信息过时、风格老套，抱怨默里旅游指南不够轻薄便携。默里对自身定位的守旧导致其与维多利亚时代后期民众旨趣相违背、割裂，默里在 19 世纪中叶前的辉煌反而是其在中叶后颓败的根源。

19 世纪 70 年代后，贝德克尔取代默里，确立了其在英国旅游指南界的霸权，成为早期大众旅游的新指标，这与贝德克尔在指南书内容上的推陈出新不无关系。不同于默里，贝德克尔急剧减少文学引用，添加更多翔实客观的历史背景、更具体的实用信息以及更简单明了的旅游指导，如到哪里购物、住宿和餐饮。① 贝德克尔强调其旅游指南的首要目的是帮助读者在旅游中独立自主，这全然符合 19 世纪后半期英国中产阶级社会认同和自我认同上的新期望，特别是对独立性的期望。贝德克尔的旅游指南中对自身的定位是作为游客旅途中的"参考顾问"，它只提供不含解读、个人审美倾向与揣测的描述性知识，让游客独立思考文学、艺术、建筑之于人类的价值，让每个游客不受影响地感悟其眼中不同的审美风格与景观意象。

尽管贝德克尔也提供全面覆盖的详细实用信息，也强调游客的独立自主，其旅游指南却和默里一样，构建出了另一种属于游客（读者）的封闭世界观——游客不仅不再全然浸

---

① Esther Allen,"Money and Little Red Books: Romanticism, Tourism and the Rise of the Guidebook," *Literature Interpretation Theory*. Vol. 7 (1996), p. 219.

入旅游目的地的文化语境,而且被强行切断与当地人的交流联系。贝德克尔的读者几乎完全不必同当地人交谈,仅依靠旅游指南就能遍游整个旅游景区而不会有一丝困难。因而,读者对旅游目的地的认识也坠入了旅游指南书所精心编织的、不同于真正现实的意象世界。贝德克尔的这一做法,实际上也是一种矫枉过正,因为其他许多旅游指南在内容上甚至充满种族主义与排外主义论调,如默里旅游指南中对法国不自由的社会环境(时常遭受宪兵盘查)、德国缺乏洗浴设施、叙利亚盗贼横行等的主观评述。贝德克尔摒除了种族偏见与感情色彩,不在文中表达任何意见或评价,无论是直接的还是间接的,所造成的结果则是其营造的旅游是了无生机和人情冷漠。它期望游客机械化地遵从贝德克尔的指令而行动,所以在满足了中产阶级独立需求的同时,也在无形中为他们制定了旅游的规则。

维多利亚时代的旅游指南书除了正文以外,还有一些附加的页面,其中最重要的是广告页。大多数旅游指南都在正文后单列数页来刊登广告,广告内容首先是出版社已出版的同一系列的指南书列表,并标出作者和价格,其余广告囊括与旅游直接相关的旅馆、出租马车、旅游箱等以及并不直接联系的钟表公司、邮政系统等,不一而足。少数指南书在正文前就列出广告页,如《库克佛罗伦萨手册》(*Cook's Handbook to Florence*)便是这样。其次,一些旅游指南书通过添加地图插页来提高文本质量,同时也更直观地辅助读者,早中期的一些中小型旅游指南常提供黑白的地图插页,用单独的箭头符号标出路线,其特点是简洁而具有指示性。贝德克尔则使用彩色的地图插页,在一张地图上用不同符号、不同颜色来区分不同区域与实用地址,如景点、旅馆、商店等,其特点是信息量丰富。最后可能还有相关的地址名录和邮编名录①，提供这些官方信息以备读者的不时之需。

一些指南书在封面和版式上还进行了考究，通过醒目、别致的封面和不同寻常的版式设计来与其他旅游指南书区别开来，以吸引购书者的注意。比如，1875 年的《伦敦的七天》(*Seven Days in London*) 在编排上按周一至周日的游览日期划分章节，在封面上绘制了一个圆盘，以中心为圆点分为七等份，各等份里填上各日的主要景点行程供读者一窥大概。② 这些封面图画与版式设计加上附加页，和正文一起构成了一部完整的维多利亚风格的旅游指南书。

（二）旅游指南书的阅读现象

旅游指南书对大众游客的旅游方式产生了巨大影响。他们在前往目的地的途中阅读指南书，以预先了解目的地的历史、地理、文化与风俗。他们在景区参照指南书的路线规划进行游览，在观赏景点的同时对照书中相关知识来强化旅游体验。在游览之余，他们也阅读指南书寻找推荐的餐厅与旅馆，只要遇到困难就从指南书中寻找实用的答案。可以说，阅读一本指南书就能解决旅途中的绝大部分问题。游客全程依赖旅游指南书，成为维多利亚时代的最能代表旅游"大众化"的典型现象。

---

① John Vaughan, *The English Guide Book, c. 1780-1870: An Illustrated History*, London: David & Charles, 1974, pp. 73-74.

② Paul Dobraszczyk, "City Reading: The Design and Use of Nineteenth-Century London Guidebooks," *Journal of Design History*, Vol. 25, No. 2 (2012), p. 128.

在探讨旅游指南书的阅读前，我们需要先确定旅游指南书的读者有哪些，具有怎样的特征和条件。维多利亚时代的旅游指南书作者假定其目标读者都是接受了相当程度教育、兴趣广泛并热爱涉猎各种文化的人，比如许多作者常引用古代典故或谚语，但并不总有翻译。[①] 又如，默里旅游指南系列中对当地历史、文化、艺术、建筑、风俗等有巨量篇幅的深入阐释。的确，在19世纪中叶之前，能够支付得起出国旅游花销和定期购买知名旅游指南书的人群确实如此。但19世纪50年代后，随着中产阶级成为旅游人群的主力，普通的中下层大众也开始通过铁路在全国，甚至前往国外旅游，旅游指南书的读者开始"向下流转"。因此，读者出行的实用信息、推荐路线和依据客观原则写成的"未处理"的背景知识被提到更重要的位置。一方面，拥有高等教育背景的中产阶级读者能够依靠这些知识与信息进行独立思考；另一方面，只接受了初等教育或没有接受学龄教育的中下层大众也能依赖实用信息和推荐路线外出旅游。客观上，这样的旅游指南书便打破了对读者学识的限制门槛。

诚然，游客是旅游指南书使用人数最多、最具代表性的直接读者，但除游客之外，还有大批量采购指南书的官方机构、军官、期刊工作者、旅馆老板、景区工作人员、教育学家、传教士以及出国访问者（包括政府官员和企业主）。他们或对指南书中的大量战略和商业信息有所需求，或打算靠指南书迅速融入当地文化，或将指南书作为研究的材料，或以此了解市场来改进服务质量。这样的读者人群虽然不是旅游

[①] John Vaughan, *The English Guide Book, c. 1780-1870: An Illustrated History*, London: David & Charles, 1974, p. 84.

指南书的目标读者，但确实是存在的。

还有一类读者被称为"扶椅游客（armchair travellers）"或"炉边游客（fireside travellers）"，指在家中而非在旅途中阅读旅游指南书的人。由于缺乏足够的资金或充足的空闲时间等原因，他们只能通过阅读旅游指南来想象一场旅游。1853年伦敦的《雅典娜学刊》（*Athenaeum*）称赞默里的《南意大利游客手册》（*Handbook for Travellers in Southern Italy*）"不仅可以在行进的车厢角落里阅读，而且可以在霜雪天时，坐在书房炉火边的高椅上阅读，让被雪雾阻挡的英国人可以想象自己在南意大利晒着太阳，逃避他们的情绪失控和生理失调"①。甚至有出版商发行了专门针对这类读者的旅游指南书，如亚当和查尔斯·布莱克的如画风景旅游指南系列（*Picturesque Guides*）仅售 1 先令，却内含大量写实图片，沃德·洛克出版的《世界珍奇景点》（*Treasure Spots of the World*）则收录 28 幅真实照片，这些都让"扶椅游客"在阅读时有身临其境的感觉。

对于游客而言，最常见的旅游指南书阅读地点是在景点大门前，这也是旅游指南书设计成袖珍口袋型方便读者单手翻阅的初衷。另一边，游客也会在车站候车时以及在火车上阅读时刻表与铁路旅游指南，根据指南书上的介绍来欣赏沿途风景，或者提前了解旅游目的地的相关信息。在城市出租马车上，一些游客会阅览自己随身携带或车厢里放置的马车指南和费用表，自己来计算路程和费用以免被马车驾驶人讹

---

① Grainne Goodwin and Gordon Johnston,"Guidebook publishing in the nineteenth century: John Murray's Handbook for Travellers," *Studies in Travel Writing*, Vol. 17, No. 1 (2013), p. 51.

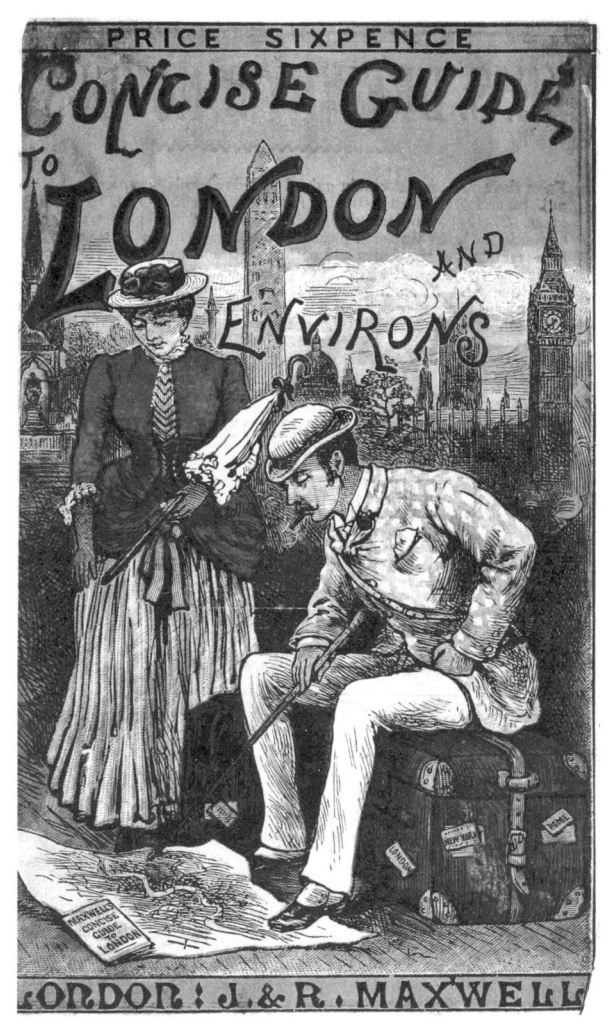

图 44 游客在景点前使用旅游指南与地图。出自 1885 年的《伦敦及近郊简明指南》(Concise Guide to London and Environs) 封面。

诈。此外，一些流动图书馆中设有旅游指南书专区，据此推断，读者也可能在流动图书馆中阅读旅游指南书，或许这些读者打算在进行旅游前先在图书馆中研究好自己的旅游方略。[①]

大众读者阅读旅游指南书的实践，自然首先和旅游心态联系在一起，换句话说，阅读指南书给了大众读者积极的心理抚慰与暗示，使其从旅游的被动者转变为主动者。无论是贵族、中产阶级还是普通大众，在经历长途旅游前，都很可能对一无所知的旅游充满未知的恐惧，但阅读旅游指南书则能消除这一恐惧。对于读者而言，旅游指南书的内容使他们的旅游更为透明可控。景点实用信息与背景知识介绍能帮助游客尽量避免旅游中不必要的麻烦，提升旅游的品质，从而契合了中产阶级游客的旨趣，让他们得以真正将旅游当作理性时代的消遣享受。旅游指南书试图在为读者安排旅游行程时交还给他们选择的主动权，比如一些指南书（如《伦敦的七天》）为读者提供了数种预设的路线和景点，并提供核对清单以便读者游览后打钩。19世纪下半叶，一些杂志批评某些指南书"面对自主读者时缺少必要的灵活性"，此后它们便开始印刷空白的"备忘录页"或"日记页"供读者填写，如《布莱克伦敦指南》（*Black's Guide to London*）每个版块都包含用于做笔记的空白格子，《科林斯伦敦图解指南》（*Collins's Illustrated Guide to London*）和《贝内特伦敦图画指南》（*Bennett's Graphic Guide to London*）提供单独的日记页。

读者也按自己的方式使用指南书，如一名读者在《新伦

[①] John Vaughan, *The English Guide Book, c. 1780-1870: An Illustrated History*, London: David & Charles, 1974, pp. 105-106.

敦口袋指南》(*New Pocket Guide to London*)的景点介绍上勾画出了自己的游览顺序。另一名读者在其《默里伦敦游览手册》(*Murray's Handbook of London As It Is*)上的伦敦国家美术馆介绍页面的许多画作下方画出了下划线,这些下划线并不工整,说明读者很可能是在画作面前临时记下的。这便是一项读者主动整合"欣赏景物"和"阅读指南书"两种行为的证据——他将指南书作为一本展览名录,同时也是帮助其记忆的物品。

图 45　德比郡市郊公园一角的读书场景。由威廉·鲍威尔·弗里斯(William Powell Frith)创作于 1860 年左右。

一些旅游指南书不含日记页或笔记格,但具有主动性的读者亦采用自己的方式"设计"出日记页。一名读者在《劳特里奇伦敦大众指南》(*Routledge's Popular Guide to London*)的插图背面写日记,列出了其当日游览过的旅游景点、游览当中见到的新鲜事物、天气状况和一些个人感想,这部旅游指南的编者最初设计时可能并没有想到它会被如此使用,但该读者的行为彰显出其在阅读指南书时的个体独立性。[①] 在维多利亚时代后期,读者阅读旅游指南书时更为主动,这明显地体现在读者和出版商建立的亲密关系上:许多读者在读毕一部旅游指南书后,会将书中错误和遗漏反馈给出版商,来帮助出版商改进与修订指南书内容。

其次,维多利亚时代的旅游指南引导早期大众游客以一种特别的方式,高度区别地看待和理解特定城市、地区、国家和民族,如将地理概念简化为某种文化标志(法国对应浪漫、德国对应严谨等),使阅读成为早期大众游客旅游体验的一种"貌似真实"的文化媒介。这便是维多利亚风格旅游指南书所塑造的"刻板印象(Stereotype)",尽管这一印象并非一成不变。英国的旅游指南往往不自主地趋向一种民族主义观点,即"盎格鲁中心主义(anglocentrism)",通过表现外国社会的缺陷来反衬英国的开明、自由与成功,在无形中加强和满足了英国人的民族骄傲,有时甚至会为此夸大事实以致陷入"煽动效应"的危险。例如,默里的法国旅游指南中提醒读者,法国宪兵可能会在戒严的城镇、偏远乡村,甚至路

[①] Paul Dobraszczyk, "City Reading: The Design and Use of Nineteenth-Century London Guidebooks," *Journal of Design History*, Vol. 25, No. 2 (2012), pp. 128-129.

上搜查游客的护照,必要时,他们会强行进入咖啡厅或游客休息室要求查看护照,"这与英国人在本国所享受的自由不甚相同";默里的南德意志旅游指南则告诉读者德国旅馆缺乏足够的洗浴设施,并将其归咎于德国人普遍不注意卫生的生活习惯,需要英国人将洁净观念引介到德意志地区;[①] 理查德·福特的《西班牙游客手册》可能是表现"盎格鲁中心主义"最为激进的一部旅游指南,充满了大量直言不讳、语无遮拦的讥讽、嘲笑和偏见性评论。这些旅游指南中的"盎格鲁中心主义"倾向,其构建的"刻板印象",或许源自英国人的帝国意识,是其建立在对"他者"驳斥的基础上的民族"自我"颂扬。

最后,是大众游客具体阅读方式上的新特征——"功能性阅读"。这一特征借由一些旅游指南书中的"功能性"设计,尤其是交通时刻表这种高度数据化的设计和生产。由于维多利亚时代中产阶级公众理性的形成,理智的阅读被广泛接受。加之工业城市急速扩张,关于城市的知识与信息愈加丰富,一些旅游指南书为了尽可能多地囊括城市知识与信息,采用了按首字母顺序罗列地名和旅游标志的方法。例如多次再版的《伦敦邮局名录》(*The Post Office London Directory*) 1859 年版达到了前所未有的 6000 页,其条文繁杂众多,几乎能当作伦敦城百科全书使用。另外,ABC 铁路系列也有相似按字母排序的旅游指南。读者为了应对这些指南书的"功能性"设计,也进行自己的"功能性"阅读,即"浏览",在众多信息中快速扫视,寻找便利自己的关键字信息。这是维多

[①] Nicholas T. Parsons, *Worth the Detour: A History of the Guidebook*, Stroud: The History Press, 2007, pp. 278-280.

利亚时代阅读的新现象,也是中产阶级游客处理海量信息的唯一适用形式。例如一名读者在阅读《亚当斯伦敦近郊口袋指南》(*Adams's Pocket Guide to the Environs of London*)的城郊地名目录时,将横排栏上的重要地名标识出来,只注意标出的有用信息而忽略其他无用信息。因为关于费用的列表印在另一页上,他在地名页面底部自己加上了一个"费用栏",将费用抄录了过来。这样,他便自行整合起书中分散的信息,便于相互比对和查找。

"功能性阅读"最重要的例证是对交通时刻表的阅读。许多情况下,读者只有在需要乘车时才会阅读时刻表,无论是提前阅读做好准备还是在等车现场阅读,他们都只需要从表格纷繁杂乱的数据中提取出自己仅需的一两处信息。这对于习惯了按线性阅读的大众读者来说,无疑是较为困难的,但19世纪奉持理性思想的中产阶级对于"精确"事物的追求,以及具备较高文识和读数水平的背景促使他们学会"功能性"地使用火车时刻表。[1] 这是一种更为复杂而要求精准的导航式搜寻,读者双眼要同时在横排栏和纵列栏中移动寻找关键信息并锁定、理解和记忆该信息,对应起来构成自己所需的路线,然后再提取这一路线下标注的列车到站时间与费用。整个过程中,读者要做的最重要的事就是忽略无关信息,而非同以往一样从头开始阅读全部内容——这便是一种典型的"功能性阅读"。

中产阶级的理性也曾在阅读时刻表时受到挑战,这常在

---

[1] 在此之前的19世纪社会生活中已有大量表格存在,如账单、票据、死亡统计表、潮汐表、对数表、日历、年鉴等,中产阶级读者已经较为熟悉表格形式。

某些特殊情况下发生。部分读者因在提取乘车信息时遇到困难，便将之归咎于时刻表信息不准确。因为当象征着"精确"和"理性"的时刻表未能符合公众心目中的理想状态时，他们的"理性期望"便得不到满足，这就需要读者采用更主动的阅读方法。他们自己在时刻表上做记录，如标下划线、写注解和笔记以确保没有读错，也帮助自己理顺思路。1848 年一名从斯坦福郡乘车前往曼斯顿的旅客在时刻表空白处记下了前往斯坦福郡的公共汽车的乘务信息，接着在斯坦福和曼斯顿两个信息栏中的所乘车次票价和往返时间做上记号，这样就把一个公共的信息表变成了一个私人所用的加深印象的"功能性"物品。在 19 世纪下半叶，许多火车时刻表发行商也注意到了这一逐渐盛行的行为。为了顺应潮流也为了引领读者，他们在设计时刻表时也刻意地使用粗体、斜体，加上符号标志、脚注、旁注等策略来引导读者。

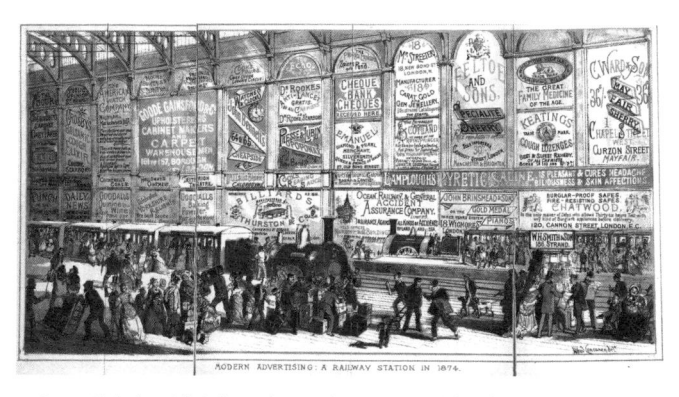

图 46　维多利亚时代火车站的报刊销售点与书摊，乘客可在此处购买旅游指南书。W·H·史密斯书店集团的书摊在图画右下方。出自亨利·桑普森（Henry Sampson）的《广告业史》（*History of Advertising from the Earliest Times*），1875 年。

前文提到火车时刻表可印成合集性质的传统书籍形式，在各类书店中售卖或收录在流通图书馆中供人阅读，还可制成传单在火车站台分发以及在站台书摊售卖，或者制成海报张贴在站台墙壁、柱廊等地方，或者印在当地报纸上。不过，在家中和在车站阅读时刻表的阅读实践和体验是全然不同的。在家读时刻表的行为是私密、无压力和舒适的，给予了读者充足时间来考虑和画标记，应用其知识来确定旅程。而在车站，读者阅读张贴的时刻表海报则是公开、急迫和无法主动作标记的，需要他们运用更细密的逻辑思维来确定所需信息，因为车站的时刻表海报常常张贴在"阴暗的角落，一个读者很难在夜晚阅读的地方"，并且"由于暴露在外和磨损，腐烂得很快"。同时，读者为了集中注意力抬头阅读，可能还要"放下行李箱、解开外套衣扣和取出眼镜，钻研这一小小的印刷通告，这全都需要花费时间"，而对于乘客来说，乘车的时间压力会影响其阅读时刻表的仔细程度。

六、小　结

维多利亚时代，旅游指南书的全面盛行是划定早期大众旅游时代来临的一项重要文化标志。这一时期的旅游指南书具有其独特的维多利亚风格，它的产生与早期大众旅游的文化实践密不可分，不仅受其影响，也对其产生作用，使旅游逐渐现代化。

旅游指南书产生于工业文明时代的都市生活，工业革命创造了富足的物质条件，交通方式的革新和道路状况的改善让消遣成为都市生活的重要内容。而旅游作为消遣最适合的途径在维多利亚时代的都市流行起来，度假郊区出现，城市开始大量修建文化场所、购物场所和公园,海滨胜地、疗养城、温泉城也日益兴起。旅游指南书的出版便是为了迎合这一旅游需求,而旅游指南书在大规模发行并主导了旅游实践后,又反过来丰富了都市生活,成为维多利亚时代城市中随处可见的文化现象。

旅游指南书的维多利亚风格,最为重要而明显的即是其与知识、信息的关系。从某种程度上说,维多利亚式的旅游指南书就是一类面向中产阶级大众的路途知识手册,这些特征最终都呈现在其物质形态、内容架构和出版策略上:物质形态上,它着重于便携性,如采用口袋型开本设计;它便于在大众中传播,如默里、贝德克尔等系列指南书统一规划装帧和封面样式,以及一些旅游指南书采用精美装饰封面来吸引读者。内容架构上,它极力以游客读者为中心,并跟随早期大众旅游的潮流而进行改变,为游客读者提供经常更新的背景知识与实用信息,随着旅游指南重心倾向由前者向后者转变,其在引领读者进行旅游实践的同时又将旅游的自主权交还给了读者;在出版策略上,专职出版旅游指南书的巨型出版社公司出现并垄断中产阶级旅游的主流市场,中小型旅游指南书出版社又填充了下层市场,从而引导了早期大众旅游规模的急剧扩张,使得携带旅游指南书出游、在旅游途中及目的地阅读背景知识和实用信息成为中产阶级的风尚。

旅游指南书在文化传播上起到了重要作用。众多指南书内容涵盖了几乎全球各个国家的旅游攻略,而维多利亚时代旅游指南书的重要特征——背景知识介绍使读者在旅游休闲的同时也了解到关于旅游目的地的文化知识,指南书对旅游产品的引导购买消费促进了具有当地文化象征的产品实现跨区域流动,也促进了不同文化人群的交流,大众旅游正是在这样的流动与交流中兴盛起来的。

大众读者对维多利亚时代旅游指南书的阅读则更具有其独特内涵,是维多利亚式绅士精神与早期大众旅游的结合。维多利亚绅士精神具有严格操守、使用约束式语言、强烈的自主观念和民族意识的特点,而受到一定高等教育并在工业革命的"规整"思想和维多利亚时代公众理性的熏陶下,中产阶级绅士游客学会使用"功能性"阅读方法来阅读大量烦琐信息的旅游指南书和列车时刻表。中产阶级通过阅读旅游指南书,从旅游的被动者变为主动者,则是其自主观念的表现。

另外,英国中产阶级绅士在旅游时形成的"盎格鲁中心主义"和"文化帝国主义",包括认可旅游指南书中对其他民族塑造的"刻板印象",则是其帝国意识与民族意识的集中体现。这样的一种帝国"旅游凝视",在早期大众旅游的热潮中传遍整个大众社会,让英国人形成傲慢的旅游心态。早期大众旅游结束于第二次世界大战的爆发,随着战争初期英国的退败,这样的心态也逐渐瓦解。

总之,旅游指南书的变革昭示着以便捷地吸收知识、了解信息为特征的早期大众旅游时代的到来。中产阶级大众读者阅读旅游指南书成为维多利亚时代一个强烈的文化符号,而旅游指南书所代表的大众知识出版事业也在客观上推动了英国旅游业的现代化,以及在休闲消遣领域实现"知识建构民主化",完善国民"知识社会"的领地。

第三部分

知识撰写与阅读中的人文景观

导 言

姚斯的接受美学将读者提高到文艺研究中一个未曾有过的地位，阅读成为文本意义完成的最关键环节。然而正如伽达默尔所言，读者的视域受到了许多牵绊。读者从文本创造意义的过程并不完全是独立、自由的。阅读行为不仅总被文本内部规定的符码所束缚，也为文本的获取模式与读者间的交流所束缚。阅读归根结底是一项技能，人们在学习阅读时，也接受了地方社群和民族国家对各种类型文本赋予的一套"合法意义"，甚至阅读行为本身的意义。因此，维多利亚时代知识生产规模的扩大，尤其是书籍的多样化，深刻地影响了读者对书籍知识的意义建构。个人应该选择怎样的读物？为了什么目的而读书？什么样的读物被视为是有用的？个人如何对书籍生产做出回应与贡献？这些问题时常萦绕在维多利亚时代读者的脑海中，成为公众争论的热门话题。

在19世纪考核课程体系（system of inspected curriculum）建立之前，英国的阅读指导大体上是非正式与纯说教的综合体，缺少实践培训。大多数孩子根据家庭的经济条件、习惯和格调接受阅读指导，能够识文断字的父母或兄长会在工作日结束后教年幼者阅读的技巧，有闲钱的家庭可能会断断续续地雇用家庭教师教子女如何读书。如此，家庭阅读指导无论是教习时间、地点还是节奏进度基本上是不固定的。一般而言学生先学会认识字母，然后是分离的音节，再学习把字母组成单词，逐渐增加复杂度，借助 18 世纪的识字课本（primer）掌握多音节词，通过练习绕口令和《圣经》中的难词提升阅读熟练度。

19 世纪早期，圣公会开始操办大众基础教育服务，接着 1841 年所有学校以接受国家公共资金的名义引入系统化的考核课程。非正式的阅读指导逐渐失去吸引力，在主日学校和教区学校，教师开始实施因学生具体情况而异的阅读教育，个别有意识的专业教师模仿起工厂的集中管理制度，对学生进行分班教学，促进同班学生共同进步。学校的正式阅读教育不只停留在训练基础的阅读技能，而且鼓励教师放弃音节教育法，在学生习得字母表后就引导他们理解完整的词汇和有意义的长句，以便欣赏书本上的文章。一些诗歌与散文选集便是以此需要为基础，按照阅读能力渐进原则编辑出来为学校所用。1862 年的新规范，进一步将国家投入资金限制在学生读写运算能力的核查以及阅读教育方法改革上。

19 世纪中期，在阅读指导正规化的影响下，英国公民的文识率有了明显提升，阅读的公众队伍迅速壮大。因为培养职业技能、日常生活和理解《圣经》的需要，至少三分之二的男性和一半的女性在 16 岁前已熟练掌握了阅读书籍报刊的能力。这在一定程度上消解了关乎阅读权力的社会结构性不平等，包括阶级、职业、地理和性别上的不平等。男性与女性、资本家与工人、城里人与乡下人、英格兰人与苏格兰人，都接受正式的阅读教育，享有同样的主流图书市场，唯一不同的是，特定身份的群体或个体拥有独特的阅读趣味。他们既受知识的权力法则制约，也存在抗衡规训的潜在因素。

维多利亚时代的英国人，尤其是贵族与中产阶级家庭，在晚餐后围坐在餐桌边听男性家长阅读《圣经》或《公祷书》是比较常见的现象。

图1　维多利亚时代家庭围坐在餐桌边聆听阅读的场景。多数情况下共读的文本是《圣经》或《公祷书》，有时也会读小说。两幅图均由詹姆斯·斯科特（James Scott）创作于1841年。

不过，更多情况下《圣经》等宗教经典是从祖辈那里继承而非购买来的，宗教小册子与劝诫文由牧师在街边分发。涉及个人的静默阅读，伦敦《双周评论》(*Fortnightly Review*)曾表示人们的宗教热情减少，是因为他们"需要大量的小说，特别倾向情感色彩尤为丰富的书"[①]。的确，书店里出售着各式各样题材的小说，其中不乏受人们追捧的文人作品，大部分经济条件相对宽裕的英国家庭也愿意花钱购买小说。但令人惊讶的是，小说并没有占据家庭阅读最主要的位置，到19世纪末某些小说甚至被当成教人懒散怠工、让人与现实世界脱节的罪魁祸首而遭到群起攻击。非虚构类书籍包括专业性著作、学术著作和通俗知识性著作及汇编，既满足职业和教育需要，也满足个人消遣需要。正如前言中所说，模糊的性质界限使其成为维多利亚时代家庭更多消费与阅读的书籍类别。此外，工人阶级的阅览室与中产阶级的阅读俱乐部通过"读者分类"，几乎强制性将同类型读者和符合身份的知识书籍联系起来

图2 在书房读书的文人。画中人物是英国著名诗人约翰·济慈（John Keats），由约瑟夫·塞弗恩（Joseph Severn）创作于1820年左右。

---

① W. M. Gattie, "What English People Read," *Fortnightly Review*, Vol. 52 (1889), p. 320.

(通常极少有小说),在交流活动中促进特定知识阅读的"社群共识"。

面临工业机器对传统社会、政治与商业秩序的挑战,许多读者渴望在以科学、历史学、政治学为主的知识书籍中,找到如何适应新时代、避免在工业资本的浪潮中被边缘化的答案。中产阶级视知识书籍为"自助"媒介,相信阅读知识书籍能让他们成为有智慧和道德的"更好的人",这形成一种经验性的阅读活动,强调激励与模仿。① 埃比尼泽·艾略特(Ebenezer Elliott,1781—1849)的一首诗将思想比作"光明、希望、生命和力量",将出版社比作在黑夜中带来思想的"第二座方舟"。② 如果说维多利亚时代的知识大众是依靠孜孜不倦的阅读"严格自我教育"出来的,实用主义精神便是其中的关键。从知识书籍中获得的思想提升实际上从属于边沁主义的政治经济话语,最终目的则在于促进新工业文明。

英格兰北部的工匠读者,尤其是那些学徒制度下传承熟练手艺的工匠,并不像不懂行的中产阶级一样寻求科学书籍、报纸、杂志和百科里的道德价值,而是寻求参与科学的推进。科学书籍是一扇窗口,让他们得以近距离观察和他们内行圈子息息相关的科学知识进程。很多时候,他们在酒馆里谈论的甚至不是像《便士杂志》这样的大众科学普及读本,而是权威的严谨科学著作。化学家认为其著作对于普通读者来说

---

① Paul Raphael Rooney and Anna Gasperini, *Media and Print Culture Consumption in Nineteenth-Century Britain: The Victorian Reading Experience*, London: Palgrave Macmillan, 2016, pp. 4-5.

② "The Press," Ebenezer Elliott, *The Poetical Works of Ebenezer Elliott*, Edinburgh: William Tait, 1840, p. 118.

过于深奥和理论化,不认为它们能俘获大众市场,但马克思的追随者将之与唯物论自由思想联系起来,作为理解社会主义理论的工具。19世纪40—50年代,化学对于提高农业生产和生物健康的重要性被大众读者注意到,正是这时,德国著名农业化学家尤斯图斯·冯·李比希(Justus Von Liebig, 1803—1873)的《关于化学的信件》(*Familiar Letters on Chemistry*)在英国成为远近闻名的畅销书。达尔文的《物种起源》如其所愿地不仅得到科学专业读者的关注,也让全英国的万千普通读者展开了激烈的讨论。查尔斯·金斯利、托马斯·卡莱尔与丁尼生的某些宣扬科学主义的著作,也在读者间产生了类似的后续影响。

和大众阅读直接相关的结果之一,当属科学学会的杂志获得了权威的声誉。普通业余读者感兴趣的不是研究的具体过程,而是科学话题、科学进展和博物学家的评论,这样的阅读需求重新界定了科学杂志的内容设置。例如,17世纪就已开始发行的皇家学会《哲学会刊》,到19世纪中期才在读者们的追读下成就了其为最新科学成果指示牌的荣耀。科学新发现被确立为这些杂志的首要责任,这也让1858年达尔文和阿尔弗雷德·拉塞尔·华莱士选择第一时间在《林奈学会会刊》上登载关于物竞天择的论文。

图3 查尔斯·达尔文的照片,由奥斯卡·雷兰德(Oscar Rejlander)拍摄于约1871年。达尔文的《物种起源》对社会的影响贯穿维多利亚时代。

图 4 1885 年皇家学会成员群像，出自《画报》(*The Graphic*) 1889 年 7 月 20 日。

图 5 皇家学会图书馆内景。由托马斯·罗兰德森 (Thomas Rowlandson) 创作于 1809 年。

知识生产不只是阅读教育，甚至不只是普遍意义上的学问教育。本部分的两章将聚焦个人在主流或极端的社会环境下与书籍、阅读的独特关系，从中探讨知识更社会性的一面，如关于控制、权力、规训、文明、道德、自我意识、救赎和自由思想的象征意义。

关于英语词汇,每一项忠实记录下来的事实,每一个正确遵从事实的推论,都将永久性地为人类知识增加存量……成为永恒不朽、绝不会消逝的真理。

——詹姆斯·默里教授发表于伦敦学院的演讲

1910年11月9日①

一个人的风格是其全部知识能力的总和。

——威廉·切斯特·迈纳医生

约1885年②

---

① James A. H. Murray Lecture to London Institute, November 9, 1910, p. 33-34. Quoted from K. M. Elisabeth Murray, *Caught in the Web of Words: James A. H. Murray and the Oxford English Dictionary*, New Haven: Yale University Press, 1977, p. 187.
② Francis K. H. So, "William Chester Minor: A Life Spent in Solitary Writing," in I-Chun Wang and Mary Theis, eds., *Life Mapping as Cultural Legacy*, Newcastle upon Tyne: Cambridge Scholars Publisher, 2021, p. 45.

第六章

疯癫与文明:《教授与疯子》的创作谈

1999年,西蒙·温切斯特(Simon Winchester)的《教授与疯子》(*The Professor and the Madman*)一经出版就成了英美国家里的畅销书,获得《纽约时报》《泰晤士报》排行榜双冠王。《泰晤士报》称"这部社会史、知识史著作对人类及其行为做了非同寻常的展示";《华盛顿邮报书评》称"温切斯特写的关于《牛津英语词典》的历史既简洁又娱人";《华尔街杂志》评论此书叙述了"一个充满悬念、富含幽默而又具有悲哀之意的故事……作家创造了一部堪与纳博科夫、博尔赫斯的作品媲美的生动的书"。

这部畅销书的作者西蒙·温切斯特是英国当代著名的记者,也许是职业习惯,他对故事有着痴迷的向往,对历史也具有清晰而敏锐的洞察力。早些时候,西蒙·温切斯特便表现出了对《牛津英语词典》(*Oxford English Dictionary*)的浓厚兴趣。20世纪80年代初期的某个夏天,当他受在牛津大学出版社工作的朋友邀约前往牛津,并在那获得了三块维多利亚时期《牛津英语词典》的排字版时,他彻底陷入《牛津英语词典》那让人难以自拔的魅力之中,为其所蕴含的智慧感到惊叹与自豪。凭借其对故事的独特敏锐嗅觉,温切斯特从一本关于词典编纂技术的严肃著作中挖掘出那个被遗忘于伟大工作之下隐秘而有趣的故事，为考察英语词典编纂学史提供了一个辛酸而富有人情味的视角。

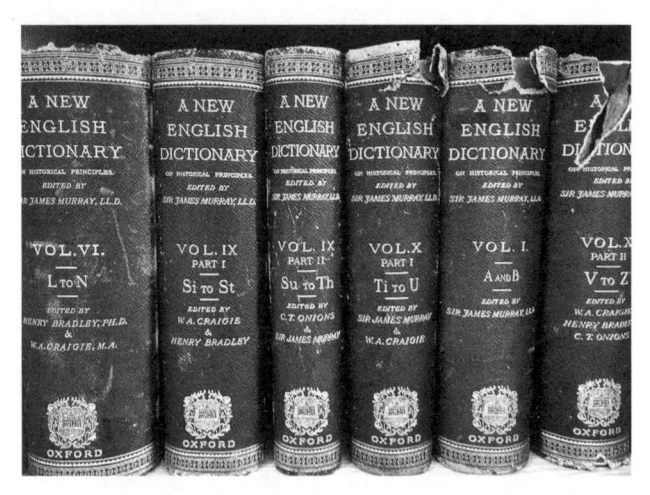

图6 《牛津英语词典》第一版书影。

这个故事的矛盾性与传奇性打破了人们的固有认知。为了将这个故事完整详尽地叙述出来，温切斯特和他的朋友们四处搜集到了许多病例与档案资料，这些资料涵盖了迈纳医生的家族、身世以及他入伍与受到关押等各个方面，为故事的真实性提供了可靠的历史依据。在涉猎了词典编纂学和社会文化研究的诸多著作之后，温切斯特最终完成了《教授与疯子》一书。由此可见，《教授与疯子》并非一部纯虚构著作，也不是任何意义上的小说，它可以被视为一部集聚了丰富的词典编纂史与社会文化史的学术著作。这是一个关于英国维多利亚时代"知识制造"的奇怪、悲惨而又令人振奋的故事。

19世纪，怀着"英语理所应当是全世界占统治地位的语言"的骄傲，为了弥补没有一本包罗广泛的英语阐释全书这一遗憾，伦敦语文学会决定厘清每一个英文字词的意义及其历史，创造出一部能够彰显大英帝国荣光的大词典。如此浩瀚的工程不应当由绝对权威独断独行，也绝非任何人凭一己之力就能完成，它必须由几千位熟读文献的志愿者参与。故事的主人公威廉·切斯特·迈纳（William Chester Minor, 1834—1920）便作为志愿者之一，参与了第一版《牛津英语词典》艰辛的编纂工作。

19世纪90代末，主编詹姆斯·默里（James Murray, 1837—1915）怀着激动的心情前往距牛津20分钟车程的克罗索恩（Crowthorne），期盼与另一位贡献最大的志愿者之一——迈纳医生分享表彰与荣耀。当默里教授走进那所森严的红砖大楼，迈进那间严肃的大办公室时，接待他的是布罗德莫刑事精神病院（Broadmoor Asylum）的院长并非迈纳医生。他从院长那里得知，迈纳医生其实是这所精神病院收容了20多年的精神病患者。于是矛盾与疑问充斥了整个故事。一部举世震惊的杰出之作与一所怪诞狰狞的精神病院如何产生关联？一个令人肃然起敬的教授与一个疯癫妄想的疯子之间有着怎样的命运纠葛？与理性相悖的疯子如何成为这部逻辑清晰的伟大词典最重要的志愿者？

当作者用诚恳的笔调一笔一笔地还原当时的故事时，原本被遗忘于伟大时代与宏伟著作背后的故事逐渐显露出来，当历史的面纱被缓缓揭开之时，隐藏在故事背后的历史意义与文化内涵也一一显露。

一、非虚构·还原·揭秘

伟大而富有荣光的《牛津英语词典》,其魅力让温切斯特沉溺其中。迈纳医生参与词典编撰的故事独特而动人,顿时激起温切斯特对《牛津英语词典》故事的浓厚兴趣,点燃了其熊熊斗志。作为《牛津英语词典》的狂热爱好者,他并不满足于那偶然得知的简略故事,于是理所应当地肩负起追根究底、还原真相的使命。他不仅为《牛津英语词典》自豪,还要在这顶本来就璀璨夺目的王冠上镶嵌一颗具有人性与人情的宝石。这一写作目的奠定了《教授与疯子》的非虚构写作基调,将作品的审美通过真实性表现出来。《教授与疯子》立足于真实的现实事件而创作,以一种"特别"的文学方式对具体现实进行重塑。它并不依赖创作者的想象,但是却要求创作者投入强烈的感情。

1872年,迈纳医生被控故意谋杀一名无辜的陌生人乔治·梅里特(George Merrett),但因患精神病被宣判无罪并正式列入"对他人有危险"类,于该年4月17日成为布罗德莫医院第742号病人。① 当迈纳医生发现默里教授的呼吁书时,他已经在布罗德莫医院被关押了8年。美国陆军军医的身份使得他在这所幽暗而严肃的精神病院里"享受着安全而悠闲的生活",不仅拥有两间舒适的房间,还有美丽的景色可供欣赏。布罗德莫的封闭和孤寂刺激了迈纳医生对书籍的渴求,他不仅让家人将纽黑文家中的书悉数寄来,更是在伦敦的各

---

① [英]西蒙·温切斯特:《教授与疯子》,杨传纬译,海口:南海出版公司,2016,第122页。

大书店订购了一批又一批的新旧书籍。他对书籍的渴望促使他志在参与默里教授主持的《牛津英语词典》的编纂工作。作为志愿者，他从1885年（或最早于1880年）开始，以至少每天20页、每周一百个词条的进度向《牛津英语词典》缮写室提供词条，整整坚持了二十年。仅1898年和1899年两年，他就往缮写室输送了1.2万个词条。迈纳医生的贡献十分巨大，仅凭借他一个人的引用便可以厘清英语字词过去400年的用法。在为词典搜索引语的过程中，迈纳医生逃脱了那囚禁和隔离的阴暗沼泽，重返阳光自由的学术交流天地。毫无疑问，这次志愿者工作对迈纳医生有着自我救赎的重要意义，而伟大事业中的特殊故事总是让人兴趣盎然。

温切斯特于维多利亚时代的浪潮中淘洗出一粒不平凡的小沙砾，将复杂的人性与理性、时代结合在一起，用其超乎寻常的叙事艺术展现出宏大历史背景下个人与时代的纠缠、疯癫与文明的较量。温切斯特不仅企图还原《牛津英语词典》第一版编纂史，真实呈现默里教授与迈纳医生之间的交往过程，还要在再现历史的过程中剖析迈纳医生的心理，为其疯癫探究出合适的缘由，并对其令人难以置信的伟大举动致以真挚的敬意。最后，在人类横亘的历史长河中对那些不平凡却又被遗忘的人们表达出理解与同情。

非虚构写作促使温切斯特大肆发掘事实，搜索信息。从《教授与疯子》的致谢中可以看出，他对有关迈纳医生的历史资料是极其贪婪的。他不仅以历史学家的敏锐尽可能地搜罗一手档案，还采取参与式观察的方法进入迈纳医生的世界，去观察、体验、倾听、感受迈纳医生所遭遇的生活。温切斯特如同亲临现场一般对那些事实感同身受，那些从医院、专家手中以及访问所得的材料为其故事的真实性奠定了坚实的基础，而采用"元叙事（metanarration）"与"揭秘式"的巧妙艺术构思则创造出引人入胜的叙述结构。

"元叙事"是通过指涉叙事行为自身的"关于叙述的叙述"来挑战传统叙事的虚拟沉浸体验，通过将读者不断拉回现实来揭露文学的虚构性。温切斯特采用"元叙事"使他置身于叙事现场，在叙述中带着天然的、毋庸置疑的合法性身份，以便在叙事过程中大胆地暴露其叙事内容与叙事手法。温切斯特一方面得心应手地张罗人物的进出、材料的调配、现场的呈现以及叙事的连贯，另一方面则巧妙地传达叙事主题、自我的价值立场以及个人的主观感受与思考。这是一种类似新闻报道式的故事重构。温切斯特通过史料挖掘出事件的脉络，再运用其精巧的艺术构思对一些历史既定观念进行重新审视辨析。让叙述者的声音在故事中不断出现，不时地对人物行为与故事情节做出猜测与评价。通过与历史事件超时空对话的方式，不断地穿梭于历史内外，不时地表达出自己对于迈纳医生人生经历的思考，对其加以重新归并与呈现。他如同行走在每一个事件的现场，与事件中的相关人物互动，将叙事对象的真实感受呈现出来。

在"引子"一章中，他先以一段生动有趣的民间传说作为开端调动了读者的兴致，当读者的期待视野陷入教授与疯子之间充满传奇色彩的故事时，叙事却戛然而止。紧接着，温切斯特十分简洁明了地坦白，他阅读了那尘封百年的档案，告诉读者那里面隐藏着奇怪、悲惨而又令人振奋的故事。读者的好奇心在这样强烈的引诱下，只能屈从于由权威档案赋予作者的至高权利，毫无保留地相信其叙述的真实性。其后的叙述更加证实了作者叙事的真实性，在"致谢"中温切斯特明确地告诉读者，他的材料都是经过不断调查与寻访得到的。关于布罗德莫医院,他还进行了亲历性地实地考察,最后在"深入阅读的参考书"中强调了其专业性。温切斯特以一种不容辩驳的真实性,呈现了迈纳医生坎坷而传奇的人生经历,传达了作者对理性与情感、知识与意志之间奇妙而又复杂的关系的深度思考。

与元叙事策略相得益彰的,是温切斯特对叙事对象的"揭秘式"处理。温切斯特主要采用探究非理性生命状态,以及比对传说与史实的方式对故事进行揭秘。当代科学技术一路高歌猛进,人们对疾病有了更多理性的认识,但是在一些心理与精神疾病面前,人们还是无所适从。弗洛伊德以临床精神病学为起点建立了精神分析学说,吉尔·德勒兹(Gilles Louis René Deleuze)又以其《反俄狄浦斯》(*Capitalisme et schizophrénie. L'anti-Œdipe*)宣告疯狂是逃离历史藩篱、摆脱异化控制的唯一路径。毋庸置疑,疯狂成为后结构主义所关注的核心命题之一。于是,米歇尔·福柯(Michel Foucault)用《疯癫与文明》(*Madness and Civilization*)一书揭开了文明与疯癫之间被遮蔽的复杂关系。福柯认为疯人是"文明社会"具有指向性的符码,是与理性相对的参照物。从浪漫式的放逐到严格的紧闭再到现代疯人院的诞生,这是有关疯狂的话语建构历程,它揭示了隐含在疯癫背后的权利,并以之暗喻西方文明社会的权利结构。在福柯看来,癫狂与神经错乱是以社会和道德秩序为价值中心的。诊断疯狂的依据从来都不是对疾病的定义,而是一种与社会秩序道德相违背的异己感,它纯粹是理性与非理性、观看者与被观看者相结合所产生的效应。在《战争的疯狂》一章,温切斯特便试图从迈纳医生的童年生活以及军旅生涯中寻找其疯癫的缘由,揭开疯癫病症的内在肌理。

图 7 威廉·切斯特·迈纳医生在布罗德莫精神病院,拍摄于 1900 年左右。

1834 年,威廉·切斯特·迈纳出生在锡兰岛,那是一个充满感官肉欲的地方。赤裸诱惑的环境带给小威廉·切斯特·迈纳强烈的刺激,也在其心中埋下一颗情欲的种子并成为其潜意识。"他后来断定说,就是那些年轻姑娘不知不觉使他走向无休止的性欲,最终走向疯狂,走向沉沦。"[①] 十三岁的迈纳第一次对海滩上年轻的锡兰姑娘产生了"情欲",这种欲望在他变化不定的生活中似乎成为罕有的不变因素。叔本华曾说过:"性冲动决定人们的行为和追求。"力比多(Libido)即性欲,在弗洛伊德的精神分析学说中占据了十分重要的地位。他认为性本能主导着人的活动与行为,是一种

---

① [英]西蒙·温切斯特:《教授与疯子》,杨传纬译,海口:南海出版公司,2016,第 51 页。

本能力量。当性欲受到压抑时，必然会以其他方式展现出来。迈纳的情欲很容易被勾起，但是他从未放纵过自己的情欲。"正如他对年轻的锡兰姑娘想入非非时那样，他始终不曾'以不自然的手段满足自己'，换句话说，他没有听任自己的性欲占了上风。"① 这种理性的克制行为，是由于受到其虔诚的基督教家庭的影响。达尔文的进化论虽然让民众对上帝创造说产生了巨大怀疑，但并没有分解原有宗教社会的处事原则，尤其是福音派（Evangelical）的新教信条继续在维多利亚时代的中产阶级家庭中产生深远影响。这一信条强调严肃而虔敬的道德感，在人际交往中要求严格的礼仪与操守，并具有自律、严谨和贞洁的生活习惯。这些众多的中产阶级思想不仅在公立学校传播开来，也渗透到工人阶级和农民当中，成为维多利亚式"体面人"的道德标准共识。"这种理性就是秩序，对肉体和道德的约束，群体的无形压力以及整齐划一的要求。"19世纪中叶，美国同样以中产阶级为主要信众的福音派要求履行一种复合型的"基督教绅士"（Christian Gentleman）身份。这一身份强调克制与禁欲，不允许交媾，要求信众在克己的持续烈火中验明其勇气，远避生活中一切事物的无节制。最重要的是，男性信众要允许妻子主导双方自然的性爱关系。作为父亲的虔诚福音派教徒，应当培养儿子"自制与尊重女性的绅士责任以及在婚姻关系中履行这一自制的合适时机"。他们认为太过频繁的性爱会将身体机理导向永无止境的更强烈性欲，导向一种应激性的"病态易怒反应"。在福音派看来，"克制"暗指力量，而非软弱。"无论在

---

① ［英］西蒙·温切斯特：《教授与疯子》，杨传纬译，海口：南海出版公司，2016，第55页。

什么地方,缄默都是力量的最大秘密","做一切事情都要高尚、慷慨、公正,敢于自我牺牲、克制,保持男性风度"。①

出身于福音派教家庭的迈纳对其放荡的情欲持有深深的负罪感,他时常感到"羞愧",说自己"淫荡"。因此迈纳也将性欲与负罪感纠缠在一起,这种矛盾纠葛最终使他的心灵陷入痛苦纠结的深渊。他在受到战争刺激之后,就将这种理性克制抛之脑后,其行为也成为脱离理性与现实的表征:

> 前十年的病历都表明一个可悲而无声的事实:他的病情发展呈螺旋形下降的趋势。刚入院的时候,他就详细讲述了晚上,永远是晚上,有人骚扰他的怪事。一些小男孩躲藏在他床上方的屋顶里,晚上等他熟睡后就落下来,用氯仿麻醉他,然后强迫他做下流事,病历没有说清楚,到底是和那些男孩,还是和他经常梦见的一些女人。②
>
> 医院给他照了正面和侧面相(就像给犯人照相那样),他留着白色长胡子,秃头好像圆穹顶,眼神发狂。医生说他的病属于妄想型。他承认自己仍然常常想到小女孩,在梦里她们强迫他做一些可怕的动作。③

弗洛伊德在《梦的解析》(*Die Traumdeutung*)中谈到,

---

① Charles E. Rosenberg, "Sexuality, Class and Role in 19th-Century America," *American Quarterly*, Vol. 25, No. 2 (May, 1973), pp. 139-140.
② [英]西蒙·温切斯特:《教授与疯子》,杨传纬译,海口:南海出版公司,2016,第130页。
③ [英]西蒙·温切斯特:《教授与疯子》,杨传纬译,海口:南海出版公司,2016,第218页。

梦是人类在睡眠中产生的有意义的精神现象,是一种愿望的达成,是一种清醒状态下精神活动的延续。那些被压抑的东西仍然会存在于人的心灵中,最终从梦境中复活过来。受到19世纪美国福音派思想的影响,迈纳医生将自己的性欲视为洪水猛兽,在清醒状态下,强烈的道德感压制住其潜抑的性欲使其在矛盾中被消除成为潜意识。然而性欲并不会因此消失,它只是被切断了与内部知觉的通道。但是在晚上,由于本能力量突破了妥协局面,潜抑的冲动会强行进入意识层面。① 青年时期的迈纳医生因道德约束压抑住了自己的性愿望,但是本我与超我的强烈矛盾最终将其引入心灵混乱的深渊。

温切斯特认为,战争的野蛮与残暴最终将迈纳带入不可修复的疯癫当中。

> 虽然现在已经无法确定,到底是什么事导致了他的疯狂,但战争环境至少可以说明,某个事件或一连串的事件触发了他的病,把迈纳医生推进了精神错乱的深渊。②
>
> ……其结果,便是大批爱尔兰人离开了战场,特别是在他们发现爱尔兰部队被故意当作炮灰的时候。他们开始逃跑,开始放弃。在莽原战役的烈火和血战中,自然也有大批爱尔兰兵逃跑。正是这种逃亡,以及对逃亡

---

① [奥]西格蒙德·弗洛伊德:《梦的解析》,若初译,武汉:华中科技大学出版社,2017,第465页。
② [英]西蒙·温切斯特:《教授与疯子》,杨传纬译,海口:南海出版公司,2016,第58页。

者的特殊惩罚,构成了威廉·迈纳精神失常的第三个原因,也许还是主要的原因。①

图8 美国南北战争中的一次战役,汉普顿锚地之战(Battle of the Hampton Roads)。19世纪80年代由库尔茨与艾利森(Kurz and Allison)创作,现藏于美国史密森尼艺术博物馆。

1863年,迈纳成为美国陆军中一名见习外科军医,在真正见识到战争的残酷面貌之前,迈纳迫切地想参与南北战争。很快,这场残酷的血战便令他始料未及。"北方军死了大约三十六万人,南方军死了二十五万八千人。每死一个被新式武器伤害的人,就有两个人因疾病、感染和卫生环境恶劣而死去。"那时候战争中使用的是迫击炮、步枪、米尼弹,但是对伤兵的治疗却还没有完全用麻醉剂、青霉素。新式高效的杀

---

① [英]西蒙·温切斯特:《教授与疯子》,杨传纬译,海口:南海出版公司,2016,第63页。

人武器与原始落后的救人手段之间的矛盾,使这场战争中的士兵面临了前所未有的痛苦,生性敏感、谦恭有礼的迈纳与残酷血腥的战争格格不入。温切斯特推测,军队对爱尔兰逃兵的特殊惩罚是构成迈纳医生精神失常的主要原因。给逃兵打上烙印是一种既痛苦又羞辱的惩罚手段,迈纳医生常常被迫去给逃兵上烙印。此后,迈纳医生的人生从平和、安静迈进了恐怖、怯懦。

> 迈纳医生从一筐烧红的煤炭中取出了烙铁——那筐煤炭是从部队钉马掌的铁匠那里匆忙借来的……于是,他便把烙铁压在这个爱尔兰人的脸上。肉发出嗞嗞的声音,血涌出来又蒸发成气体。被施刑的人不断尖声喊叫。[①]

肉体上的折磨是短暂而血腥的,烙印留下的符号意义却是不可磨灭的。那符号表示他曾经在美国受过战斗训练,意味着他在战场上做了逃兵,也暗示他与光荣和使命的决裂。温切斯特用推测的口吻叙述到,战场上的见闻给迈纳医生的心灵造成了巨大的创伤,对爱尔兰士兵实施的酷刑也让他产生了深深的愧疚与恐惧。福柯在《疯癫与文明》一书中提到属于道德领域的"正义惩罚的疯癫",它使受苦者在虚妄的幻觉旋涡中体验到,自己受到的惩罚将是永恒存在的痛苦。[②] 迈

---

① [英]西蒙·温切斯特:《教授与疯子》,杨传纬译,海口:南海出版公司,2016,第67页。
② [法]米歇尔·福柯:《疯癫与文明》,刘北成、杨元婴译,北京:生活·读书·新知三联书店,2003,第25页。

纳医生曾经是一个文弱体面的绅士，在残暴的战争中被逼施刑，强烈的道德感使其对受害者产生了极大恐惧，并认为受刑方理所应当会想方设法报复他。因此，在迈纳医生的幻觉中，他的脊椎被人刺穿，心脏被刑具摧残，总会有人千方百计地用各种手段使他遭受野蛮的刑罚。

温切斯特试图通过对其一生经历的叙述，展现迈纳医生"早发性妄想型精神分裂症"的起因、触发物及其症状。迈纳医生早年的家庭悲剧、幼年时期的性诱惑、战争中的痛苦经历使其失去对现实的把握，产生了一种难以融入的异己感。当这种异己感占据其思想的主要地位时，理性后退，而非理性向前，致使其产生错觉和幻觉。温切斯特叙事中的揭秘式意味为读者提供了鲜活、丰富、怪异而真实的生命档案，解开了迈纳医生生命内在的秘密，用科学而理性的推测解释了迈纳医生的惨淡与传奇。

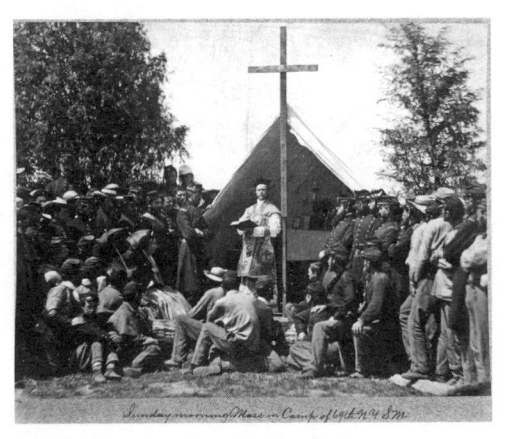

图9　美国南北战争中的爱尔兰旅，摄于1861年6月1日。收藏于美国国会图书馆内战照片集档案。

二、历史·文化·时间

罗兰·巴特（Roland Barte）按照不同的叙事功能将叙事符码分为：阐释符码、意义符码、行动符码、文化符码和象征符码。《教授与疯子》讲述的是有关《牛津英语词典》编纂史的故事，文化符码在其中具有十分重要的意义。

《教授与疯子》这一书名暗含着疯癫与文明之间的张力，与福柯的《疯癫与文明》有互文关系。"教授"与"疯子"是两个看上去相悖的词，一个喻示着高度理性与知识广博，而另一个则是无理性、混乱的代表，无论是从社会地位还是从思想智力上都相去甚远。这组特定的、充满着对立与矛盾的词汇指称着阐释、命名，支撑着能指、所指与所指物之间的关系。"教授与疯子"便作为一种文化符码为叙事奠定了一个基本的序列：

第一，历史文化回顾：叙写与故事相关的历史与文化背景；

第二，主人公故事叙述：叙述故事主角的家族故事、经历；

第三，推测答案：推测故事主角行动的原因并总结意义。

为了符合故事的气质，温切斯特特意采用《牛津英语词典》词条的形式写成。在正文的开头先摘抄一些单词意义，然后再用故事对其进行说明解释。《教授与疯子》的引子是以单词"Mysterious"为开端的，这个意为神秘的、无法理解、难以发现的词，预示着接下来作者所叙述的故事将不平凡。

在叙事语言上，温切斯特也尽量用下定义式的语言为叙事内容增添坚决肯定的语气，不仅增加了故事的真实性，还为叙事添上一抹维多利亚时代色彩。叙事作品是属于时间的艺术,它具有双重时间序列的转换系统,包含故事时间与叙述时间。[1] 因此叙事作品如何排列故事顺序,如何处理叙事时间与故事时间之间的长度关系是叙事作品的关键。温切斯特擅长运用叙事时间将专业的词典编纂史与跌宕起伏的人物故事巧妙地结合在一起:采用现时叙事与逆时叙事交叉的倒叙方式对叙事进行填充闪回,先在叙述中交代故事的结果,再使用回顾故事主人公的成长历程、家族史对其进行揭秘。

在"引子"一章中,温切斯特告诉了读者这个故事的大概,随后的叙述便是对该故事省略、遗漏的部分进行补充、交代、解释以及修正,使读者获得一个完整的故事。在"教牛学拉丁语的人"一章中,温切斯特首先梳理了《牛津英语词典》的编纂史,对词典的编辑、排版、印刷等方式叹为观止,并对其文化意义有着深厚的见解。正如文中所说那样:"正是那些具有'上流社会耳朵'的人士,在词典里发现了不同凡响的东西:他们把它尊崇为英国文化精华的最后堡垒,是所有近代帝国最伟大的价值观的最后回响。"

《牛津英语词典》以一种威严的自信显示出维多利亚时代的肯定与坚决。在《教授与疯子》中,我们可以看到维多利亚时代与《牛津英语词典》皆作为十分重要的文化符号出现。

在维多利亚时代,英国社会形成了独特的、以中产阶级价值观为核心的维多利亚文化风尚。这种风尚是复杂多面的,但大体表现为约束性的道德精神、自主观念、物质主义和科学理性。维多利亚时代大量出现的精密机械让人们普遍具有

---

[1] 胡亚敏:《叙事学》,武汉:华中师范大学出版社,2004,第63—75页。

一种规则性思想，要求生活规范上的精确与统一，相信通过理性与计算可以找到一切事物的答案；而建立在牛顿学说之上的新的物理与天体理论打破了经验主义的自然法，缔造了人们以机械与科学知识改造现实世界的自豪信念。正是对理性与机械的崇拜使得非理性成为不能容忍的存在，这样一个张扬理性与道德的时代，疯癫并且杀人的迈纳医生似乎是格格不入的。但是迈纳医生却参与了这个时代最为伟大的知识生产，使这个故事充满了张力与传奇。要知道，《牛津英语词典》的编纂是19世纪英语世界的一个浩大而卓绝的工程，也是维多利亚时代上层知识精英、新兴中产阶级与普罗社会大众共同缔造、"才智与耐心"相碰撞的结晶，被读者称为"一部从古至今英语表达与思想的历史"或者"一部思想与文明的历史"。[1] 它最初取名《新英语词典》(New English Dictionary)，意在强调其独特的开创性，将其与"前科学阶段"的旧语文学传统，如塞缪尔·约翰逊（Samuel Johnson）博士的词典所呈现的个人主义完全割裂。它要创造一个符合当时大英帝国荣光的新传统，按照詹姆斯·默里所言，即"以真正批判性探究的精神为导向"[2]，"有着新目标、原创方法，依托新的未曾搜集的文献材料进行的全新开始"[3]。确实很难将这样一部伟大的作品与一个关押在精神病院的杀人犯

---

[1] Charlotte Brewer, *Treasure-House of the Language: The Living OED*, New Haven: Yale University Press, 2007, p. 249.

[2] Lynda Mugglestone, *Lost for Words: The Hidden History of the Oxford English Dictionary*, New Haven: Yale University Press, 2005, p. 110.

[3] Lynda Mugglestone, "The Oxford English Dictionary," in A. P. Cowie, ed., *The Oxford History of English Lexicography*, Oxford: Oxford University Press, 2009, p. 231.

联系起来,很显然《教授与疯子》昭显了宏大历史背景中那个被隐藏在历史角落里的小人物,文明与疯癫在这样的历史语境中重合而悖逆,迈纳医生便成为一个集文明与疯癫双重身份的异己者。

《牛津历史词典》代表着词典编纂的"历史转向(historical turn)",意味着将用英语解释"万物之意义"的知识属性从个人品味转移到历史时序中去,构建一部科学原则的英语词典。在欧洲大陆的语文学界,这是一条日渐明显的脉络。自达尔文于1859年发表《物种起源》以来,欧陆学者们借用生物学的方法为文字进行分类和列举,期冀找到语言的"进化之路",昭示着语文学科的范式转换。在雅各布·格林(Jacob Grimm)、弗朗茨·葆朴(Franz Bopp)、拉斯穆斯·拉斯克(Rasmus Rask)等欧洲民族语言学家的引领下,对语言意义的起源作"哲学式推测"的方式让位给对历史文本的研究,他们像生物学家寻找化石一样寻找语言的"变迁印记",试图梳理出一条语言进化路线。[①] 无论如何,默里与其词典编纂委员会的雄心抱负,便是创造出一部具有此种"历史转向"的英语词典,因为英语已经逐渐被维多利亚人视为具有统治性的世界语言,而它需要的是一个清晰的历史变化的诠释,以及放之四海而皆准的"标准",也即用它来解释万物的使用守则。尽管直到默里去世,这部倾注了他半生心血的美妙作品仍未最后告成。

温切斯特也没有将《牛津英语词典》视为绝对的开山之

---

① Charlotte Brewer, "Standard Varieties of English from c. 1700," in John Considine, ed., *The Cambridge World History of Lexicography*, Cambridge: Cambridge University Press, 2019, p. 492.

作，他在叙事中用十分公允的口吻梳理了英语词典的发展史。《牛津英语词典》并非是第一次为英语使用设定标准的尝试。几十年前，塞缪尔·约翰逊和查尔斯·理查德森（Charles Richardson，1775—1865）的词典都做了类似的事情。他们从故往的文学作品中搜罗引语来为单词释义注明证据，只不过较为随意混乱，也没能覆盖所有历史时期。《牛津英语词典》的编纂者们期望追随词典科学的"历史转向"，最直接的办法便是从完善文学引语入手。他们提出要为1100年至今的英语词汇义变化史提供更宽广、深入、详细的言据基础，而非像约翰逊那样基于消遣和指导的目的。这一史无前例的举动开启了默里与迈纳医生之间令人动容的友情故事，默里请求英国民众志愿者向其"缮写室"寄发引语卡片，从而使二者有了为同一个知识事业奉献的人生交集。

《牛津英语词典》的编纂并非《教授与疯子》的全部，它不是叙事的主角，而是叙事的背景。更为重要的是词典编纂所象征的一种对知识的追逐，它与维多利亚人的帝国意识以及作为表征的道德训诫深深联系在一起。在温切斯特笔下，《牛津历史词典》对于故事的两位主角默里和迈纳医生有着不

图10 威廉·默里教授在"缮写室"，室内装满了手稿和读者寄来的引语卡片。拍摄于1880年左右。

同的意义：前者试图用其捍卫中产阶级的地位，而这种动机与牛津大学知识精英们的愿景相融合，最终让默里以及更大范围的词典编纂者群体成为帝国文化霸权的旗手；后者则将其作为可怖深渊中一丝光明的慰藉，探寻知识是他重返文明世界的引路标，亦是消磨他过去道德污点的内心救赎。

三、悲剧·环境·道德

"悲剧是对一个严肃、完整、有一定长度的行动的模仿，它的媒介是经过'装饰'的语言，以不同的形式分别被用于剧的不同部分，它的模仿方式是借助人们的行动，而不是叙述，通过引发怜悯和恐惧使这些情感得到陶冶。"《教授与疯子》以1872年2月17日凌晨两点发生的"兰贝斯悲剧"为叙事开端，主要悲剧人物是那个在兰贝斯（Lambeth）潮湿阴冷的石路上中枪死去的人，尽管他早已被大众所遗忘。温切斯特将他的过早死亡与迈纳医生后来的经历联系起来，用一个完整的故事纪念这个被无辜杀害的青年。无辜生命的陨落总会引起他人的同情，亚里士多德说："怜悯是由不应遭受的厄运而引起的，恐惧是由这人与我们相似而引起的。"[1]

一切的故事都是以这场悲剧开始的，无辜的乔治·梅里特在上班的途中遭遇厄运，被处于精神错乱状态的迈纳医生枪杀。乔治·梅里特只是城市贫民中的一员，和许多青年工人一样，为了生计从农村迁移到大城市。全家人的生活极端贫困，在维多利亚都城最艰难困苦的地区勉强维持着一种农

---

[1] ［古希腊］亚里士多德：《诗学》，罗念生译，北京：人民文学出版社，1962，第38页。

村人的体面。但是，他被枪杀了，留下怀孕的妻子和七个幼小的孩子，他死后全家的境况更加艰难。尽管当时整个伦敦都被这起杀人事件所震撼，人们募捐善款来帮助这个可怜的受害者家庭。但是，这很可能只是上层社会的慈善表演。如今，乔治·梅里特安息在一片没有标识的墓地，如果不是因为射杀他的人参与过伟大的词典编纂工作又被温切斯特发掘出其故事的价值，那么他几乎永远都不会被再次提及。

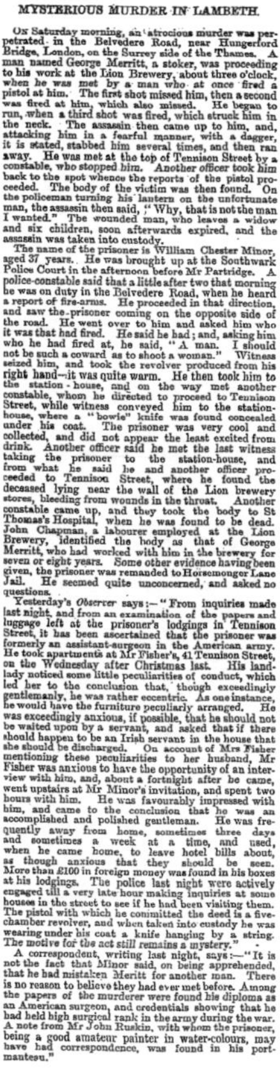

MYSTERIOUS MURDER IN LAMBETH.

On Saturday morning, an atrocious murder was perpetrated in the Belvedere Road, near Hungerford Bridge, London, on the Surrey side of the Thames. A man named George Merritt, a stoker, was proceeding to his work at the Lion Brewery, about three o'clock, when he was met by a man who at once fired a pistol at him. The first shot missed him, then a second was fired at him, which also missed. He began to run, when a third shot was fired, which struck him in the neck. The assassin then came up to him, and, attacking him in a fearful manner, with a dagger, it is stated, stabbed him several times, and then ran away. He was met at the top of Tennison Street by a constable, who stopped him. Another officer took him back to the spot whence the reports of the pistol proceeded. The body of the victim was then found. On the policeman turning his lantern on the unfortunate man, the assassin then said, "Why, that is not the man I wanted." The wounded man, who leaves a widow and six children, soon afterwards expired, and the assassin was taken into custody.

The name of the prisoner is William Chester Minor, aged 37 years. He was brought up at the Southwark Police Court in the afternoon before Mr Partridge. A police-constable said that a little after two that morning he was on duty in the Belvedere Road, when he heard a report of fire-arms. He proceeded in that direction, and saw the prisoner coming on the opposite side of the road. He went over to him and asked him who it was that had fired. He said he had; and, asking him who he had fired at, he said, "A man. I should not be such a coward as to shoot a woman." Witness seized him, and took the revolver produced from his right hand—it was quite warm. He then took him to the station-house, and on the way met another constable, whom he directed to proceed to Tennison Street, while witness conveyed him to the station-house, where a "bowie" knife was found concealed under his coat. The prisoner was very cool and collected, and did not appear the least excited from drink. Another officer said he met the last witness taking the prisoner to the station-house, and from what he said he and another officer proceeded to Tennison Street, where he found the deceased lying near the wall of the Lion brewery stores, bleeding from wounds in the throat. Another constable came up, and they took the body to St Thomas's Hospital, when he was found to be dead. John Chapman, a labourer employed at the Lion Brewery, identified the body as that of George Merritt, who had worked with him in the brewery for seven or eight years. Some other evidence having been given, the prisoner was remanded to Horsemonger Lane Jail. He seemed quite unconcerned, and asked no questions.

Yesterday's *Observer* says:—"From inquiries made last night, and from an examination of the papers and luggage left at the prisoner's lodgings in Tennison Street, it has been ascertained that the prisoner was formerly an assistant-surgeon in the American army. He took apartments at Mr Fisher's, 41 Tennison Street, on the Wednesday after Christmas last. His landlady noticed some little peculiarities of conduct, which led her to the conclusion that, though exceedingly gentlemanly, he was rather eccentric. As one instance, he would have the furniture peculiarly arranged. He was exceedingly anxious, if possible, that he should not be waited upon by a servant, and asked that if there should happen to be an Irish servant in the house that she should be discharged. On account of Mrs Fisher mentioning these peculiarities to her husband, Mr Fisher was anxious to have the opportunity of an interview with him, and, about a fortnight after he came, went upstairs at Mr Minor's invitation, and spent two hours with him. He was favourably impressed with him, and came to the conclusion that he was an accomplished and polished gentleman. He was frequently away from home, sometimes three days and sometimes a week at a time, and used, when he came home, to leave hotel bills about, as though anxious that they should be seen. More than £100 in foreign money was found in his boxes at his lodgings. The police last night were actively engaged till a very late hour making inquiries at some houses in the street to see if he had been visiting them. The pistol with which he committed the deed is a five-chamber revolver, and when taken into custody he was wearing under his coat a knife hanging by a string. The motive *for the act still remains a mystery.*"

A correspondent, writing last night, says:—"It is not the fact that Minor said, on being apprehended, that he had mistaken Meritt for another man. There is no reason to believe they had ever met before. Among the papers of the murderer were found his diploma as an American surgeon, and credentials showing that he had held high surgical rank in the army during the war. A note from Mr John Ruskin, with whom the prisoner, being a good amateur painter in water-colours, may have had correspondence, was found in his portmanteau."

图 11 报纸上对“兰贝斯悲剧”的报道（部分）。该文出自《苏格兰人》1872 年 2 月 19 日。

温切斯特十分注重环境描写，用历史回顾的方式将读者带入一百多年前的兰贝斯。亚里士多德认为“悲”的产生是特定的环境使然，“糟糕透顶”是温切斯特给一百多年前的兰贝斯的定语。精妙的空间、视觉与嗅觉描写将一百多年前的兰贝斯鲜活地勾勒出来。那是一片被大地主们忽视的土地，上面林立着无数的仓库、出租棚屋和外观寒碜又质量低劣的建筑以及一些黑乎乎的工厂与小作坊。空间上的凌乱与视觉上的破败给人一种压抑、杂乱的感觉。而空气中令人作呕的酵母与啤酒花的气味则是从身体感官给读者一种沉浸式的体验，使读者重返那肮脏、污秽现场。尽管作者笔下的兰贝斯与罪恶、放纵和疾病联系在一起,但其低廉的生活成本却吸引了一些正派人到此居住和工作。温切斯特将乔治·梅里特的悲剧与其环境描写紧密结合,他生活的阴暗悲剧与维多利亚时代的光彩夺目、他生命的短暂脆弱与《牛津英语词典》的永恒不朽形成了鲜明对比。

> 这对青年夫妇的住处和周边环境正像从巴黎来的写生画家古斯塔夫·多雷所描写的那种样子——那真是一个阴暗的世界:砖堆,煤灰,发出尖厉摩擦声的铁器;低矮拥挤的廉价住房;很小的后院,每个后院都有一个厕所、一个煮衣锅和许多晾衣绳;空气充满潮气和硫黄的气味。然而,那气氛却带着伦敦穷人所特有的愉快:粗鲁的、嘻嘻哈哈的、乱糟糟的、对一切都满不在乎的情调。梅里特夫妇会怀念农村的田野、苹果汁和云雀吗?他们会感到已经离开的农村才是真正的理想世界吗?我们是永远不得而知了。[①]

维多利亚时代充满了骄傲与荣光,然而在其耀眼的光芒下也掩藏着底层人士的困苦。查尔斯·狄更斯、亨利·詹姆斯(Henry James,1843—1916)和约翰·罗斯金便用他们现实而悲怆的笔触,反复控诉维多利亚时代伦敦光鲜亮丽表面下潜藏的罪恶与困苦,展现了那些淹没在进步精神之潮中的属于底层民众的失落、苦难和麻木。在温切斯特的叙述中出现了大量的工业描写,在他笔下,工业发展是丑恶、肮脏的,

---

① [英]西蒙·温切斯特:《教授与疯子》,杨传纬译,海口:南海出版公司,2016,第15页。

那些机器只会摧毁自然的美好与人性的纯良。由此，他才会发出农村是否才是乔治·梅里特夫妇真正的理想世界的畅想。在罗斯金看来，工业主义无疑"缓慢扼杀"了乡村英格兰，它摧残草地、树木和花园，将大城市郊外的碧绿田野变成贫苦工人的受难场，"浓烟让阳光再无法穿透，人们经常只能在煤油的微光边工作，从此英格兰的任何一寸土地都充斥着机器轴承和引擎"①。

图12 伦敦东区贝思纳绿地（Bethnal Green）贫民等待打水的场景。绘于约1863年，创作者不详。

正如罗斯金注意到的那样，环境的剧变是19世纪30—40年代的伦敦人首先从城市工业化的坚决步伐中感知到的。无论在英格兰的哪个城郊，炉火和煤炭都在侵蚀农民赖以生存的田地，既然无法从农场中得到生活保障，那么为何不去城

---

① Drew Gray, *London's Shadows: The Dark Side of the Victorian City*, London: Continuum, 2010, p. 55.

里寻找挣钱的机会呢?作为英国首都,伦敦自然拥有巨大的吸引力,它提供各式各样的先进知识和技术培训,簇拥着商店和酒馆,有着十足便利的交通网络,商业活力带来的工作机遇让无数外乡农业工人看到了希望。他们奔向伦敦郊区,梦想赚得在农场打工一辈子都无法得到的财富。① 想必这也是乔治·梅里特夫妇背井离乡来到伦敦的原因,然而现实却与想象有着很大的差距。

现实是,郊区的工作机会换来的远非外来移民臆想的天堂。19世纪40年代,工厂岗位趋于饱和,加之内乱的影响,许多人迅速陷入贫困,城市贫富差距日益加剧。当肯辛顿公园街区的富人在自家豪华精致的客厅享受音乐时,贫民窟的底层劳工、失业者、拾荒者、乞丐、孤儿与无人照料的病重老人凄惨地拥挤在肮脏、灰暗的小屋里。无论在旅行者眼中,还是在现实主义文学家笔下,19世纪伦敦郊区不断扩大的贫困都是显而易见的,穷人无边无际的痛苦和他们看起来暗无天日的未来只能引来当时观察者的悲叹罢了。

查尔斯·布思(Charles Booth,1840—1916)于1889年绘制的"贫困地图"标出了伦敦134处穷人聚集区,人数总共达400万。② 许多像布思、恩格斯、杰克·伦敦(Jack London,1876—1916)这样的文人兼思想家认为城市赤贫源于金钱与权力政治的贪婪属性,他们意识到工人阶级正被资本压迫着坠入绝望的罗网。汤普森(E. P. Thompson)指出,

---

① Drew Gray, *London's Shadows: The Dark Side of the Victorian City*, London: Continuum, 2010, p. 58.
② [英]彼得·阿克罗伊德:《伦敦传》,翁海贞等译,南京:译林出版社,2016,第504页。

工人对贫困的恐惧使其屈从于机器和劳动纪律,被迫接受自我时间控制权的丧失。①

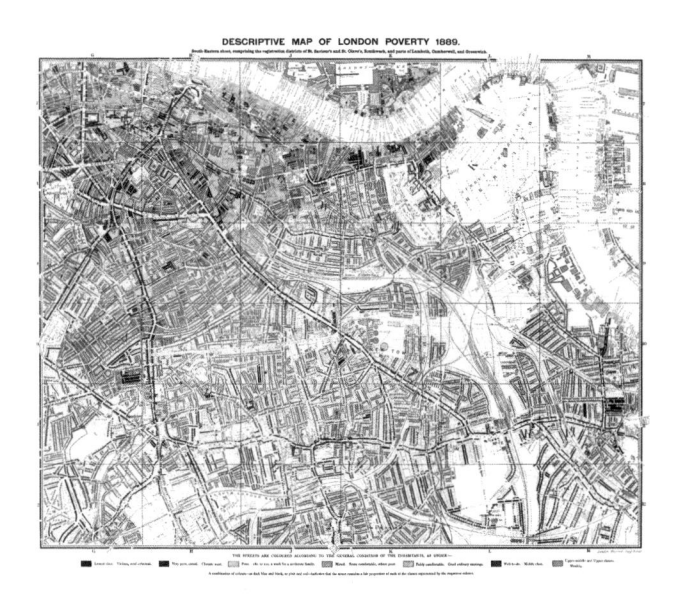

图 13 查尔斯·布思的伦敦贫困地图,绘制于 1889 年。

在伦敦城工业化急剧扩张的过程中,郊区也总是城中工厂倾泻污染物的地方。煤烟、肮脏的下水道及其时不时引发的阵阵恶臭让郊区背上了"城市之耻"的恶名,霍乱等疾病沿着屠宰场和制革厂排污方向的拥挤人群传染出去。贵族和中产阶级对郊区的糟糕生活环境不无厌恶,市政工程同样少有照顾郊区。1841 年沙夫茨伯里勋爵访问东区时,发现那里

---

① 参见[英]E.P. 汤普森:《英国工人阶级的形成(上)》,钱乘旦等译,南京:译林出版社,2001,第二部分。

充满"污秽、疾病和令人不安的场景","如此道德低下和心理变态的场景,没有任何文字和图画能如此描述出来"。① 19世纪中期,伦敦东区和南郊贫民区的状况似乎被主流的声音所忽视了,只有传染病爆发和残忍命案发生时,贫民区才会登上伦敦的小报。底层人士仿佛被远远地隔离在光荣时代的边缘而永远无法接近繁华舒适的中心。

图 14　兰贝斯沼地的工业化背景中工厂林立。出自乔治·沃尔特·索恩伯里的《古今伦敦》(*Old and New London*)第三卷,1872 年(1887 年再版)。

乔治·梅里特居住的兰贝斯便是这样一个地带。兰贝斯位于伦敦南郊,行政上属于萨里郡管辖。在 19 世纪以前,它大体上还是一个自然风光优美的乡村,农民们在这里为伦敦

---

① Drew Gray, *London's Shadows: The Dark Side of the Victorian City*, London: Continuum, 2010, p. 60.

栽种新鲜水果和蔬菜。但在维多利亚时代，它遭遇了工业资本的大规模入侵，制造品工厂与码头仓库拔地而起，兰贝斯逐渐变得机器声嘈杂、煤烟缭绕起来，可视度几乎达到伸手不见五指的地步。工人家庭居住在狭窄的廉租公寓里，房间通常是脏乱不堪的，蟑螂、虱子和跳蚤四处出没，炭火把墙壁烧得灰黑。在同样狭窄的街道上，行人和车马无视章法与道德，因拥堵而互相争抢冲撞。

在兰贝斯这个警察制度都难以顾及的法外之地，罪恶滋生便是自然而然的事情，可惜罪恶的发生往往被无视、被纵容，甚至成为绅士们茶余饭后的谈资。温切斯特在《教授与疯子》里写道：兰贝斯"是一个出了名的放纵行乐之地"①，但兰贝斯的"恶"远不止于此。维多利亚时代的经济繁荣很容易让人们相信身处帝国中心的伦敦享受着富有而幸福的"黄金年代"，而忽略了即使在仅仅相隔一条泰晤士河的伦敦近郊，贫穷、脏乱、偷盗、狂醉、谋杀和欲望也会充斥常年阴冷的街道。据报道，醉酒是导致郊区暴力事件频仍的罪魁祸首。② 在兰贝斯，暴力事件乃至由此升级而成的血案早已司空见惯。

"悲剧中的痛苦和灾难绝不能与现实生活中的痛苦和灾难混为一谈，因为时间和空间的遥远性，悲剧人物、情景和情节的不寻常性质，艺术程式和技巧，强烈的抒情意味，超自然的气氛，最后还有非现实而具有暗示性的演出技巧，都使

---

① [英]西蒙·温切斯特：《教授与疯子》，杨传纬译，海口：南海出版公司，2016，第14页。
② Gilda O'Neill, *The Good Old Days: Crime, Murder and Mayhem in Victorian London*, Winsor: Paragon, 2006, pp. 87-88.

悲剧与现实之间隔着一段距离。"① 温切斯特通过环境描写与真相挖掘塑造了时代与个人、偶然与不幸之间的冲突，这些为乔治·梅里特在兰贝斯的遇害添上了一层悲剧色彩。他是一个典型的普通工人，像维多利亚时代伦敦郊区无数重担在肩的工人一样，每天要工作12—16小时，一周赚得24先令的微薄工资，时日称得上十分艰难。兰贝斯对罪恶的放纵使得任何一个人都可能成为罪恶的牺牲品。枪杀案发生之后，梅里特及其全家的形象便与兰贝斯重合在一起了。他们和兰贝斯一样，是工业主义扩张下的牺牲者，这将构成此后迈纳医生参与词典编纂寻求救赎的前提。

"在某种意义上说，文学的产生最初完全是为了伦理和道德的目的。"② 关于道德的关注，可以说伴随着人类社会形态而产生。中国儒家的"不学礼，无以立"和古希腊的"知识即美德""真善美相统一"等命题皆体现了人类对道德的关注。19世纪的英国维多利亚时代以讲究道德而著称，许多作家都将道德作为其小说叙述的中心。19世纪中叶，在萨克雷、狄更斯和哈代等作家的共同努力下，现实主义小说呈现出空前繁荣的景象。他们的作品注重劝善惩恶、道德感化，道德成为这些作者对人物、社会的评判标准。

温切斯特曾说迈纳医生是一个受过良好教育的绅士，在19世纪绅士这一身份往往和强烈的道德准则联系在一起。1862年发表在《康西尔杂志》(*Cornhill Magazine*)上的一篇

---

① 朱光潜：《悲剧心理学——各种悲剧快感理论的批判研究》，张隆溪译，北京：人民文学出版社，1983，第39页。
② 聂珍钊：《关于文学伦理学批评》，《外国文学研究》2005年第1期，第8页。

文章就提到:"对于绅士这个词,人们越来越强调其道德意蕴而不是更多地强调其社会意义。"① 并且,福音派的教义为中产阶级提供了道德行为标准,中产阶级文化在相当程度上是通过福音派的道德革命和非国教徒更古老的清教传统相结合而形成的。② 因此,迈纳医生在法律上的无罪并不意味着他在道德上的问心无愧。很显然,迈纳医生对梅里特一家怀有深深的愧疚,他给梅里特太太写信希望可以给他们经济资助,尽其所能地帮助她走出有罪恶泥淖的兰贝斯,因为只有除去兰贝斯在他身上烙下的污点,他才能真正在道德心理上得到安慰。

在《教授与疯子》一书中,温切斯特对梅里特太太与迈纳医生的交往并未过多着墨,只是简单地提及梅里特太太从伦敦帮迈纳医生购书仅仅维持了几个月后,便以梅里特太太的酗酒而告终。温切斯特之所以提及梅里特太太,一是为迈纳医生从事词典编纂工作找到契机,二是给迈纳医生多疑的性格上抹上人性的光辉。

迈纳医生是传教士的儿子,从小接受虔诚的基督教福音派教育。但在耶鲁大学读书的时候,他几乎放弃了宗教。当他就职联邦军官时,他已经转变成一个骄傲的自然科学追随者以及无神论者。然而,精神病院的与世隔绝消除了他与宗教之间的对立情绪。受到虔诚的基督徒默里教授的触动,迈纳医生的宗教热情被再次点燃,伴随着其宗教热情觉醒的还

---

① Mitchell Sally, *Daily Life in Victorian England*, London: George Allen and Unwin, 1909, p. 197.
② F. M. L. Thompson, *The Rise of Respectable Society: A Social History of Victorian Britain, 1830-1900*, London: Fontana Press, 1988, p. 250

有他强烈的道德感。在温切斯特看来,"这是重要的一步,然而在某种意义上,这又是悲剧的一步"。因为他不再将自己的精神病视为可以治疗的不幸,而是视为一种罪孽,是必须经过惩罚才能清洗的罪过。他相信有一个全知全能、对罪恶永不宽恕的神,因此他便以这个神严厉的法规来裁判自己。

图15 亚当和夏娃因偷食善恶树果子而滋生欲望,最终被驱逐出伊甸园。由本杰明·韦斯特(Benjamin West)创作于1791年。

根据《圣经》的描述,在伊甸园里,上帝告诉亚当与夏娃,他为人们定下怎样美好的旨意并指出他们的工作内容。上帝颁发的禁令只有一条,就是不可以吃辨别善恶树上的果子。但是,错误的欲望在夏娃的心中萌芽,她受蛇的诱惑吃下禁果。在基督教看来,罪不仅源于蛇的诱惑,也跟人类自身的欲望相关。"罪感即是对人自身中的自然欲望的自觉意识,对人背离生命的二次创生的自觉意识。"[1] 人一旦犯罪,就失去了跟上帝之间的和谐关系。罪不仅破坏了人与上帝的

---

[1] 刘小枫:《拯救与逍遥》,上海:上海三联书店,2001,第146页。

关系，还损害了自己的思想与身心。基督教的原罪使人感到生命的卑微、渺小与羞耻，由原罪带来的代代相传的"惩罚"衍生出人类与上帝修复关系的渴望。于是罪感促使人们从"罪"中脱离出来，走出沉沦萎靡，走向上帝救恩。在基督教的观念里即使没有律法的定罪，也该受到良心的审判。因为良心是与生俱来的，是上帝赋予人的本能。良心是内在的是非感，让人或自我开罪，或自我谴责。

迈纳医生受其早年基督教教育的影响，将折磨作为宗教生活的根本因素，通过不断的自我否定以求恢复与上帝的和谐关系。重新回归宗教的他经过自我审判之后，对自我生命的欠缺与有限性进行反思，将淫乱作为首要罪行。他认为如果不割除掉他强烈的性欲，那么上帝必然要给他严厉的惩罚。曾经的纵情享乐在此时变成了洪水猛兽般的罪行，成为一切惩罚的源头。过去性行为的回忆或似真非真的幻觉不断困扰着他，为了清洗自己的罪恶，他只得挥刀自宫，与淫欲一刀两断。

与精神病院内封闭的惩罚相比，这种基督教的"罪感"和忏悔更加严肃、深层次地满足了其道德惩戒，达到"净化"自己的目的。"人类由于理性而导致伦理意识的产生，这种伦理意识最初表现为对建立在血缘和亲属关系上的乱伦禁忌的遵守，对建立在禁忌基础之上的伦理秩序的理解与接受。"[①]淫乱、杀人是基督教不被允许的罪行，迈纳医生在这种伦理道德与禁忌原则的心理重压下，疯癫成为其命运的必然结果。温切斯特正是重返历史现场，以道德伦理为切口破解了迈纳医生悲剧命运的密码。

---

① 聂珍钊：《文学伦理学批评：基本理论与术语》，《外国文学研究》2010年第1期，第18页。

四、隐喻·救赎·文明

温切斯特不仅善于在史实中探究真相,还擅长利用隐喻的艺术手法构建故事的矛盾张力。"隐喻不是一种语词的游戏,而是在我们的思考、情感、行动方式中发生作用的活生生的关系。"[①] 疯癫、知识与阉割是《教授与疯子》中十分重要的叙事元素,它们犹如符号一般进入叙事脉络,成为故事中深层次的文化基因,让读者的期待视野在融合视域下得到强烈的震撼与满足。在福柯看来,精神病与权利是相对的,它因其非理性而遭到驱逐,而"教授"与"疯子"这两种象征性的身份悖论正好给读者制造出兴奋点。温切斯特在后记中提到,读者最痴迷的是《才士相会》一章,可见读者对这两种身份之间如何产生联系、如何交往的过程有着强烈的好奇心。

在此章中,他首先用设问的方式引起读者的高度兴趣,有趣的是其刻意强调关于威廉·切斯特·迈纳之谜的文学虚构故事也是从这个问题说起的。在该部分,温切斯特有意地提及文学虚构不仅是为了唤起读者对故事的兴趣,更是为了强调自己叙述的真实性。迈纳医生因精神状况而缺席《牛津英语词典》的盛大庆祝宴会,但这反而为其身份增加了一抹神秘色彩。这次晚宴承载《牛津英语词典》的荣光,是值得纪念的大事。为了凸显晚宴的正式与华美,温切斯特不厌其烦地罗列出宴会上的摆设、菜单以及来宾的衣着装扮。这次

---

① 尤娜、杨广学:《象征与叙事:现象学心理治疗》,济南:山东人民出版社,2006,第229页。

宴会的来宾不仅有身份显贵的贵族、学术界的精英，还邀请了为词典作出贡献的众多志愿者。宴会有两名志愿者缺席，一位是众所周知很难相处的隐士菲茨爱德华·霍尔博士，另一位便是迈纳医生。迈纳医生的来信总是彬彬有礼，展现出其对字典的热切希望。

他为什么会缺席这场盛会呢？这使人们百思不得其解。温切斯特非常熟悉读者的阅读心理，对其有着精当的掌握力。他首先为这个问题找到一个传说，并将其生动地叙述出来，当读者十分满足地沉浸在曲折的情节中时，温切斯特当头棒喝地告诉读者以上一切皆是虚构与想象而已。他用一种肯定而坚决的判决使读者的期待受挫，而期待受挫并不会使读者失去对叙事者的信任反而会更加期待接下来所听到的真相。于是，他用十分详细的叙述满足了读者的期待。

温切斯特提到一个十分有趣的现象，迈纳医生为词典工作的故事在美国读者中颇受欢迎，而在伦敦却不受青睐，当时的词典主编亨利·布拉德利听到这一故事时痛斥故事的失实。正如伦敦大肆报道美国人在伦敦的罪行，贬低其道德以彰显英国人的道德那样。美国也将迈纳医生从事词典工作的事情大肆传播，甚至远至中国天津都能看到对此事的报道。从温切斯特的叙述中可以看出，在19世纪的英国人眼里，美国只是一个不尊重人命、充满犯罪的国家，一些美国人随身持枪的形象在英国人眼中就是野蛮而暴力的代名词。因此，迈纳医生枪杀乔治·梅里特的事件正好满足了当时英国人对美国人形象的幻想，凶残粗暴的美国人离文明与绅士还有一大段距离。

然而，美国人对英国传统的敬仰，使他们为迈纳医生参与词典工作感到骄傲自豪，所以积极地推广这一消息。知识话语与权力建构是一对循环往复的关系——权力借助知识话语而施展,创造出知识的新对象和形式,知识也反过来借助权力的巩固而施展。迈纳医生对这一伟大知识杰作的贡献也许为美国人创造了契机,促使他们相信自己的国家已在知识世界的竞争中崭露头角,从而将个人的权力施展上升到国族政治的权力施展。

协助编纂词典的意义对于迈纳医生而言也并不简单,它不是打发寂寞和彰显智慧的手段,而是他为自己找到的救赎之路。禁闭是对疯癫的惩罚,权力机构通过隔绝精神病人与外界的关系来强化他们的异类感,自由的失去也意味着自我的遗失。在福柯看来,人类社会的结构便是类同疯人院或监狱的中心监视塔式的辐射结构。当迈纳医生看到默里教授的呼吁书时,他无比兴奋。对知识的渴望象征着他对自由、结束监禁的渴望;而知识的获取、自由的临近,便意味着权力中心的临近。因此,迈纳医生参与词典编纂的热情是对其渴望得到原谅、回归社会的隐喻。

默里教授的第一封信是将其从那混乱的妄想世界拉回惬意的现实世界的引子,最后编纂字典成为迈纳医生与现实世界进行沟通的唯一智力方式,他在编纂工作中的杰出表现使其摆脱了"疯子"的身份,再次成为一个有学问的绅士。

苏珊·桑塔格(Susan Sontag)在梳理西方社会对待疾病的态度转变时发现,疾病形象的产生往往与社会历史语境相关联,疾病隐喻的出现意味着疾病含义的社会化和抽象化。譬如中世纪的欧洲贵族将结核病视为一种贵族病,且着迷于结核病患者的身体状态。

而进入 20 世纪,癌症则被视为一种"恶魔"般的疾病,人们将癌症与贫穷、困苦的生存处境联系在一起,最终将癌症想象为一种道德性的惩罚。[①] 因此疾病对于患者来说并非简单的身体损失，还与其所处的社会关系有着深深的联系。苏珊·桑塔格认为，对于疾病患者而言，较之疾病带来的身体痛苦，更令人难以忍受的是疾病和病患的各种象征意义带来的痛苦。疾病常常被赋予各种非理性的象征意义，譬如癌症作为一种当今无法全然应对的疾病，常常被人们视为"死亡"的隐喻。这种"死亡"隐喻的存在仿佛破坏了社会生活的稳定规律，让癌症成为恐慌，给患者贴上"将死之人"的标签。疾病的隐喻性凸显了疾病的社会建构性，换句话说，疾病的含义是在其进入社会之后，进入各种人际关系场域后方才出现的。疾病的隐喻将人群鲜明地划分为两个对立的部分，即桑塔格所说的"健康王国"和"疾病王国"。

作为精神病患者的迈纳深知自己因为疾病、犯罪而被深深地隔离在现实社会之外，为了赎罪，为了保持头脑的清醒，他需要与社会恢复联系。因此协助词典编纂工作于他而言是一次救赎，表明人们对他的宽恕与认可，因为社会的谅解与认可可以适当地减轻他在道德上的罪罚。在经过种种苦难之后，迈纳曾表示："整个社会都建立在腐败和欺诈的阴谋之上，他是阴谋诡计的受害者。"也许疯癫正是迈纳医生反叛社会的象征，正如德勒兹所认为的那样，只有精神分裂的人才能摆脱一切符码，回到最原始的状态。疯癫是非理性的，非理性的基本特征是谬误与幻想，那么知识是驱散谬误、对抗疯癫的武器。

迈纳医生对强制的权力有着内在的反叛，这也许与他从

[①] [美] 苏珊·桑塔格，《疾病的隐喻》，程巍译，上海：上海译文出版社，2003，第55—65页。

小所受的严苛教育以及战场上的残酷经历相关。最开始,迈纳医生使用阅读和为词典寻找引语的方式来达到自我救赎的目的。阅读是自由的,没人能控制他人在阅读里的思维,因此阅读成为其脱离肉体的紧闭,走向思维自由的唯一方式。只有在阅读时,他才可以暂时忘却那恐怖的追杀;只有在工作时,他才能感受到平和,那是他在现实世界中的唯一精神寄托。成为词典志愿者的确帮助迈纳医生度过了一段平和而舒适的日子,然而这种温柔的方式并不能对抗战争与杀戮在他心中留下的创伤。

早年所受的教育使其对本能的性欲保持着一种强烈的克制,然而经过战争的血腥洗礼之后,他看到由权力带来的非人性,彻底放纵了自己的情欲。然而放纵并不能使其解脱,心灵上的创伤难以用肉体上的欢愉来安抚,被迫对爱尔兰人实施的烙刑也在其良心上留下深深的烙印。受到良心拷问与折磨的他时刻保持着对外界的警醒,过度敏感的情绪最终将其引向对世界的怀疑。终于,杯弓蛇影的迈纳医生在一个晚上枪杀了乔治·梅里特。他用真实的暴力对抗幻想的暴力却未能消除暴力,反而让自己陷入更深的道德谴责之中。在白天,迈纳医生大多数时候是清醒的,因此他常常对梅里特一家怀有深深的悔恨。然而,经济上的弥补与梅里特太太的原谅并没有完全使他得到道德上的宽恕。最后,他将罪归咎于性欲,以求用对其男性特征的割舍来换取上帝的赎价,阉割象征着其对权力的放逐、对自我的舍弃以及对神的归依。汉娜·阿伦特认为,维持政治靠的是一致同意支持的权力或暴力强加的权力。战争最能体现暴力与权力,迈纳医生便在这种政治权力的暴力中丧失了理智,很自然地将性与权力联系在一起。

在《性政治》一书中,凯特·米利特(Kate Millett)指出古代对繁殖力的崇拜导致了男权制,他们将创造生命的能力完全归功于生殖器官。因此,在男权社会中,男性具有绝对的主导权,男性生殖器官便是权力的象征。因此在迈纳的潜意识中,认为男性生殖器官是一切罪的来源,因为它是权力欲望的象征物。再者因为"维多利亚时代的人的性观念非常原始"①,男性对性生活并没有正确的认识,常被告知手淫会导致精神病。由此可见,维多利亚时期并没有将精神病视为一种现代意义上真正的疾病,而是将其视为道德上的瑕疵。维多利亚时期严苛的道德标准在带来体面、优雅、高贵的同时,也因过于严苛成为人们心灵上无法挣脱的枷锁,其控制下的人们压抑着自我,迈纳医生也在长期的精神压力下,用阉割来表示忏悔,表达与权力的决裂。

五、小 结

温切斯特用其独特的叙述手法将《牛津英语词典》的编纂历程,以及迈纳医生与默里教授之间的交往真实地再现于读者面前。他不仅对发生在伦敦兰贝斯的谋杀案进行了追述,还清晰地梳理了《牛津英语词典》编纂前期的历史,甚至还展现了维多利亚时代对精神病的认识与治疗。颇具说服力地展现了19世纪英国维多利亚时期的社会文化风貌。

迈纳医生与默里教授,一个是出身望族、毕业名校的绅士,一个是出身贫寒、自学成才的怪才;一个是疯子,一个

---

① [美]克莱顿·罗伯茨、戴维·罗伯茨、道德拉斯·R. 比松,《英国史》,潘兴明等译,北京:商务印书馆,2013,第293页。

是教授。看似南辕北辙、毫无联系的两个人，却在外表、神情、兴趣上有着惊人的相似之处。他们的命运因为对知识的共同追求而联系在一起，知识凭着其令人难以抗拒的魅力吸引着默里教授和迈纳医生。对出身贫寒的默里教授而言，知识是点燃其希望的火种。默里教授在语言上的天赋异禀及其对历史的兴趣将其引入广袤无垠的知识天地，幼年时期默里对历史逸事的追寻满足了其对世界的好奇心，而对语言的学习使其自信心与智力得到了前所未有的满足。对默里教授而言，知识是进步的阶梯，是超越固化的阶级边界的工具。编纂《牛津英语词典》满足了默里教授的求知欲和好胜心，而《牛津英语词典》最终为其赢来了终身显赫的名誉，以及对其才智的永恒称赞。

对于迈纳医生而言，其早年岁月里知识的轻易获取不过是符合身份的阶层资本，知识本身是其参与公共生活的智力资本。然而，当他目睹战场、非道德和违背职业伦理的场景后，受到心理创伤而精神错乱被封锁在布罗德莫精神病院中时，对帝国知识生产的协助成为其重返现实世界的唯一路径，成为其混乱意识和脆弱心灵的安慰剂，帮助他消除对权力与暴力的恐惧。

他们如此强烈地反对让我得到阅读机会,令我感到恼怒。既然上帝给予了女性对知识的渴望,人们却认为她们获取知识是错误的,这不公平。

——玛丽·萨默维尔,《自传》
1873 年[1]

---

[1] Mary Somerville, *Personal Collection: From Early Life to Old Age*, London: John Murray, 1873, p. 28.

第七章
理智与情感:"家庭生活崇拜"与女性阅读

乔安妮·霍洛斯(Joanne Hollows)在其《家庭文化》(*Domestic Cultures*)中谈道:"家庭生活同义于家庭的概念从来不是自然而成或传统生成的,而是18世纪以后一系列文化、社会和经济转型的产物。"在维多利亚时代,工业化带来的技术进步与物质丰裕改变了家庭原本的结构,人们融入家庭生活的情绪空前高涨,现代的家庭模式随之形成。"家庭生活崇拜(cult of domesticity)"来源于人们对"家"这一概念产生的不同认识与期望,因为"家"之于家庭成员来说,成为情感寄托的空间而具有了私密性。

19世纪初,中产阶级经济地位的崛起的确让中产阶级在政治上获取了更多的发言权,但他们仍然需要寻找一种合适的话语来维护其文化的合法性。于是,将家庭作为培养"情感个人主义"的重要场所,成了中产阶级借以构建自身文化领导权的重要手段。这一时期涌现的一大批家庭手册、家庭礼仪指南,从侧面反映了中产阶级试图通过占据家庭文化这一场域来实现自身文化认同的目的。[1] 这也象征着,良好的品德、稳定以及舒适的中产阶级家庭形象就此诞生。

---

[1] 黄伟珍:《英国维多利亚时期文学中的"家庭"政治》,成都:四川大学出版社,2019,第19—20页。

图 16 维多利亚时代的中产阶级家庭生活。由威廉·鲍威尔·弗里思（William Power Frith）创作于 1854 年。

在维多利亚时代，家庭不是一个单一的概念，它是家庭成员参与家务活、家庭阅读等日常活动，以及维持家居装饰、家内秩序、饮食、卫生等状况的共同集合。从更广泛的意义层面来讲，它还包含家庭责任，如家庭事务的运作、强调其在管理财产与社会行为上的功能，以及家庭成员之间的照顾与养育。[①]

在中产阶级核心家庭中有着明确的性别分工，男性家长对家庭内的女性成员享有法律和财产上的合法控制权，"他是父亲、丈夫和主人，以坚定的智慧把家治理得井井有条。他是监护人，是领路人，是法官，他使家里的财富堆积如山"。

---

① Leonore Davidoff and Catherine Hall, *Family Fortunes: Men and Women of the English Middle Class, 1780—1850*, Chicago: The University of Chicago Press, 1987, pp. 182-188.

妻子的职务就是做好家庭主妇,约翰·罗斯金说主妇的工作是:第一,使家庭成员都高高兴兴;第二,每天为他们做饭;第三,为他们准备衣物;第四,令家庭成员干净整洁;第五,教育子女。① 在维多利亚时代的人看来,家庭不仅仅是体力与情感的避风港,还是培养美德的地方。女性在家庭的天地里扮演着"家庭天使"的角色,承担为男性提供舒适家庭环境的"工作"。1854年英国诗人考文垂·帕特摩尔(Coventry Patmore,1823—1896)出版了著名诗集《家庭天使》(*Angel in the House*),其中所描绘的中产阶级理想妻子形象准确地概括出维多利亚时期人们对女性的想象。该诗集对"家庭天使"的描绘是这样的:

> 她有虔诚的气质,天使般的神情;最善良的人所知善良的事都写在她那亲切的脸庞,失去信仰的人从她的神情可看见天堂和希望……纯洁的妇女的生活应该完全在家中。她维护着较高的道德水准,保护丈夫的良心。②

于是,代表着维多利亚时代理想女性的"家庭天使"形象出现了,人们期望她忠于丈夫、服从丈夫。天使是被动的、无能的、温顺的、迷人的、优雅的、同情的、自我牺牲的、虔诚的,最重要的是——纯洁的,而丈夫则是作为一家之主欣赏这一妻贤子孝的温馨家庭氛围。马丁·塔珀(Martin

---

① [英]艾瑞克·霍布斯鲍姆,《资本的年代:1848~1875》,张晓华等译,南京:江苏人民出版社,1999,第323页。
② 译文参考自王萍:《现代英国社会中的妇女形象》,南京:江苏人民出版社,2005,第54页。

Tupper,1810—1889)有一首表现中产阶级男性享受家庭生活的诗:

> 他注视着围着他的孩子们,孩子们绽开笑靥;
> 他笑容可掬,孩子们对他嬉闹叽喳。
> 他伟大崇高,孩子们对他顶礼膜拜。
> 他至爱至仁,孩子们对他报以笑语。
> 他言行一致,孩子们对他感佩莫名。
> 他令出如山,孩子们对他敬重有加。
> 他的至交皆人中俊杰;
> 他的府第一尘不染,洁净幽雅。①

19世纪中产阶级的女性逐渐隐退至家中,充当贤妻良母的角色,被男权社会戴上"家庭天使"的冠冕,以此来对其进行规训。在家庭中,妻子处于从属地位,是丈夫的附属品。在家庭生活中,妻子不但要负责家政管理,还要负责管教子女。于是,女子的学识便和子女的教育、家庭的道德联系在一起。亚当·斯密曾在《国富论》中指出女性学识与家庭之间的关系:"女子所学的一切,无不明显的具有一定的有用目的:增进她肉体上的风姿,形成她内心的谨慎、谦虚、贞洁及节俭的美德,教以妇道,使她将来不愧为家庭主妇等等。"②女性作为维多利亚时代家庭的中心,其主要特征是"母性"

---

① [英]艾瑞克·霍布斯鲍姆,《资本的年代:1848~1875》,张晓华等译,南京:江苏人民出版社,1999,第311页。
② [英]亚当·斯密:《国民财富的性质和原因的研究(上卷)》,郭大力、王亚南译,上海:商务印书馆,2002,第387页。

与"女性道德",其学识对家庭有着重要的影响。因此,针对与女性学识有莫大关联的阅读,追求理想家庭模式的中产阶级必然要对其有所规范。

图17 维多利亚时代的"家庭天使"。由威廉·霍尔曼·亨特(William Holman Hunt)创作于1853年。

图18 "家庭天使"的理想形象：居住在温莎城堡的维多利亚女王与阿尔伯特亲王。由埃德温·亨利·兰西尔（Edwin Henry Landseer）创作于约1840—1843年间。

一、阅读的意义？

阅读是获取知识的有效方式，阅读活动往往是一个人实现或确认身份感的工具，常被认为是社会进步的标志。在19世纪，社会对阅读有着两种矛盾的观点。第一种观点较为直接，认为阅读是一种无用之物，浪费了原本可以花费在家庭事务上的时间，人们担心"散漫的阅读是非常有害的"。另一种观点则更为隐晦，他们将阅读视为闲暇时间的消费形式，并将其和意识形态联系起来，阅读被看作是控制主观性、获得不同类型知识的一种手段，以这种方式可以达到不同的社会期望和标准。因此，阅读有助于支持中产阶级家庭理想的意识形态，被看作是沟通情感、净化心灵、经营家庭的工具。据1847年《弗雷泽杂志》(*Fraser's Magazine*)一位撰稿人说：

> 爱书是一种家的感觉——家庭团聚的甜蜜纽带——也是家庭快乐的源泉。它在静谧的炉边散发出魅力，打开人们内心隐藏的共鸣，减轻病痛或孤独带来的疲惫，使志同道合的人在情感和思想的甜蜜陪伴中团结一致。它对它的信徒们散发出一种温和的、人性化的影响，甚至把悲伤本身哄得暂时忘却。
>
> 爱书是善良的天使，它在穷人的火炉边守望，并使之圣洁；把他从隐藏在魔法圈之外的诱惑中拯救出来；给了他新的思想和崇高的抱负；使之振作，仿佛把他从日常单调的机械工作中解脱出来。妻子赞美它，如同一边微笑坐着，一边做着针线活，时而倾听丈夫的声音，时而让孩子安静地躺在她的膝盖上。她赞美它，因为它把他留在她身边，使他愉快、有男子气概、心地善良——尽管对他读的书懂得不多，但是敬畏阅读，因为它使人进步。①

阅读还被认为是一种模仿社交的方式，以间接的方式向女孩介绍她可能在自己的生活中遇到的情况，或她应尽力避免的情况。因此，关于礼仪和良好行为的规则，尤其是做出道德判断的能力，她们只要反复阅读，就可以被灌输。阅读

---

① "Book-Love," *Frasers Magazine for Town and Country*, Vol. 36, No. 212 (August, 1847), p. 199.

的内容常常跟社交圈层联系在一起,《女孩自己的报纸》(*Girl's Own Paper*)将读好书的意义定义为:

> 提高思想的基调,净化道德……一个女孩会成为其所喜爱的作家优雅作品的反映,尽管她可能没有富有或高贵的朋友,但如果她在莎士比亚和弥尔顿的社会中游走,那么她将永远不会平庸,并永远使自己受到尊敬。①

图 19 书店里的两名女性顾客。约 1890 年,创作/拍摄者不详。

---

① James Mason, "How to Form a Small Library," *Girl's Own Paper*, October 2, 1880, p. 7.

通过阅读，可以判断一个人的品味和气质。通过阅读，读者可以将自己投射到被描绘的友谊和家庭关系中，这些关系可能会给她带来情感上的满足，以及获取她在日常生活中无法获得的社会经验。尽管对阅读持有不同的观点，但是他们却在限制女性阅读这件事上达成了惊人的一致。到了19世纪中叶，一些评论家和散文家开始猜测印刷术的迅速发展所带来的普遍危险。印刷术的发展带来了书籍的繁荣，但是过度滥读被认为有削弱道德的风险。许多维多利亚时代的人认为阅读会对心理健康产生影响，因此阅读是当时家庭政治最重要的一种手段。在维多利亚人眼中，女性阅读必须被监管，因为它是家庭理想构建的关键因素。

二、应该读什么？

在维多利亚时代，阅读不仅是一种消遣，而且被视作比正式教育还要重要的部分。

图20 维多利亚时代的阅读女性。绘于1863年，创作者不详。

人们将阅读活动视同饮食一般必不可少,他们常常引用培根的话以示其权威:"有些书可浅尝辄止,有些书可囫囵吞枣,但有少量书则须细细咀嚼,慢慢消化。"在他们眼里,阅读如同一种生理食欲特征,需要仔细控制摄入形式与数量,以避免暂时的消化不良或对系统造成长期的损害。阅读常常被比喻为饮食,和健康联系在一起。在 19 世纪末,韦尔登(J. E. C. Welldon,1854—1937)便坚称:"明智阅读比广泛阅读更重要。"他认为智力健康和身体健康一样,不是取决于食物的摄入量,而是取决于消化能力。① 露西·索尔斯比(Lucy Soulsby,1856—1927)在其《阅读杂感》(*Stray Thoughts on Reading*)一书中建议:"诗歌不应该成为我们阅读的主要内容,就像蜜饯不能作为我们的主食一样。"将阅读与饮食健康联系起来的比喻习惯一直延续到 20 世纪,1908 年,多萝西·欧文(Dorothy Owen)给她认为会轻蔑地看待其《给女学生的信》(*Letters to School-girls*)的人提了一个问题:"如果你每天的三餐只有糖果和美味佳肴,没有普通的或固体的食物,你的身体还会强壮吗?"②

在整个维多利亚时代,关于两性阅读方式的差异,以及女性为何更容易受阅读内容影响的研究与心理学、生理学的发展紧密地联系在一起。这些研究发现并证明了心灵和身体的亲密关系,指出在社会关系中,女性的身体以及对自己身体的体验天生与男性不同,因为他们有各自的生殖系统。正

---

① J. E. C. Welldon, "The Art of Reading Books," *National Review*, Vol. 23, No. 134 (April, 1894), p. 217.
② Dorothy Owen, *Letters to School-girls,* London: Skeffington & Son, 1908, p. 12.

如19世纪的医学专家所证明的那样，不同的生殖系统被广泛认为决定了特定的、天生的心理特征。因此，天生的性别差异导致了大脑运作机制的不同。随着这种大脑与身体之间的关系被普遍接受，男女之间由生理差异引起的阅读差异便成为讨论女性及其阅读的理论基础。

当阅读和女孩联系在一起时，阅读便和道德联系在了一起。在维多利亚时代，宣扬女性的贤良品质并不是什么新鲜事，温良顺从的烙印被深深地印刻在女性身上。基于维护中产阶级家庭理想的需要，女性阅读受到广泛关注。罗伯特·卡特（Robert Carter）建议，阅读只有在特定的环境下才是有益的，适度阅读不应被干涉，但过度阅读应该被谨慎对待。如为女性推荐合适的作者和书籍，并经常检查以确保她以一种"令人满意的"方式阅读。[①] 女性的阅读是必须受到监督的。虽然他们认为，阅读可以帮助女性培养美好的道德，但是过度而不加甄别的阅读会妨害其美德。因为，他们认为女性是容易受影响的，她们的情感更容易被唤起，而童年与青春期被认为是女性最容易受影响的阶段。

图21 维多利亚时代的阅读女性。由约翰·考尔科特·霍斯利（John Callcott Horsley）创作于1865年。

---

① Kate Flint, *The Woman Reader, 1837-1914*, Oxford: Oxford University Press, 1995, p.60.

图 22 维多利亚时代的阅读女性,曾被认为是小说家夏洛特·勃朗蒂。绘于 1850 年左右,创作者不详。

这种关于女性更敏感的假设可以在维多利亚时代早期的文本中找到,亚历山大·沃克(Alexander Walker,1779—1852)在《女性生理学》(*Woman Physiologically Considered*)中提出,人类接受感知的器官在女人身上比在男人身上更大,因为这些器官位于大脑额部,他的测量数据表明女性的前额通常都比男性大。因此女性更敏感,常常会比男性有更加强烈的情感。女性天生的生理差异导致其拥有脆弱而敏感的身体与心理,因此在阅读时她们时常受到"伤害"。首先,某些文本可能会腐蚀她纯洁的心灵,从而降低她作为一个女人的价值。其次,作为一个女人,她特别容易受到煽情材料的影响。① 基于此两种理由,女孩们常常被鼓励去阅读一些适合她们阅读的读本,时刻被提醒要保持对阅读的警醒。她们仅仅被允许读完美的书,读对其道德有良好教化作用的书。不仅如此,女孩们往往被建议针对一些最好的书反复阅读,而非进行涉猎广泛的阅读。②

《圣经》无疑是最好的读本,新约为所有其他形式的阅读奠定了道德基础。玛丽·安·斯托达特(Mary Ann Stodart)认为《圣经》不仅是适用于女性的智慧宝库,还提供了"女性的真实地位……《圣经》中的神圣女性,家庭妇女"的例子,并通过圣保罗的教导,说明了女性的特殊职责。③ 在要求女性读者仔细阅读《圣经》的同时,这些评论家也鼓励她们思考阅读材料和她们如何对待生活之间的联系。社会对女性阅读的控制十分谨慎,对于女性读者而言,连《圣经》也并非一直都是安全的。男孩通常被允许大胆自由地接触《圣经》,但是女孩却只能看被编辑裁剪过的内容。

指导书(advice manual)出现于新家庭观念生成的前夕,具象化地传递了中产阶级的家庭理想。19 世纪的指导书对"家庭生活崇拜"的构建起到了至关重要的作用,这些指导书

---

① Kate Flint, *The Woman Reader 1837-1914*, Oxford: Oxford University Press, 1995, p. 22.
② F. T. Palgrave, "On Readers in 1760 and 1860," *Macmillan's Magazine*, Issue 6 (April, 1860), pp. 488-489.
③ M. A. Stodart, *Principles of Education Practically Considered; with An Especial Reference to the Present State of Female Education in England*, London: Seeley, Burnside, and Seeley, 1844, p. 29.

通过对不同类型家庭提供建议来传递中产阶级构建理想家庭的愿望，其中包含了与日常家务和健康问题有关的知识，通常弥补了母亲向女儿提供知识的不足。

在19世纪，指导书一直作为家庭生活的领航者出现在家庭之中，对"家庭生活崇拜"的建立作出了贡献。这些指导书主要针对的是十几岁的中产阶级女孩，形成了一种为妇女编写的体例，而且主要由妇女编写，从而确保了各种家庭建议和信息的商业流通与传播。指导书为家庭理想的建构提供了一种女性主体性的"语法"，它整体的基调是教女孩学习如何照顾自己，如何表现自己，如何做家务，如何以最有利的方式利用闲暇时间，最终使自己成为好妻子和好母亲，构建出一种得体、谦逊与自我否定的"家庭妇女"形象。正如玛蒂尔达·普兰（Matilda Pullan，1819—1862）的《母亲给女儿的忠告》（*Maternal Advise to A Daughter*）和玛丽·贝利（Mary Bayly，1816—1899）的《老母亲给年轻妇女的信》（*Old Mother's Letter to Young Women*）的标题那样，这些书以建立母性模范（maternity model）和规训女儿为目的。伊丽莎白·桑德福德（Elizabeth Sandford，1797—1853）的《女人及其社会和家庭特征》（*Woman and Her Social and Domestic Character*）、安娜·詹姆森（Anna Jameson，1794—1860）的《女性特征》（*Characteristics of Women*）、莎拉·刘易斯（Sarah Lewis）的《女性的使命》（*Woman's Mission*）和塞奇威克（C. M. Sedgwick，1789—1867）的《方法与目的或自我训练》（*Means and Ends or Self-Training*），对"家庭生活"的建立具有重大贡献。伊丽莎白·斯特拉特（Elizabeth Strutt，1782—1867?）的《女性的灵魂：它的本质与属性》（*The Feminine Soul：Its Nature and Attributes*）是一部基督教著作,旨在让女性意识到认识并控制自己的感情的重要性,书中描述了"女人总是被她的情感所影响,而不是她的理解;因此,这些感情是用得好还是用得不好,她自己就会找到幸福或痛苦"①。她认为女性对角色的领悟与洞见是挽救一个家庭的关键。这些指导书通过不断强调那些没有准备就有了早期小说阅读经验的女孩的弱点,来对其阅读行为进行劝导。他们认为女孩在经受小说的诱惑之后,必然会毫无判断地坠入爱情。达文波特·亚当斯认为"女孩们通过阅读小说、无所事事和沉迷于白日梦来滋养这种虚构的情感"。因此指导书必须要为女孩建立起道德模范,让女孩们远离那些不良的影响。

16世纪的指导书在维多利亚时代仍然流行,可见这些文本虽然描述了不同的世界,然而女性沉默和顺从的形象没有丝毫改变。它们的目的乃强化女性温柔顺从是女性永恒不变的自然气质,将贤良淑德作为女性与生俱来的内在要求。于是,索尔斯比提供了一长串合适的小说,从苏珊·费里尔(Susan Ferrier, 1782—1854)和玛丽亚·埃奇沃思(Maria Edgeworth, 1768—1849)到萨克雷,从狄更斯到特罗洛普(Trollope),还有莎拉·弗雷泽·泰特勒(Sarah Fraser-Tytler)和奥列芬特夫人(Mrs. Oliphant, 1828—1897)。这些书都传递了维多利亚时代的道德观,索尔斯比期求女性读者从书中学习到女性的美好品德。

而一位署名为"懂她们的人(One Who Knows Them)"

---

① Elizabeth Strutt, *The Feminine Soul: Its Nature and Attributes, with Thoughts Upon Marriage, and Friendly Hints Upon Feminine Duties*, London:J. A. Hudson, 1857 p. 20.

的作者则从反面出发,对不符合道德要求的作品进行了严厉训斥,其《女孩和她们的方式》(Girls and Their Ways)列出了应当批评与避免的50多位诗人,近70部历史、90部传记、25部游记。此书还对《圣经》和莎士比亚戏剧中的遗漏进行了反思,并暗示过量的处方会导致危险的行为。① 然而伊丽莎白·罗宾斯(Elizabeth Robins,1862—1952)在1908年回顾了这些广泛流行的指导书,特别谴责了莎拉·埃利斯(Sarah Stickney Ellis,1799—1872)的《英国女人》(Women of England)、《英国女儿》(Daughters of England)、《英国母亲》(Mothers of England)以及《英国妻子》(Wives of England),她认为这些指导书使女性的每一个反抗念头最后都变成屈从,她们对每个人都无私,乐意向环境屈服并致力于寻找好男人,面对不忠的丈夫不是挑战他的行为,而是去渴求怜悯与同情。

在维多利亚时期,小说一直都是关于女性与阅读的讨论中心,人们普遍认为小说对女性的道德具有糟糕的影响,小说常常被比喻为"道德毒药(moral poison)"②。基于出版行业发展和社会进步的需要,小说在19世纪十分风靡。19世纪中期,小说的流行已经得到了广泛的评论。1858年《国家评论》的一篇文章评论特罗洛普时断言,"当今时代是小说的时代"③。

---

① Edward G. Salmon, "What Girls Read," *Nineteenth Century: A Monthly Review*, Vol. 20, No. 116 (October, 1886), p. 525.
② Kate Flint, *The Woman Reader, 1837-1914*, Oxford: Oxford University Press, 1995, p. 74.
③ "Art. VII-Mr. Trollope's Novels," *National Review*, Issue 14 (October, 1858), p. 416.

图 23　维多利亚时代的阅读女性。由沃尔特·克兰（Walter Crane）创作于 1872 年。

在小说繁荣的时代，女性阅读小说却时常被人诟病。一般认为，女人的想象力特别活跃，阅读小说将使她们误入歧途。1867 年《星期六评论》曾明确地抱怨小说会削弱女性的是非感，在《情感与痛苦：19 世纪 60 年代的女性消遣阅读》（Sentiment and Suffering：Women's Recreational Reading in the 1860s）一文中，莎莉·米切尔（Sally Mitchell）对阅读在女性生活中的情感作用也做了多方面的说明。① 小说的读者大部分是女性,但是对于大多数人来说,这种现象(通过小说传达出来的)是十分可怖的。玛蒂尔达·普兰在《母亲给女儿的忠告》中写道:"对小说的欲望就像孩子对蛋糕的喜爱一样,必须控制在适当的范围内,否则就会造成伤害。"②

许多社会评论担心女性沉溺在小说中,其道德将被小说引向不可知的可怕领域。他们的这些担心出于以下两点原因:第一,女性天生比男性更敏感,更容易被打动;第二,现实的约会并不那么引人入胜——女性有更多的遐想时间,也更倾向于沉浸在幻想中。《国家评论》另一篇文章也着重强调了女性的敏感性,以及严肃对待小说的重要性。作者认为,小说是富人们在闲暇时的消遣,因此阅读小说很有可能会直接影响男性或通过丈夫对国内具有影响力的人产生影响;第二,因为她们总是在闲暇时间阅读,这时大脑相对被动,批判性官能处于睡眠状态,因此,阅读的材料没有经过判断或筛选就被吸收了;第三,大部分拥有阅读习惯的年轻人对其阅读内容还记忆犹新时,小说的"道德标准"很大程度上是波动的和未成型的,她们的经验还不足以在关于生活的描绘中区分真假。③

女性阅读小说被视为一种慰藉策略和逃避手段。赫伯特·马克斯韦尔(Herbert Maxwell,1845—1937)在《对小

---

① Sally Mitchell, "Sentiment and Suffering: Women's Recreational Reading in the 1860s," *Victorian Studies*, Vol. 21, No. 1 (Autumn, 1977), p. 45.

② Mrs. Pullan, *Maternal Counsels to Daughters*, London: Darton and Co., 1855, p. 51.

③ "Art. VI-False Morality of Lady Novelists," *National Review*, Issue 15 (January, 1859), 144-145.

说的渴望》(*Craving for Fiction*) 中谈道:

> 小说之所以如此流行，是因为大多数人对自己所处的环境不满，在寻找一个没有单调乏味、没有失望的地方，以求从中找到慰藉……一个女人被剥夺了美丽的权利吗？那么她现在可以自由地把自己和迪弗农或德伯家的苔丝的命运联系在一起。①

图 24 阅读的女孩们。由亚历山大·马克·罗西 (Alexander Mark Rossi) 创作于 1897 年。

然而这种慰藉并非是有益的，大多数人认为小说在为读者提供避风港的同时也会诱导女性进行非道德的行为。小说不仅对理性与虔诚具有很强的负面作用，还会引发人们对现

---

① Herbert Maxwell, "The Craving for Fiction," *Nineteenth Century: A Monthly Review*, Vol. 33, No. 196 (June, 1893), p. 1057.

实生活的不满。浪漫主义小说一直受到怀疑,因为它不仅会激起女性对不切实际的浪漫的追求,还会引起她们对现实生活的不满。乔治·班顿(George Bainton,1841—?)在《作为情人和朋友的妻子》(Wife as Lover and Friend)中抱怨说:

> 这些小说是有害的,因为它们把困难描绘成婚姻的结局,忽视了对婚姻必然涉及的后续努力。"'他们结了婚,从此过着幸福的生活',这是一个充满爱意的传统,虽然我们由衷地希望这个传统能够实现,但是,在很多情况下,如果我们把它放进日常生活的平淡中去,就会发现它的起源是多么的不真实,它的原理又是多么的靠不住。"①

索尔斯比写道:"如果我们从一本小说中走出来,对我们被召唤到的生活状态感到不满,并倾向于怜悯自己,那么我们可以肯定,这样的小说就是我们的毒药,我们应该把它放下。"② 约翰·罗斯金在《芝麻与百合》(Sesame and Lilies)中写道:"最好的浪漫故事也会变得危险,如果它渲染日常生活的无趣乏味,并增加了对那些我们永远不会参与的场景的病态渴望。"她提醒读者,女孩的智力比男孩成熟得更快,她应该比她的男性同伴更早地被引导进入深刻而严肃的主题。"她阅读的文学作品范围应该……在她天生的尖锐的思想和敏

---

① George Bainton, *The Wife as Lover and Friend*, London: James Clarke & Company, 1895, p. 22. Quoted from Kate Flint, *The Woman Reader 1837-1914*, Oxford: Oxford University Press, 1995, p. 75.

② Lucy H. M. Soulsby, *Stray Thoughts on Reading*, p. 49.

捷的才智的基础上加上耐心和严肃的品质",因为所有这些都为她作为家庭和家庭道德的守护者做好了准备。

这些阅读建议都强调了年轻女性的脆弱,以及她可能受到的阅读内容的负面影响。基于保护女孩的目的,他们建议女性远离小说。在这些传统的卫道士眼中,小说就如同会随时将女性美德吞噬的洪水猛兽,小说最大的危害就是会使女性失去在婚姻市场上的价值,即她本有的纯洁和善良。但是,并非所有人都认为阅读小说是有害无益的。首先,保持阅读习惯比不进行任何阅读更加有益。菲莉斯·布朗(Phyllis Browne,1839—1927)认为阅读小说总比不阅读任何书籍要好得多,阅读故事有助于培养阅读习惯。布朗恩警告说,阻止一个女孩读故事书往往意味着破坏了其对阅读的热爱,而这种热爱正是在故事书的帮助下形成的。于是,布朗恩推荐女孩去读一些具有道德暗喻的故事。① 她的建议仍是基于阅读能帮助女性成为丈夫更好的伴侣而提出的。约翰·罗伯逊(John Robertson,1856—1933)在1904年提出了类似的建议:

> 我尤其要对母亲们说,如果你的女儿在业余时间表现出对小说的热爱,不要担心。如果你能在这条道路上引导她的品味上升,最好的计划是你也走上这条路,那么她会变得更聪明、更好,而不是更轻浮和懒惰。②

---

① Phyllis Browne, *What Girls Can Do*, London: Cassell, Petter, Galpin & Co., 1880, pp. 102-103. Quoted from Kate Flint, *The Woman Reader 1837-1914*, Oxford: Oxford University Press, 1995, p. 106.

② John M. Robertson, *What to Read: Suggestions for the Better Utilisation of Public Libraries*, London: Watts & Co., 1904, p. 9.

图 25　*在夜晚阅读的女性。由爱德华·波因特（Edward Poynter）创作于 1888 年。*

一位署名"狄申（Decem）"的作者认为，阅读小说有一个正当的理由，那便是它培养了共情的能力，但是它的主要功能是娱乐我们，让我们放松，特别是可以帮助读者从辛苦的工作中抽离出来。[①] 小说能为女性提供从未体验过的人生经验并从中获取知识，化名为瓦奥莱特·佩吉特（Violet Paget）

---

① Decem, "Fiction and its Uses," *Fraser's Magazine for Town and Country*, Vol. 72, No. 432 (December, 1865), p. 747.

的作家弗农·李（Vernon Lee，1856—1935）在文章《关于小说的对话》（A Dialogue on Novels）中，借笔下人物之口阐述了这一假设：

> 我相信我们大多数受过教育、敏感的男人和女人，能够分析我们认为自己几乎是天生的，不，是自然而然的人生观、性格和感情；这样我们就能科学地把它的起源分配给每一个，并追踪它的变化；我认为，如果这成为可能的话，我们就会发现，我们所认为的知识，或者说模模糊糊地从个人经验中获得的知识，有三分之一实际上是从我们或我们的朋友们读过的小说中获得的。[1]

除此之外，他们认为还有一些说教小说也对女性的发展提供了帮助。整个维多利亚时代，随着女孩受教育和就业机会的改善，说教小说本质上越来越多地包含对当代各种问题和社会运动的印象。更重要的是，这些小说建构的社会领域与情境促使女孩们内化她们在家庭中角色的关键本性。[2]

女孩在阅读过程中选择怎样的模范角色，对其成长有着至关重要的影响。达文波特·亚当斯向女孩们劝导：

> 许多年轻人的幻想都被诗歌和浪漫小说中的英雄人物的沉思所点燃；再次强调，我们的姑娘们，我们的少

---

[1] Violet Paget, "A Dialogue on Novels," *Contemporary Review*, Vol. 48 (September, 1885), p. 390.

[2] Judith Rowbotham, *Good Girls Make Good Wives: Guidance for Girls in Victorian Fiction*, Oxford: Basil Blackwell, 1989, pp. 1-10.

女们，没有理由不会受同样的启发。一首好诗或一部好小说中有许多美德。一个女孩为什么不努力以摆在她面前的美好榜样来塑造自己呢？一切都取决于模范的选择。①

可以说，不是小说与诗歌的形式，而是对书中模范的选择影响了女孩们的成长。由于女孩对阅读没有足够的判断力和掌控力，独自阅读书籍被认为是危险的，因此母亲作为监督者与陪伴者出现在女儿的阅读活动当中。玛蒂尔达·普兰表示女儿不能在没有母亲的允许下进行阅读，母亲的神圣与职责被再次强调。②

值得注意的是，那些评论者将阅读小说的结果归咎于它自身的叙述。如同将读者不可避免的沮丧简单地归因于那些小说中可预见的"腐败"的浪漫结果一样，评论者将一个家庭产生悲剧单一归咎于这个家庭的妻子和母亲对小说阅读的不可遏制的激情。他们认为丈夫头脑清醒，工作勤奋，但他的妻子却懒惰，沉迷于阅读一切能读到的浪漫小说。这使她完全忽视了她的丈夫、她自己和她的八个孩子，这必然导致家庭悲剧。法国小说的主题经常受到谴责，因为法国通常是进口色情作品的来源，因此人们将法国小说与腐败、堕落联系在一起。菲茨詹姆斯·斯蒂芬（Fitzjames Stephen, 1829—1894）就对福楼拜（Gustave Flaubert, 1821—1880）的《包法利夫人》（*Madame Bovary*）这样评论："这本书我们不可

---

① W. H. Davenport Adams, *Woman's Work and Worth in Girlhood, Maidenhood, and Wifehood*, London: John Hogg, 1880, p. 142.

② Mrs. Pullan, *Maternal Counsels to Daughters*, London: Darton and Co., 1855, p. 52.

以推荐任何男人去读,更不用说女性了。"这一观点的基础是因为包法利夫人被描绘为一个缺乏责任感和道德败坏的女人,而福楼拜似乎并没有假定他的读者有能力去判断自己的道德。福楼拜也表明,包法利夫人的想象所遵循的方向是她在修道院浪漫小说阅读所提供的。①

大量的宗教式批评在处理女性和阅读的主题时,也将目光集中在由小说引起的问题上。福音派将其批评建立在对小说的怀疑上,并直言不讳地表达对女性弱点的担忧。他们认为女性读者在读这类书后会产生一种不切实际的幻想,幻想自己如同这个女主人公一样嫁给一个绅士,这并不会对她们成为贤妻良母有所裨益。这些批评者通过对女性敏感的本性的指责使其对小说产生畏惧。然而一些女性的自传表明,禁止女孩阅读反而会成为鼓励其阅读的手段。②

这种威胁并没有阻止女性对小说的追求,反而助长了其对小说的好奇心。虽然受生理与心理特征的影响,女孩相较男孩而言更加敏感,更加重视情感,更多关注家庭与子女,但这并不是她们的全部。那些评论家的建议反映了维多利亚时代普遍存在的关于女性阅读的刻板印象,以及社会对中产阶级女性读者的欲望与敏感性的广泛关注与焦虑。

从这一时期女性的自传、信件以及各种期刊中透露出的信息来看,该时期的女性读者用自己的阅读实践回应了那些评论。

---

① Fitzjames Stephen, "Madame Bovary," *Saturday Review*, Vol. 4, No. 89 (July, 1857), pp. 40-41.
② Kate Flint, *The Woman Reader 1837-1914*, Oxford: Oxford University Press, 1995, p. 91.

三、她们读了什么?

> 如果道德世界是(女性的)世界,谁还需要商业和政治的公共世界?女人可以在家庭中找到生命的真正意义,家庭是女人的职业,她在那里找到的爱会满足她的需要……爱是女人的本分;得到她心爱的奖赏。女性的目标应该是成为更好的妻子和母亲。[①]

维多利亚时代的女性被牢牢地困锁在家庭之中,母亲与妻子的身份让她们难以找到自我,她们的行为必须有利于她们成为"家庭天使",反之则会受到严厉的禁止。因此,女孩们的阅读是在服从与反抗家长监督的矛盾中实现的。她们一方面出于社会生存与交往的需要,与传统的女性期待达成了共识,继续用"家庭天使"的形象对自己进行要求;另一方面受求知欲与好奇心的驱使,偷偷地阅读一些"禁书"。例如,苏格兰女科学作家、博学家玛丽·萨默维尔在其自传中谈到她的母亲十分喜欢阅读,对知识十分饥渴,因此她并不反对孩子阅读,于是萨默维尔可以在做家务之余阅读莎士比亚。然而,萨默维尔的姨妈来她家做客时则向她母亲表示,萨默维尔花费在缝纫上的时间还不如一个男人,于是萨默维尔被送到一个乡村学校去学习缝纫。对于被禁止阅读,萨默维尔表示愤怒,她说:"他们如此强烈地反对让我得到阅读机

[①] Leonore Davidoff and Catherine Hall, *Family Fortunes: Men and Women of the English Middle Class, 1780-1850*, Chicago: The University of Chicago Press, 1987, p. 183.

会，令我感到恼怒。既然上帝给予了女性对知识的渴望，人们却认为她们获取知识是错误的，这不公平。"[1] 社会观念与个人观念在此产生强烈冲突，在传统性别意识的关照下女性的主要职责仍在家庭内部，阅读如若妨害了对其"女性天职"的培养便会遭到严厉禁止。

从女性自传中我们可以看出，阅读是女性最重要的记忆之一，成为其自传中的重要部分，大多数女性都会在其自传中谈及阅读对她的影响。写作自传的女性是一批已经进入公共领域的女性，她们是作家、教育家、妇女运动的积极分子，或者行政人员。正如简·马库斯（Jane Marcus）指出的那样，对这些女性来说，写自传可以被理解为从公共话语转向私人话语，在女性历史上重新署上她们的名字。通过这种方式，女性作者可以以一种更贴近读者真实境况的方式来呈现她们的生活，而非像以往那样让她们难以接近。对于一个女人来说，在通过自传构建和呈现自己的身份时，阅读成为展示其态度的重要部分。[2] 历史学家和政治评论家玛格丽特·科尔（Margaret Cole）的自传，包含了大量关于她在 19 世纪末 20 世纪初作为一个孩子和青少年时阅读的信息。她贪婪地阅读了很多书，从狄更斯、萨克雷、吉卜林读到刘易斯·卡罗尔（Lewis Carroll）、比阿特克里斯·波特（Beatrix Potter）和朱莉安娜·尤因（Juliana Ewing），不一而足。母亲与女儿的阅

---

[1] Mary Somerville, *Personal Collection: From Early Life to Old Age*, London: John Murray, 1873, p. 28.
[2] Jane Marcus, "Invincible Mediocrity: The Private Selves of Public Women," in Shari Benstock, ed., *The Private Self: Theory and Practice of Women's Autobiographical Writings*, Chapel Hill: The University of North Carolina Press, 1988, p. 114.

读品味并非永远相同,对于母亲的阅读建议,女儿的态度可以反映出她对阅读的自我思考。艾米·巴洛(Amy Barlow)在19世纪90年代末的一篇文章中回忆:她的母亲似乎对她童年时期的阅读有着清晰的记忆,她会热情地向女儿推荐那些对她来说意义重大的书。这些书分别是《简阿姨的英雄》(Aunt Jane's Hero)、《朝向天国》(Stepping Heavenward)、《旧头盔》(Old Helmet),但实际上巴洛更倾向于以怀疑和轻率的态度对待那些书。① 在《女孩能做什么》(What Girls Can Do)中,菲利斯·布朗恩讲述了她自己的经历,目的是让她的读者相信,在控制女儿阅读方面过于严格是有缺陷的。的确,女性是敏感而脆弱的,但这也只是她的一部分而并非全部。

维多利亚时代的女性在男性构建的权利话语下,一方面为了保持女性的传统气质必须读那些被建议阅读的书籍;另一方面又展现出自己的阅读兴趣与思考,她们或偷偷地阅读浪漫小说,或偷偷阅读历史、科学,在阅读光芒的照射下显示出其独特的魅力。

很显然,严密的禁止会带来适得其反的效果,一些女孩在脱离学校或长辈的严厉管教之后会开始疯狂地阅读。路易莎·马丁戴尔(Louisa Martindale)1857年离开学校后,主要阅读的是《圣经》,后来开始读《弗雷泽杂志》,她的日记开始全部引用这本杂志和《泰晤士报》的文章,主题从国家防御到新西兰的战争,不一而足。她读了赛明顿(Symington)关于建筑、雕塑和绘画的著作,被其深深吸引。她还读了弗劳德的《英国史》、班克罗夫特的《美国革命史》、罗林的

---

① Amy Barlow, *Seventh Child: The Autobiography of a Schoolmistress*, London:Duckworth, 1969, pp. 20-21.

《古代史》和洛克的《人类理解论》。她女儿后来回忆说:"这个书单对于一个24岁的年轻女性来说算是不错的,在书籍的选择上,她的寄宿学校教育提供不了什么帮助。"① 19世纪中叶,黑斯廷斯一个名为索菲亚·珍克斯-布雷克(Sophia Jex-Blake,1840—1912)的女孩,出生在一个严格的天主教家庭,宗教枷锁让她失去了很多的阅读机会。她的父亲只允许她读宗教典籍,谴责小说"主要是垃圾",科学作品会让人不信神而受惩罚。但当索菲亚来到伦敦女王学院上学后,逃出家庭权威的她就开始饥渴地阅读一切有关科学与医学的实用书籍。后来,她成为英国开创女医师职业的先驱人物之一。②

1877年,《维多利亚杂志》(*Victoria Magazine*)刊登了一篇题为《女子寄宿学校》(Boarding-Schools for Girls)的文章,作者感慨道:"就我们自己而言,我们认为年轻女士在其最后一所学校经历了一两年的填鸭式教育之后,将她的书束之高阁,终于松了一口气,决定以后只读三卷本的小说,这是有理由的。"③ 文章对年轻女士青睐小说表现出了理解与同情,但也展示出一种固有的性别偏见。其实,女孩自身也很警惕这些书可能产生的不良影响,其阅读兴趣不只在小说,也在科学、医学、历史等更加严谨、实用的领域。当女性无法拥有完全属于自己的阅读天地时,男性的书架便成为培养女性性格与判断力的重要场所。爱德华(Edward G. Salmon)

---

① Kate Flint, *The Woman Reader 1837-1914*, Oxford: Oxford University Press, 1995, p. 226.
② Amy Cruse, *The Victorians and Their Reading*, Boston: Houghton and Mifflin Company, 1935, p. 346.
③ Kate Flint, *The Woman Reader 1837-1914*, Oxford: Oxford University Press, 1995, p. 136

在《女孩读什么》(*What Girls Read*)中指责那些"伪善"的书令人不快的品质,并指责那些说教性的书让女孩们转而去找她们兄弟的书架翻书。① 而经父亲与丈夫同意在其图书馆内自由阅读,则很大程度上增添了女性的自信魅力。简·柯蒂斯·布朗(Jean Curtis Brown)的牧师父亲为她保留了一个书架,在书架上摆放着《莫尔斯沃思太太》(*Mrs. Molesworth*),安德鲁·朗(Andrew Lang)的童话全集、《水宝宝》(*Water Babies*)和一些意大利绘画作品。她被允许自由地出入父亲的书房,父亲会让她帮忙查找参考资料,当她快速正确地找到书时,她感到十分自豪。② 这种自豪源于她能像男性一样接触书籍,并展示出其驾轻就熟的智慧。

对女孩而言,阅读也并非只是一种消遣,而是帮助她们理解学习、吸收知识的一种有效手段,是对填鸭式教育的一种实用性补充。一位女学生在曼彻斯特中学杂志上化名莎孚(Sappho)发表了题为《读什么和怎么读》(What to read and how to read)的文章,谈道:

> 像完成任务般记住一连串特别长的日期,没有参照应该参照的历史实质,这样对学习者几乎不能产生任何吸引力;但是如果我们阅读并理解所讨论的叙事……这些事自然就会在我们脑海中牢牢地按照顺序排列,形成前因后果……我们不能期待我们的学习会非常有趣,除

---

① Edward G. Salmon, "What Girls Read," *Nineteenth Century: A Monthly Review*, Vol. 20, No. 116 (October, 1886), p. 515.
② Kate Flint, *The Woman Reader 1837-1914*, Oxford: Oxford University Press, 1995, p. 200.

非我们不只像读教科书那样,而是用一种更广阔的方式去追寻它。①

图 26 英国中产阶级的藏书室,被称为"私人图书馆(private library)"。由理查德·詹姆斯·莱恩(Richard James Lane)创作于约 1836 年。

---

① Sappho, "What to Read and How to Read," *Manchester High School Magazine*, Vol. 9 (1885), p. 339.

莎孚认为教科书式的学习是枯燥乏味的,只有广泛的阅读能够增强学习者的兴趣、弥补填鸭式教育的不足。评论者对女性阅读小说的猛烈抨击,使女性读者蒙上痴迷轻松、愉悦的文学作品的刻板印象。这种固有的偏见忽视了她们在科学知识领域的探索。

其实,在科学昌明、知识繁荣的时代潮流席卷之下,科学从一个相对深奥的追求,变成了一门对所有人的日常生活都有深远影响的学科,女性对科学与知识的浓厚兴趣也毫不逊色。知识为女性提供了更加清晰的头脑,让她们不再心甘情愿地接受"家庭天使"的身份,开始质疑身上被赋予的"天职",企图成为区别于"家庭天使"的"新女性"。她们认为现行环境下女性没有合理机会去做最好的工作,也很难尽其所能为世界福利与幸福做贡献,于是她们勇敢地、充满希望地打破常规,期冀闯出一条破除对女性歧视的道路,建立女性获得自由发展权利的新制度。她们并不意图树立性别对抗,也诚心感谢接受许多男性的自愿帮助。她们不把自己视作烈士或伟人,而只是单纯地想向

图27 1850年左右英国中产阶级家庭的书房一角。创作者不详,现藏于纽约史密森学会的库柏·休伊特博物馆。

这个世界展示,女性也可以完成一些比较艰难的事情,并且能做得很好。维多利亚时代中期,许多有学识的女性开始为女性争取更平等的教育、就业甚至参与政治活动的机会。总体而言,"新女性"的要求主要体现在五个方面:

第一,要求在教育机会上与男性平等;

第二,要求女性进入学问职业领域不受限制;

第三,要求女性在国家政府占有一席之地;

第四,要求移除所有施加于女性的穿着、礼仪和生活方式的传统限制;

第五,反对女性遭受婚姻纽带困扰,呼吁新的女性道德原则。

1792年玛丽·沃斯通克拉夫特在《为女权辩护:关于政治和道德问题的批评》(*A Vindication of the Rights of Woman: with Strictures on Political and Moral Subjects*)中谈道,平等的教育机会是改变女性边缘地位的关键。值得注意的是,此刻所谈及的教育不再是出于帮助女性完成母性职责的目的,而是希冀通过教育使女性拥有更加丰富的知识,并为其提供家庭之外的更广阔的空间和可能。勃朗宁夫人(Elizabeth Barrett Browning,1806—1861)在谈其读《为女权辩护》时说:"我十二岁的时候,曾读过玛丽·沃斯通克拉夫特的《为女权辩护》,那时我因没生而为男子伤心,她的信条和她的修辞一样,都令我十分喜悦。"[①] 无疑,《为女权辩护》安慰并鼓舞了那些渴望平等权利的女性,让她们有勇气去打破陈规,这种突破首先就体现在其试图打破阅读禁忌的尝试

---

① Philip Kelley and Scott Lewis, eds., *The Brownings' Correspondence*, Volume 9, Winfield: Wedgestone Press, 1991, p. 292.

上。勃朗宁夫人在写给未婚夫罗伯特·勃朗宁（Robert Browning，1812—1889）的信中谈道：

> 考虑到我们所处时代教育的普及，以及我打破戒规束缚争取自由的能力与机会，我才不会像别的孩子那样墨守成规……爸爸曾说"不要读吉本的《罗马帝国衰亡史》，它不是一本合适的书；不要读《汤姆·琼斯的故事》，书架这一边的书都不能读，记住"——所以我很顺从，从没碰过那一边的书，只在那（偷偷）读了托马斯·潘恩《理性的时代》、伏尔泰《哲学词典》、休谟《道德哲学论文集》，还有玛丽·沃斯通克拉夫特、威瑟尔、卢梭等人的书。我从没被怀疑朝那边看过，这些书当然也不是"在那边"的书，但它们确实是。

父亲的禁令并没有阻止年轻的伊丽莎白·巴雷特（Elizabeth Barrett）① 追求自己想要的知识，她十分清楚地知道被父亲禁止阅读的是哪一类书籍，但是通过其秘密的阅读行为可以看出，她并不认同这种被男权强加在女性身上的限制。夏洛蒂·勃朗特（Charlotte Brontë，1816—1855）在读亚历山大·约翰·斯科特（Alexander John Scott，1768—1840）的《关于女性教育的建议》（*Suggestions on Female Education*）时也曾说道：

> 我无比愉快地读了这本书，它写得很好，思想很公

---

① 勃朗宁夫人的婚前名字。

正,表达也很清楚恰当。这个年代的女孩们很有优势,她们在吸收知识和培养心智上得到了很多鼓励。近些年的女性很可能饱读诗书,而不会被人们一起污蔑为"半吊子"或"假学究"。①

"假学究"(blues)是维多利亚时代对知识女性的一种谬称,指女性故作深沉和有学问的样子看书。《弗登特·格林先生的冒险》(*The Adventures of Mr. Verdant Green*)上有一段描述:"她坐得笔直,披着她那美好而真切的黑发,优雅地分成四簇卷发……她鼻子也端庄,手里捧着一本词典。"以讽刺女性端坐读书的神态。在当时"假学究"的名头严重损害了一个年轻女性追求婚姻的机会,因为像埃利斯女士(Mrs. Ellis)所解释的:"男人不会想要有学识的妻子。"② 当女性教育被大力提倡的同时,女性阅读的污名也在很大程度上得到了清洗。女性不再囿于社会的压力抑制自己对知识的渴望,而是真正清晰地认识到知识能带来快乐和机会。

后来的护士精神先驱、"提灯女士"弗洛伦丝·南丁格尔(Florence Nightingale,1820—1910)年少时和她同阶级的女孩一样,在家里接受家庭女教师的教育,但她从作为学者的父亲的阅读中学到了很多。她可以读希腊文、拉丁文和意大利文,也读过数学和哲学的著作,尤其喜欢广泛地阅读关于

---

① Thomas James Wise and John Alexander Symington, eds., *The Brontes: Their Lives, Friendships and Correspondence, Vol. 2*, Oxford: Blackwell, 1980, pp. 88-89.

② Amy Cruse, The Victorians and Their Reading, Boston: Houghton and Mifflin Company, 1935, p. 343.

社会状况和社会工作理想的书籍，对卡莱尔、金斯利的作品深感兴趣。她曾读过一本叫作《安娜：一个家庭女儿的人生》（*Anna：or Passages in the Life of a Daughter at Home*）的小说，她在笔记中记下故事主人公被剥夺做自己喜欢之事的权利是非常不幸的。她不喜欢安娜接受在家庭限制里了此余生的结局命运，表示她还是想要为自己争取一个更大的世界，让她能够孜孜不倦地读书和学习，所以在机会到来时她便已做好准备。很显然，当时的中产阶级女孩看到一个更为光明的可能，她们意识到知识是帮助她们走向更宽阔天地的动力。正是丰富而专业的阅读成就了许多像勃朗宁夫人、盖斯凯尔夫人（Elizabeth Cleghorn Gaskell，1810—1865）、伊丽莎白·希维尔（Elizabeth Missing Sewell，1815—1906）、乔治·艾略特（George Eliot，1819—1880）和夏洛蒂·勃朗特这样的优秀女性，她们能成为伟大作家是其追求知识的结果。

当家务仍旧是女性最主要的职责时，女性往往只能利用家务以外的空闲时间进行阅读，她们的阅读时间短暂而珍贵。伊莉莎·埃利斯（Eliza Ellis，1825—？）酷爱阅读地质学的书籍，她说："我非常高兴阅读了许多地质学的书籍。《古时地球的地理简述》（*Geological Sketches and Glimpses of the ancient Earth*）是我读的第一本书，它是极好的入门读本，非常吸引我，因此我读了很多遍。"不仅如此，她还希望通过更加广泛的科学阅读增加自己的学识：

> 我在家的时候阅读《宇宙：宇宙物理描述概述》（*Cosmos：A Sketch of the Physical Description of the Universe*），它的有些内容十分有趣，但是其他内容对于我有限的理解能力而言过于科学了。不过，我还是希望

能从中获取一些新奇而有用的信息。①

像诸多维多利亚时代的女性那样,她没有属于自己的阅读时间,只能抽空偷偷阅读。当她在忙于社交活动无暇读书时,她给姐妹写信抱怨说:"我几乎没读过什么,只是偶尔在一些书评中读到一篇可怜的文章。当我翻阅某本书时,当我想起书是我无法触及的隐秘宝藏,我便带着一颗压抑的心转过身去。"② 知识的强大吸引力与无法自由阅读的矛盾让埃利斯对自己的阅读境况感到压抑和无助,而且家中事务也常常迫使她中断阅读:

> 我开始读尼克尔教授的一本天文学著作,因为你必须知道,对于最崇高的科学,我们(A·M·B、简和我)现在都感到无法言喻的空洞,决定深入挖掘它的宝藏。这本书我读了一半以上,非常感兴趣。因为家里来了很多客人,我被迫把书搁在一边。我只能抱着更光明的日子会很快到来的希望,以此来慰藉我失望的心灵。

埃利斯在《钱伯斯爱丁堡杂志》上看到关于女性教育问题的文章时备受鼓舞,因为上面对女性教育的看法与她不谋而合。通过学习,埃利斯最终成长为一名地质学者,曾在1848年成为化石学会成立后的首批女性成员之一。

---

① Eliza Ellis, *Letters and Memorials of Eliza Ellis: Compiled by Her Sister, Margaret Ellis*, Leicester: Printed by Samuel Clarke, 1883, p. 34.
② Eliza Ellis, *Letters and Memorials of Eliza Ellis: Compiled by Her Sister, Margaret Ellis*, Leicester: Printed by Samuel Clarke, 1883, p. 36.

女性的阅读实践与阅读笔记有力地回击了时人对女性阅读的传统偏见,这些女性往往有着自己独特的思考,并不是像男性担心的那样一味地受书籍"蛊惑",更多的是表现出对知识的焦虑和饥渴。教育女作家伊丽莎白·希维尔曾向父亲的朋友借书来读,其中主要是历史书,如威廉·罗素(William Russell)的《欧洲近代史》、威廉·罗伯逊(William Robertson)的《查理五世统治史》与《威尼斯总督史》。她写道:"我曾经努力自学,因为我知道我特别无知。这些我艰辛阅读的书是我父亲非常重视的一位亲密朋友——特恩布尔先生(Mr. Turnbull)借给我的。"此外,她还经常前往图书馆借阅严肃的知识书籍,比如关于植物学的书籍:

> 另外,我了解了一些基本的林奈系统植物学,但恐怕我的研究还很肤浅:没有什么事情是我完全懂得的,但我会读身边一切能找到的书。纽波特有一个很棒的城镇图书馆,在那里我能借到任何优秀的现代著作,除了更严肃的书以外,我手上还有一些轻松点的书。

可以看出,在知识繁荣的维多利亚时代,女性面临的知识焦虑是巨大的,她们不仅担心粗浅的学习会导致无知,也恐惧无法融入蓬勃发展的知识社会。于是,当知识的光芒照耀其身时,她们深知这种力量会带领她们走出历史的困境,走向新的希望。因此女性往往根据自身的兴趣与追求去拟定阅读计划,期望可以通过阅读来帮助自己完成既定的人生目标。

女权运动活动家、威尔士妇女解放运动领导者之一的西比尔·托马斯(Sybil Thomas,1857—1941),不仅关注女性文学领域，还会为了女权运动事业涉猎更广泛学科领域的书籍。她明言，对女性文学的阅读引导她进入其他学科领域。为了将女性放在特定语境下去理解其社会位置，她开始广泛地阅读政治科学、经济学、心理学、社会学、人类学方面的书。她还谈及为了得到哈夫洛克·埃利斯（Havelock Ellis，1859—1939）的《性别心理学》（*The Psychology of Sex*）所遇到的许多想不到的困难，甚至她的父亲都不能直接去书店以自己名义买这套书，"一个人要买到这本书必须从医生或律师那里拿到签字证明，表示他适合读这本书"①。最后，她从1909年成立的卡文迪许·本廷克图书馆（Cavendish Bentinck Library）借到了这本书，该图书馆会员仅限女性，初衷旨在为妇女解放事业服务。由此可见，维多利亚时代对女性获取知识是严密管控的，但知识女性正在打破这种限制。

乔治·艾略特天资聪颖，对问题有着独到的见解。她的阅读十分广泛，读过莱辛的《拉奥孔》、海涅的《德国宗教和哲学史概观》、麦考莱的《英国史》、约翰·密尔的《政治经济学原理》，还大量阅读医学、天文学、心理学和科学著作，如《通俗田间植物学》《古代天文学》《天文地理学》以及斯宾塞的《科学的起源》和《心理学原理》等。为了清楚说明某部作品中关于英国医疗的背景，她"过去两周什么都没做，除了读医学方面的书——《医学院百科全书》《医学的历史与英雄》"。②

---

① The Viscountess Rhondda, *This Was My World*, London: Macmillan & Co., 1933, p. 127.
② George Eliot, *The Journals of George Eliot*, edited by Margaret Harris and Judith Johnston, Cambridge: Cambridge University Press, 1998, p. 138.

从艾略特的自述中可以窥见,其对阅读的要求是实用性乃至理性、学术的,绝非单纯的娱乐。她在谈到读哈里特·马蒂诺(Harriet Martineau,1802—1876)的《三十年和约史》(*Thirty Years' Peace*)时说:"昨晚读了马蒂诺小姐的《三十年和约史》第二卷的几百页后,决定不再继续读了。她的历史是感性、辞藻华丽的风格,读着太累又给不了什么教益,不像她的《改革运动史》那么有趣。"① 她期望从阅读中获益,而不是受到华丽辞藻的吸引或丰沛感情的诱惑。她的阅读为其后的写作积累了丰富素材,为其成为19世纪英国最有影响力的文学家之一奠定了知识基础。

19世纪90代,女性阅读的问题中最活跃的是知识获取的问题。尽管女性在阅读上付出了不懈努力,但囿于社会固有的成见,以及中产阶级的道德制度使得维多利亚时代的女性没有办法真正走出困境。于是,新的虚构形式出现了,它集中表现了"女性问题"的焦虑。新女性小说(New Woman Fiction)出现于19世纪80—90年代,它并不是一种单一的文学题材,而是以女性为中心角色的多种题材复合体,主要包括符合1894年W.T.斯泰德(W.T.Stead,1849—1912)对"现代女性小说"的描述:"女性作家站在女性立场上写的关于女性的小说。"新女性小说大多具有自传性质,它们将女性的生活视为一个连续的过程,坦然讨论性和婚姻问题,更加强调女性的成长,宣扬在苦境中坚持学习知识而获益的原则。这些原则是女性通过理性思考而自己得出的结论,并不是由占主导地位的社会信仰强加在她们思想里的。在新女性小说

---

① George Eliot, *The Journals of George Eliot*, edited by Margaret Harris and Judith Johnston, Cambridge:Cambridge University Press, 1998, p. 73.

中，女性普遍被树立为能言善辩和能够自决的积极形象，她们直接或间接地反抗传统"家庭天使"的迷思，挑战旧的礼仪、道德和行为法则，这种强烈反差或许体现了"女性问题"在整个维多利亚时代引发的焦虑与恐惧。通过表达对当下女性在社会和婚姻中地位的不满，这些书写离经叛道的女性的小说变成了激发关于性别关系的公共讨论之导火索，而此类讨论在过去曾是禁忌。

无论如何，正如亨利·柏格森（Henri Bergson）所言，时间是绵延的，女性的阅读经验会成为其生命经验中的重要组成部分，在现实中与其人生经历相互影响，最后成为其意识的一部分。

四、小　结

书籍和阅读对女性来说至关重要，它们不仅为女性在休闲时间找到了合适的消遣，也为其增添了智力上的魅力。然而女性的阅读总是被作为攻击她们的手段，无论是增长知识还是休闲消遣，对传统男权社会而言，女性阅读都弥漫着一股危险的气息。对女性职责的重申，以及对其阅读的建议都体现了维多利亚时代对女性社会功能的规定与态度，传达了该时期的主流声音。维多利亚时代，男性可以自由地阅读科学、戏剧、诗歌和古典作品，却有一种特别紧迫的使命去监督女性的阅读。不仅女性阅读小说、诗歌和戏剧会受到批评，而且阅读科学、历史、游记甚至阅读《圣经》也被认为会妨碍女性的品质。

从对女性读者的建议来看，无论是支持还是反对都是基于社会规训的目的而形成的。女性阅读不仅反映了女性对知识追求的态度,还传达了社会对女性的要求,更展现了维多利亚时期男性对知识女性的焦虑。女性评论家们抱怨说,这个时代的纪律和控制机制不是针对典型的读者,而是针对非常脆弱、没有受过教育和不成熟的人,或者说是针对无知、愚蠢、软弱,因而绝大多数女性读者被剥夺了阅读无害、有趣之书的权利。那些保守的评论家所担心的远不是文本的内容,而是其隐含的意义。他们认为植物学意味着性欲,天文学意味着对传统女性气质的逃避,古典文学意味着对男性特权的篡夺,诗歌意味着颠覆性的想象,哲学意味着革命,小说意味着诱惑。对于保守的思想家来说,即使是最值得尊敬的阅读也蕴含着潜在的危险,因为他们担心女性自我意识与智力的觉醒,因此他们反对女性阅读这些内容以达到塑造理想家庭妇女、维护男权中心社会的目的。他们认为女性的阅读大多数是为了身心娱乐,或是为了逃避,但从来不是为了追求智力或政治上的进步,这一贬低性的假设将女子拒绝在追求知识的门外。

然而,知识的魅力与力量不断地吸引着女性在书籍面前驻足,她们凭着对知识的渴望贪婪地阅读着各种书籍。女性在阅读的反思与反叛当中丰富了情感与知识,为"新女性"的到来提供了丰富的智力准备。

结语：
维多利亚时代的智识创造与文明进步

维多利亚时代之所以如此受后世学者关注，不仅仅在于其强盛的国力、振奋的工业精神和影响广泛的"维多利亚风尚"，也在于当时人们对智识创造与文明进步空前强烈的信仰。如今历史学家和文化研究者普遍赞同维多利亚时代的英国其实形成了一个"知识社会"，虽然它并不意味着那时英国人所笃信的"知识"都符合现代意义上的科学标准，但不可否认，维多利亚人对掌握知识、学问、真理前所未有的自信是令人惊讶的。

在本书三个专题部分的研究中，我们试图解答这样一个问题：如果说维多利亚时代确实出现了一场关乎知识观的"博学运动"，那么它是如何建构起来的？本书着眼于建构的中间进程，也就是贯穿全文的宗旨"知识生产"。这一概念不能完全等同于今天我们常说的"知识传播"，因为正如书中讨论威廉·斯塔布斯、《钱伯斯百科全书》《牛津英语词典》、旅游指南书和女性阅读规范时所描绘的，"传播"只是"知识生产"的其中一环，其更为重要的意义也许是它对于知识思维的塑造，强调知识被重新整理、分类、解释的过程。换句话说，它其实是一个在原有知识采集的基础上进行的"再创造"

活动，就像是变着花样讲别人故事的吟游诗人。维多利亚时代英国的"知识生产"集中于大学、学术机构、博物馆和书籍中，迅猛发展到顶峰，带来知识的专业化和民主化，并赋予知识跨越阶级、性别与空间界限的力量。可以说，在19世纪英国这场具有社会变革性的"博学运动"中，"知识生产"的飞跃发展占据了甚为关键的位置。与此同时，欧洲大陆任何一个国家的知识产业都没能达到如此高度。

因此，20世纪初叶英国的科学学会和文人群体为"知识的胜利"而欢呼庆祝时，我们不应忘记高楼是一层一层搭起来的。知识的发现者也许打好了地基，但完成建造整座高楼的是那些建筑者们。如同英国皇家学会、林奈学会、考古学会、语文学会等大型知识组织的奋力托举，也如同达尔文和赫胥黎之于英国生物学、迈克尔·福斯特之于英国实验生理学、阿尔弗莱德·拉塞尔·华莱士和亨利·贝茨之于动物博物学、威廉·休厄尔之于归纳科学、本杰明·乔伊特之于古典学等，学会与学者着眼当下，方组成了学科专业化的华章。

同样，英国历史学在"牛津历史学派"和"曼彻斯特历史学派"的带领下不仅实现了科学建制，而且逐渐走上世界之巅，这项成就离不开威廉·斯塔布斯在牛津大学的基础工作及其宪政史研究的新理论。斯塔布斯的声誉掩盖了他在建立一门科学的、专业化的历史学科过程中的艰辛。正如斯塔布斯所意识到的，学科的专业化建设及内部的研究不是要让学问变得更曲高和寡，而是让人们接受真正的知识，那些知识因科学的验证而得到确信。因此，斯塔布斯才无数次在授课、讲座和演讲中向人们，特别是下一代学生传扬科学化的历史研究方法。"牛津历史学派"体现了斯塔布斯的这一愿景，它受学院导师制而非分散的教授教学支配，作为"公民的学校"致力于依据科学的、客观主义的、激励性的原则给予学生历史学教育,而非像以往那样,仅仅注重个别专家层面的研究。这一理念的践行促成了英国顶尖大学,如牛津大学、剑桥大学、爱丁堡大学、曼彻斯特大学等学府中历史学科的专业化,而其起源显然是斯塔布斯带来的新认知。

大学、科研机构和学术团体也许是知识生产趋向专业化的"实验场",但知识分子们没有忘记传播媒介的作用,比如口头表达的"谈话"。讲座、辩论和口头考试早已得到广泛利用,而研讨班、圆桌学术会议的知识交换形式在19世纪的英国逐渐流行起来。相比起来,学者运用程度更广的是印刷媒介,特别是权威学术刊物和周期性再版的书籍,比如《哲学会刊》《自然》和"牛津古典文本"丛书。这时,他们部分地进入了知识生产大众化的领域。就像作为历史学家和牛津教授的斯塔布斯所做的那样,无论是文献档案的整理、学术作品写作还是教科书编纂,无论是为出版社提供学术咨询,还是在期刊杂志上发表文章,都意味着他们愿意将知识分享给所有人,而不单单是学术界的同行和学生。他们要求纠正普罗大众中流传的"错误知识",最终让新的知识在迭代中普及开来。

如果说斯塔布斯等学者对知识生产专业化的促进还局限于"学术知识"的范围内,那么当我们将目光投向更广阔的"普遍知识",便更能体会到书籍所能提供的持续动力。需要注意的是,任何一种"普遍知识"都首先来源于"学术知识",其本质上是一种有选择性的汇编成果。"日心说"或"血液循环论"这样的知识,在17世纪是不可思议的学术研究结论,但经过大约一百年,它们变成了大众"普遍应知"的常识。19世纪英国的大众知识出版意图缩短这个过程,不过在这个"知识爆炸",或者说"知识过剩"的年代里,出版业需要进行更精细的学术管理、判断和筛选才能达到"知识建构的民主化"。达尔文的《物种起源》出版于1859年,尽管"进化论"随后在学术界尚存在大量探讨与争议,但《钱伯斯百科全书》已将其当作"普遍知识"来书写。无论是在《钱伯斯百科全书》还是查尔斯·奈特的《便士百科全书》,或者朗文的《珍藏百科全书》,我们都能看到其中按大众阅读习惯重新撰写的知识词条,而这些知识有时是不常见的,比如关于各类品种的动物、植物与地质样貌。虽然出版商声称提供的是"人民应该了解"的常识,但这些词条的选入并不全然单纯,或许更带有帝国意识与殖民主义话语。从结果来说,这样的内容设置反而更贴近今天我们所用百科全书的标准。

从钱伯斯兄弟出版百科全书的范例中,我们可以清晰地看到知识生产受第二次工业革命推动已成为一个系统周密的"机器"、一个"制度化的产业",并通过时间、体量、通俗性和实用性为自己建立权威。《钱伯斯百科全书》从构思到成型共耗时35年;一部畅销的旅游指南书一般可以在30—40年间持续再版,约翰·默里、贝德克尔和托马斯·库克的旅游指南系列包括了数百种单本;《牛津英语词典》第一版的编纂工作则前后持续了70年,总主编詹姆斯·默里直到与世长辞也没能看到词典的问世。这些书代表着"学术知识"与"普遍知识"的融合,宣称在公正严谨的学术标准上为国民大众解释知识,其动用的一切相互配合的作者、翻译者、刻印师、插图师和运销资源,采纳的一切利于降低成本或装祯美观的技术和像"机器"一般不断运转的各个出版管理部门,皆建立在此目的之上。按照尼克·贾丁(Nick Jardine)的定义,这些书是一种"常规著述",类似不断推陈出新、在智识领域被日常使用的教科书、评论、阅读书目、试卷等，不过它们涉及的范畴不仅仅是科学，还应有文学、宗教、社会认知、道德和一切公共信息，它们属于学术共同体和文人共和国，也属于"大众"。正是这些书籍使得人类掌握的全部重要知识能够代代相传、时时更新。①

此外，除了"知识生产"的变革性和现代性，我们还应看到其对个人的特殊意义，而这常常与权力、规训和阶级话语关系密切。米歇尔·福柯将知识看作是一种主体性救赎的方式，知识与权力存在着一种等价交换的关系。工匠家庭出身、未得到正式教育的詹姆斯·默里通过自觉的知识获取越过阶级边界，是他能够进入象征着上流社会的牛津词典编纂委员会的前提，而编纂词典的知识生产工作，是他继续履行苏格兰启蒙运动的"自助"精神，以及为像他一样的大众提供"自助"工具的途径。② 在威廉·切斯特·迈纳医生身上，我们更能看到知识生产的另一层隐喻——抗衡政治权力压抑的恐惧。根据福柯的理论，迈纳依靠为词典贡献词条来逃避被隔离、制约的生活，便是谕指他以正确道德的方式回归正常社会、实现自我救赎的自由渴望。在默里教授与迈纳医生这里，知识的获取象征着权力的接近，而权力通过道德规训着知识生产的参与者。

同样，女性群体也是一个被知识生产的权力话语规训的对象。维多利亚社会要求中产阶级女性成为贤良淑慧的"家

---

① 玛丽娜·弗拉斯卡-斯帕达、尼克·贾丁主编：《历史上的书籍与科学》，上海：上海科技教育出版社，2006，第 446 页。
② Alan Ranch, *Useful Knowledge: The Victorians, Morality, and the March of Intellect*, Durham: Duke University Press, 2001, pp. 23-24.

庭天使"，她们被允许的阅读往往承载着针对女性家庭道德的训诫。在中产阶级家庭女性这里，取自文学作品、宗教文本和指导手册的知识意味着权力字眼更加敏感，经常以外界告知的"阅读之危险"隐晦地体现出来，但那不能阻挡女性以一种矛盾的心态反抗这一既定社会规范，其最基本的激发因素同默里教授、迈纳医生的一样，即"知识"（包括知识生产与知识接受）的隐喻除了"道德训诫"外，还有"自由"。

最后需要说明，本书七个章节所涉及的不同人物、机构和团体并不是完全孤立的，其中许多人在个人层面就有着某种联系。比如，詹姆斯·默里教授在从事《牛津英语词典》的编纂工作之余，曾为第九版《不列颠百科全书》撰写了长达12页的"英语"词条文章；在他最初为《牛津英语词典》寻找出版商时，他首先写信询问了钱伯斯兄弟，编纂工作进行一段时间后，詹姆斯·默里的上司弗雷德里克·弗尼瓦尔（Frederick Furnivall，1825—1910）曾于1862年与约翰·默里公司达成出版一部"简行本"英语词典的协议；[1]而在牛津大学的词典编纂评议会中，威廉·斯塔布斯是尤为受尊重的一位成员，与默里多次就词语定义的修改进行讨论。这些事例很可能表明他们促进知识进步的共同信念。更不必说，推崇兰克史学方法的斯塔布斯、借鉴《布罗克豪斯百科全书》的钱伯斯兄弟以及本身就来自德国的卡尔·贝德克尔，共同将德国客观主义引入英国的知识生产模式。出生于苏格兰的詹姆斯·默里、威廉·钱伯斯和罗伯特·钱伯斯，也将自幼接

---

[1] K. M. Elisabeth Murray, *Caught in the Web of Words: James A. H. Murray and the Oxford English Dictionary*, New Haven: Yale University Press, 1977, p. 82.

受的苏格兰启蒙运动思想带到了各自的事业中,这样的进取精神支持着他们不仅仅为了个人经济利益而工作,也为了公众的知识福祉而工作。

从这些个案中我们可以清晰地发现,维多利亚时代的智识创造与文明进步是一对交相辉映的共生体,而书籍在其中起着中介物或催化剂的作用。此处"文明"有两重涵义:广义地说,它指代与"野蛮"相对的概念,尽管这一显然裹挟着西方社会"现代化"的概念也是启蒙运动以来英国历史哲学家所建构起来的。维多利亚人普遍相信,一个所谓"文明的人"便是有理智、美德和行为端庄、见识丰富的人。借助维多利亚时代爆发式增长的书籍供应,与出版商、书商、知识分子、作家们推动的"博学运动",这种"文明"得以从单一的上层阶级向全社会各个阶级延伸,当日常从书籍中吸收知识成为大众共同认可的社会标准,以书籍为核心的知识产业便实现了其推动文明化历程的价值。至此,需要引入"文明"的第二重涵义,也就是大不列颠文明。它是狭义的,关乎民族自我意识,关乎帝国主义骄傲,它要求通过知识生产活动整合大不列颠国家与民族过去的智慧结晶,滋养、内化成英国人立足世界的民族精神和文化记忆,是一种"自我验明的气质"。无疑,书籍是实现这一目的最重要的载体。

如果没有"知识生产"及其附带的思想性、社会性意义,我们所了解的维多利亚时代英国的科学大发展,必定难以想象。本书只是展现该过程的冰山一角,除了书籍的智识创造以外,维多利亚时代还有许多影响深远的知识生产活动,以及全球视野下的多样化知识交际,这一广阔研究领域仍有值得探索的巨大空间。

参考文献

一、基本史料

(一) 英文期刊、报纸与杂志文章

"Art. VI—False Morality of Lady Novelists." *National Review*, Issue 15, January 1859.

"Art. VII—Mr. Trollope's Novels." *National Review*, Issue 14, October, 1858.

"Book-Love." *Frasers Magazine for Town and Country*, Vol. 36, No. 212 (August, 1847).

Chambers's Edinburgh Journal, February 1, 1834.

Chambers's Edinburgh Journal, January 31, 1835.

Decem. "Fiction and its Uses." *Fraser's Magazine for Town and Country*, Vol. 72, No. 432, December, 1865.

Freeman, E. A. "On the Study of History." *Fortnightly Review*, Vol. 35, 1881.

Gattie, W. M. "What English People Read." *Fortnightly Review*, Vol. 52, 1889.

"IX. Clarendon Press Notice." *Oxford University Gazette*, Vol. 13, November, 1882.

Lester, J. D. "History and Biography." *Westminster Review*, Vol. 102, July, 1874.

Maitland, F. W. "William Stubbs, Bishop of Oxford." *The English Historical Review*, Vol. 16, No. 63, July, 1901.

Mason, James. "How to Form a Small Library." *Girl's Own Paper*, October 2, 1880.

Maxwell, Herbert. "The Craving for Fiction." *Nineteenth Century: A Monthly Review*, Vol. 33, No. 196, June, 1893.

Paget, Violet. "A Dialogue on Novels." *Contemporary Review*, Vol. 48, September, 1885.

Palgrave, F. T. "On Readers in 1760 and 1860." *Macmillan's Magazine*, Issue 6, April, 1860.

Salmon, Edward G. "What Girls Read." *Nineteenth Century: A Monthly Review*, Vol. 20, No. 116, October, 1886.

Sappho. "What to Read and How to Read." *Manchester High School Magazine*, Vol. 9, 1885.

Seeley, John Robert. "History and Politics." *Macmillan's Magazine*, Vol. 40, August, 1879.

Stephen, Fitzjames. "Madame Bovary." *Saturday Review*, Vol. 4, No. 89, July, 1857.

"The Editor's Address to the Reader." *Chambers's Edinburgh Journal*, February 4, 1832.

"The Late Dr Andrew Findlater." *The Scotsman*, January 2, 1885.

The New York Times, March 25, 1878.

Welldon, J. E. C. "The Art of Reading Books." *National Review*, Vol. 23, No. 134, April, 1894.

(二)时人著述

Adams, W. H. Davenport. *Woman's Work and Worth in Girlhood*,

Maidenhood, and Wifehood. London: John Hogg, 1880.

Anon. *A Guide to Bettws-y-Coed and Llanrwst with Notices of Capel Curig, Trefriw, and Dolwyddelaf*. Manchester: Abel Heywood, 1903.

Anon. *A Handbook for Travllers in Kent & Sussex*. London: John Murray, 1858.

Anon. *Black's Picturesque Guide to North Wales*. Edinburgh: Adam and Charles Black, 1874.

Anon. *Cook's Handbook for London*. London: Thos. Cook & Son, 1881.

Anon. *Cook's Handbook to Florence*. London: Thomas Cook & Son, 1875.

Anon. *Cook's Tourist's Handbook for Holland, Belgium, and the Rhine*. London: Thomas Cook & Son, 1877.

Anon. *Galignani's Traveller's Guide Through Holland and Belgium*. Paris: Galignani, 1822.

Anon, *Galignani's Traveller's Guide Through Italy*. Paris: Galignani, 1819.

Anon. *Galignani's Traveller's Guide Through Switzerland*. Paris: Galignani, 1823.

Anon, *Mogg's Great Western Railway and Windsor, Bath, and Bristol Guide*. London: E. Mogg, 1841.

Arnold, Matthew. *The Letters of Matthew Arnold, Volume 1: 1829-1859*, edited by Cecil Y. Lang. Charlottesville: The University Press of Virginia, 1996.

Babbage, Charles. *Reflections on the Decline of Science in England, and on Some of Its Causes*. London: Printed for B. Fellowes, 1830.

Baedeker, K. *London and Its Environs*. Leipsic: Karl Baedeker, 1887.

Baedeker, K. *Paris and Northern France*. Coblenz: Karl Baedeker, 1837.

Bain, Alexander, *Autobiography*. London: Longman, Green and Co., 1904.

Bainton, George. *The Wife as Lover and Friend*. London: James Clarke & Company, 1895.

Bevan, G. Phillips. *Tourist's Guide to the Channel Islands*. London: Edward Stanford, 1884.

Bird, Charles. *A Short Sketch of the Geology of Yorkshire*. London: Simpkin, Marshall, & Co., 1881.

Blewitt, Octavian. *A Hand-book for Travellers in Central Italy*. London: John Murray, 1850.

Boyce, Edmund. *The Belgian Traveller, or A Complete Guide Through the United Netherlands*. London: Samuel Leigh, 1813.

Britton, John. *Appendix to Britton's Auto-Biography. Part III: Containing Biographical, Archæological and Critical Essays*. London: Printed for the subscribers to the Britton testimonial, 1850.

Browne, Phyllis. *What Girls Can Do*. London: Cassell, Petter, Galpin & Co., 1880.

Buckle, Henry Thomas. *History of Civilization in England, Volume I*. London: John W. Parker and Son, West Strand, 1857.

Chambers, Robert. *Memoir of Robert Chambers with Autobiographic Reminiscences of William Chambers*. New York: Scribner, Armstrong, and Co., 1872.

Chambers, William. *Memoir of William and Robert Chambers*. Edinburgh: W. & R. Chambers, 1883.

Chambers, William. *Story of a Long and Busy Life*. Edinburgh: W. & R. Chambers, 1882.

Chambers, William. *Things as They Are in America*. Edinburgh:

William and Robert Chambers, 1854.

Crane, Walter. *An Artist's Reminiscences*. London: Methuen & Co., 1907.

Cunningham, Peter. *Handbook of London*. London: John Murray, 1850.

Edwards, Edward. *Memoirs of Libraries: Including a Handbook of Library Economy*. London: Trubner & Co., 1859.

Eliot, George. *The Journals of George Eliot*, edited by Margaret Harris and Judith Johnston. Cambridge: Cambridge University Press, 1998.

Elliott, Ebenezer. *The Poetical Works of Ebenezer Elliott*. Edinburgh: William Tait, 1840.

Ellis, Eliza. *Letters and Memorials of Eliza Ellis: Compiled by Her Sister, Margaret Ellis*. Leicester: Printed by Samuel Clarke, 1883.

Ford, Richard. *A Handbook for Travellers in Spain*. London: John Murray, 1855.

Gore, G. *The Scientific Basis of National Progress, including that of Morality*. London: Williams and Norgate, 1882.

Hallam, Henry. *The Constitutional History of England from the Accession of Henry VII. to the Death of George II* (2 vols). London: John Murray, 1827.

Hall, F. W. *A Companion to Classical Texts*. Oxford: Clarendon Press, 1913.

Jebb, Caroline. *Life and Letters of Sir Richard Claverhouse Jebb*. Cambridge: Cambridge University Press, 1907.

Kelley, Philip and Lewis, Scott, eds. *The Brownings' Correspondence, Volume 9*, Winfield: Wedgestone Press, 1991.

Kingsley, Charles. *Health and Education*, New York: D. Appleton and Company, 1874.

Library of Congress. *Baedeker's Handbook(s) for Travellers: A bibliography of English editions published prior to World War II*. London: Greenwood Press, 1975.

Lister, W. B. C. *A Guide to the Microfiche Edition of Murray's Handbooks for Travellers*. Washington, D. C. : University Publications of America, 1993.

Lytton, Edward Bulwer. *England and the English*. London: Richard Bentley, 1833.

Measom, George. *The Official Illustrated Guide to South — Eastern Railway and All its Branches*. London: W. H. Smith and Son, 1858.

Mogg, Edward. *Mogg's Omnibus Guide, and Metropolitan Carriage Time Table*. London: E. Mogg, 1844.

Mrs. Pullan. *Maternal Counsels to Daughters*. London: Darton and Co. , 1855.

Murray III, John. *A Handbook for Travellers on the Continent: Being A Guide Through Holland, Belgium, Prussia, Northern Germany, and Along the Rhine, from Holland to Switzerland*. London: John Murray and Son, 1838.

Murray IV, John. *John Murray III, 1808-1892: A Brief Memoir*. London: John Murray, 1919.

Owen, Dorothy. *Letters to School-girls*. London: Skeffington & Son, 1908.

Patmore, Conventry. *The Angel in the House*. London: Macmillan and Co. , 1863.

Peterson, Linda H. , ed. *The Cambridge Companion to Victorian Women's Writing*. Cambridge: Cambridge University Press, 2015.

Planta, Edward. *A New Picture of Paris*. London: Samuel Leigh, 1816.

Plato, *Republic, Volume II*. edited by B. Jowett and Lewis Campbell. Oxford: Clarendon Press, 1894,

Robertson, John M. *What to Read: Suggestions for the Better Utilisation of Public Libraries*. London: Watts & Co., 1904.

Romberg, J. B. *Brussels and its Environs*. London: Samuel Leigh, 1816.

Ross, J. M. *Scottish History and Literature to the Period of the Reformation*. Glasgow: James Macleehosea and Sons, 1884.

Ruskin, John. *The Works of John Ruskin, Vol-xviii*. London: George Allen, 1905.

Sally, Mitchell. *Daily Life in Victorian England*. London: George Allen and Unwin, 1909.

Sewell, Elizabeth Missing. *The Autobiography of Elizabeth M. Sewell*, edited by Eleanor L. Sewell. London: Longmans & Co., 1907.

Smiles, Samuel. *Memoir and Correspondence of the Late John Murray with An Account of the Origin and Progress of the House, 1768-1843, Vol. 2*. London: John Murray, 1891.

Somerville, Marry. *Personal Collection: From Early Life to Old Age*. London: John Murray, 1873.

Soulsby, Lucy H. M. *Stray Thoughts on Reading*. London: Longmans, Green, and Co., 1897.

Stark, Mariana. *Information and Directions for Travellers on the Continent*. London: John Murray, 1828.

Stodart, M. A. *Principles of Education Practically Considered; with An Especial Reference to the Present State of Female Education in England*. London: Seeley, Burnside, and Seeley, 1844.

Strutt, Elizabeth. *The Feminine Soul: Its Nature and Attributes, with Thoughts Upon Marriage, and Friendly Hints Upon Feminine*

Duties. London:J. A. Hudson, 1857.

Stubbs, William and A. W. Haddan. *The Councils and Ecclesiastical Documents of Great Britain and Ireland*. Oxford: Clarendon Press, Vol. I, 1869; Vol. II, 1871; Vol. III, Part I, 1878; Part II, 1878.

Stubbs, William, ed. *Chronicles and Memorials of Richard I*, *Vol. I*, *Itinerariaum peregrinorum et gesta regis Ricardi I (1187-88)*. London: Longman, Green, Longman, Roberts, and Green, 1864; *Vol. II*, *Epistolae Canatuarienis*. London: Longman, Green, Longman, Roberts, and Green, 1865.

Stubbs, William, ed. *Chronicles of the Reigns of Edward I and Edward II*, *Vol. I*, London: Longman & Co., 1882; *Vol. II*. London: Longman & Co., 1883.

Stubbs, William, ed. *Gervasius Cantuariensis*, *Vol. I*. London: Longman & Co., 1879; *Vol. II*. London: Longman & Co., 1880.

Stubbs, William, ed. *Gesta Regis Henrici II (Chronicle of Benedict of Peterborough)*, *Vols. I and II*. London: Longmans, Green, Reader, and Dyer, 1867.

Stubbs, William, ed. *Memorials of St. Dunstan*. London: Longman & Co., 1874.

Stubbs, William, ed. *Ralph de Diceto*, *Vols. I and II*. London: Longman & Co., 1876.

Stubbs, William, ed. *Roger Hoveden*, *Vol. I*. London: Longmans, Green, Reader, and Dyer, 1868; *Vol. II*. London: Longmans, Green, and Co., 1869; *Vol. III*. London: Longman & Co., 1870; *Vol. IV*. London: Longman & Co., 1871.

Stubbs, William, ed. *Walter of Coventry*, *Vol. I*. London: Longman & Co., 1872; *Vol. II*. London: Longman & Co., 1873.

Stubbs, William, ed. *William of Malmsbury*, *Vol. I*. London:

Longman & Co. , 1887; *Vol. II*. London: Longman & Co. , 1889.

Stubbs, William. *Germany in the Early Middle Ages, 476-1250*. London: Longmans, Green and Co. , 1908.

Stubbs, William. *Lectures on Early English History*, edited by Arthur Hassall. London: Longmans, Green, and Co. , 1906.

Stubbs, William. *Lectures on European History*. London: Longmans, Green, and Co. , 1904.

Stubbs, William. *Letters of William Stubbs, Bishop of Oxford, 1825-1901*, edited by William Holden Hutton. London: Archibald Constable & Co. , 1904.

Stubbs, William. *Registrum Sacrum Anglicanum*. Oxford: Oxford University Press, 1858.

Stubbs, William. *Select Charters and Other Illustrations of English Constitutional History, from the Earliest Times to the Reign of Edward the First*. Oxford: Clarendon Press, 1874.

Stubbs, William. *Seventeen Lectures on the Study of Mediaeval and Modern History and Kindred Subjects*. Oxford: Clarendon Press, 1886.

Stubbs, William. *The Constitutional History of England, in its Origin and Development, Volume I, Fifth Edition*. Oxford: Clarendon Press, 1891.

Stubbs, William. *The Constitutional History of England, in its Origin and Development, Volume II, Fourth Edition*. Oxford: Clarendon Press, 1896.

Stubbs, William. *The Constitutional History of England, in its Origin and Development, Volume III, Fifth Edition*. Oxford: Clarendon Press, 1896.

Tegg, Thomas, ed. *London Encyclopaedia, Volume 1*. London:

Printed for Thomas Tegg, 1829.

The Viscountess Rhondda. *This Was My World*. London: Macmillan & Co., 1933.

Tregellas, Walter H. *Tourist's Guide to Cornwall and the Scilly Isles: Containing Information Concerning All the Principal Places and Objects of Interest in the County*. London: Edward Stanford, 1878.

Trevelyan, George Macaulay. *History and the Reader*. London: National Book League, 1945.

Wilkinson, Gardner. *Hand-book for Travellers in Egypt*. London: John Murray, 1847.

Wise, Thomas James and Symington, John Alexander, eds. *The Brontes: Their Lives, Friendships and Correspondence, Vol. 2*, Oxford: Blackwell, 1980.

Woodbury, Walter B. *Treasure Spots of the World*. London: Ward, Lock, and Tyler, 1875.

Worth, R. N. *Tourist's Guide to South Devon: Rail, Road, River, Coast, and Moor*. London: Edward Stanford, 1883.

W. & R. Chambers, et al. *Chambers's Encyclopaedia: A Dictionary of Universal Knowledge for the People, Vol. III*. London: W. and R. Chambers, 1862.

W. & R. Chambers, et al. *Chambers's Encyclopaedia: A Dictionary of Universal Knowledge for the People, Vol. II*. London: W. and R. Chambers, 1861.

W. & R. Chambers, et al. *Chambers's Encyclopaedia: A Dictionary of Universal Knowledge for the People, Vol. I*. London: W. and R. Chambers, 1860.

W. & R. Chambers, et al. *Chambers's Encyclopaedia: A Dictionary of Universal Knowledge for the People, Vol. IX*. London: W. and

R. Chambers, 1867.

W. & R. Chambers, et al. *Chambers's Encyclopaedia: A Dictionary of Universal Knowledge for the People, Vol. V.* London: W. and R. Chambers, 1863.

W. & R. Chambers, et al. *Chambers's Encyclopaedia: A Dictionary of Universal Knowledge for the People, Vol. X.* London: W. and R. Chambers, 1868.

W. & R. Chambers, et al. *Chambers's Information for the People, New and Improved Edition, Vol. 1.* Edinburgh: William and Robert Chambers, 1842.

Young, Norwood. *A Handbook of Rome and the Campagna.* London: John Murray, 1899.

二、研究性论著

(一) 英文专著

Alan Ranch. *Useful Knowledge: The Victorians, Morality, and the March of Intellect.* Durham: Duke University Press, 2001

Altick, Richard D. *The English Common Reader: A Social History of the Mass Reading Public, 1800-1900.* Columbus: Ohio State University Press, 1957.

Arnold, Matthew. *Culture and Anarchy.* New York: Oxford University Press, 2006.

Barlow, Amy. *Seventh Child: The Autobiography of a Schoolmistress.* London: Duckworth, 1969.

Barnes, James J. *Authors, Publishers and Politicians: The Quest for An Anglo-American Copyright Agreement, 1815-1854.* Columbus: Ohio State University Press, 1974.

Benstock, Shari, ed. *The Private Self: Theory and Practice of Women's Autobiographical Writings*. Chapel Hill: The University of North Carolina Press, 1988.

Bentley, Michael. *Modernizing England's Past: English Historiography in the Age of Modernism, 1870-1970*. Cambridge Cambridge University Press, 2006.

Berghoff, Hartmut, Barbara Korte, Ralf Schneider and Christopher Harvie, eds. *The Making of Modern Tourism: The Cultural History of the British Experience, 1600-2000*. Basingstoke: Palgrave Macmillan, 2002.

Bernard Lightman. *Victorian Popularizers of Science: Designing Nature for New Audiences*. Chicago: The University of Chicago Press, 2007.

Bradshaw-Mitchell, Vic. *Bradshaw's History*. Midhurst: Middleton Press, 2012.

Breisach, Ernst. *Historiography: Ancient, Medieval & Modern, Second Edition*. Chicago: Chicago University Press, 1994.

Brewer, Charlotte. *Treasure-House of the Language: The Living OED*. New Haven: Yale University Press, 2007.

Briggs, Asa, ed. *Essays in the History of Publishing in Celebration of the 250th Anniversary of the House of Longman, 1724-1974*. London: Longman, 1974.

Brock, W. H., and A. J. Meadows. *The Lamp of Learning: Two Centuries of Publishing at Taylor & Francis, Second Edition*. London: Taylor & Francis, 1998.

Browne, Janet. *Charles Darwin: The Power at Place, Volume II of a Biography*. London: Pimlico, 2003.

Burrow, J. W. *A Liberal Descent: Victorian Historians and the English Past*. Cambridge: Cambridge University Press, 1983.

Buzzard, James. *The Beaten Track: European Tourism, Literature, and the ways to culture, 1800-1918*. Oxford: Clarendon Press, 1993.

Cantor, Norman F. *William Stubbs on the English Constitution*. New York: Thomas Y. Crowell Company, 1966.

Carpenter, Humphrey. *The Seven Lives of John Murray: The Story of a Publishing Dynasty, 1768-2002* London: John Murray, 2009.

Casper, Scott E., Jeffrey D. Groves, Stephen W. Nissenbaum, and Michael Winship, eds. *A History of the Book in America, Volume 3: The Industrial Book, 1840-1880*. Chapel Hill: The University of North Carolina Press, 2007.

Colclough, Stephen. *Consuming Texts: Readers and Reading Communities, 1695-1870*. Basingstoke: Palgrave Macmillan, 2007.

Cole, Margaret. *Growing up into Revolution*. London: Longmans, Green, and Co., 1949.

Collison, Robert. *Encyclopaedias: Their History Throughout the Ages; A Bibliographical Guide with Extensive Historical Notes to the General Encyclopaedias Issued throughout the World from 350 B.C. to the Present Day*. New York: Hafner Publishing Company, 1964.

Considine, John, ed. *The Cambridge World History of Lexicography*, Cambridge: Cambridge University Press, 2019.

Cowie, A. P., ed. *The Oxford History of English Lexicography*. Oxford: Oxford University Press, 2009.

Crone, Rosalind and Shafquat Towheed, eds. *The History of Reading, Volume 3: Method, Strategies, Tactics*. Basingstoke: Palgrave Macmillan, 2011.

Cruse, Amy. *The Victorians and Their Reading*. Boston: Houghton and Mifflin Company, 1935.

Damico, Helen, ed. *Medieval Scholarship: Biographical Studies on the Formation of a Discipline*. London: Garland Publishing Inc., 1998.

Dane, Joseph A. *The Myth of Print Culture: Essays on Evidence, Textuality, and Bibliographical Method*. Toronto: University of Toronto Press, 2003.

Daunton, Martin, ed. *The Organisation of Knowledge in Victorian Britain*. Oxford: Oxford University Press, 2005.

Davidoff, Leonore and Catherine Hall. *Family Fortunes: Men and Women of the English Middle Class, 1780-1850*. Chicago: The University of Chicago Press, 1987.

Dawson, Gowan. *Darwin, Literature and Victorian Respectability*, Cambridge: Cambridge University Press, 2007.

Delamont, Sara and Lorna Duffin, eds. *The Nineteenth Century Woman: Her Cultural and Physical World*. London: Croom Helm, 1978.

Eliot, Simon and Jonathan Rose, eds. *A Companion to the History of the Book, 2nd Edition*. Chichester: Wiley Blackwell, 2020.

Eliot, Simon, ed. *History of Oxford University Press: Volume II: 1780 to 1896*. Oxford: Oxford University Press, 2013.

Eliot, Simon. *Some Patterns and Trends in British Publishing, 1800-1919*. London: Bibliographical Society, 1994.

Ensor, R. C. K. *England, 1870-1914*. Oxford: Oxford University Press, 1952.

Farr, Martin and Xavier Guégan, ed. *The British Abroad Since the Eighteenth Century, Volume 2: Experiencing Imperialism*. Basingstoke: Palgrave Macmillan, 2013.

Feather, John. *A History of British Publishing*. London: Routledge, 2006.

Flint, Kate. *The Woman Reader, 1837-1914*. Oxford: Oxford University Press, 1995.

Foucault, Michel. *The Order of Things: An Archaeology of the Human Sciences*. New York: Pantheon Books, 1970.

Fraser, Hilary, Stephanie Green, and Judith Johnston. *Gender and the Victorian Periodical*. Cambridge: Cambridge University Press, 2003.

Fyfe, Aileen, *Steam-powered Knowledge: William Chambers and the Business of Publishing, 1820-1860*. Chicago: The University of Chicago Press, 2012.

Geison, Gerald L. *Michael Foster and the Cambridge School of Physiology: The Scientific Enterprise in Late Victorian Society*. Princeton: Princeton University Press, 1978.

Gray, Drew. *London's Shadows: The Dark Side of the Victorian City*. London: Continuum, 2010.

Hale, J. R. *The Evolution of British Historiography: From Bacon to Namier*. London: Macmillan, 1967.

Hammond, Mary. *Reading, Publishing and the Formation of Literary Taste in England, 1880-1914*. Burlington: Ashgate, 2006.

Hannavy, John. *The Victorian and Edwardian Tourist*. Oxford: Shire Publications, 2012.

Hipsky, Martin. *Modernism and the Women's Popular Romance in Britain, 1885-1925*. Athens: Ohio University Press, 2011.

Hollows, Joanne. *Domestic Cultures*. Maidenhead: Open University Press, 2008.

Howsam, Leslie and James Raven, eds. *Books Between Europe and the Americas: Connections and Communities, 1620-1860*. Basingstoke: Palgrave Macmillan, 2011.

Howsam, Leslie. *Kegan Paul: A Victorian Imprint: Publishers, Books and Cultural History*. London: Kegan Paul International, 1998.

Howsam, Leslie. *Past into Print: The Publishing of History in*

Britain, 1850-1950. London: The British Library, 2009.

Hudson, Graham. *The Design and Printing of Ephemera in Britain and America, 1720-1920*. New Castle: Oak Knoll Press, 2008.

Hunter, Andrew, ed. *Thornton and Tully's Scientific Books, Libraries, and Collectors*. London: Routledge, 2000.

Jackson, Lee and Eric Nathan. *Victorian London*. London: New Holland, 2004.

James, Elizabeth, ed. *Macmillan: A Publishing Tradition*. Basingstoke: Palgrave, 2002.

Kafker, Frank A., ed. *Notable Encyclopedias of the Late Eighteenth Century: Eleven Successors of Encyclopédie*. Oxford: Oxford University Press, 1994.

Kamiński, Mariusz. *A History of the Chambers Dictionary*. Berlin: Walter de Gruyter, 2013.

Kearns, Gerry and Charles W. J. Withers, eds. *Urbanising Britain: Essays on Class and Community in the Nineteenth Century*. Cambridge: Cambridge University Press, 1991.

Keates, Jonathan. *The Portable Paradise: Baedeker, Murray, and the Victorian Guidebook*. London: Notting Hill Editions, 2011.

Keighren, Innes M., Charles W. J. Withers, and Bill Bell, *Travels into Print: Exploration, Writing, and Publishing with John Murray, 1773-1859*. Chicago: The University of Chicago Press, 2015.

Kidd, Alan & David Nicholls. *The Making of the British Middle Class?—Studies of Regional and Cultural Diversity Since the Eighteenth Century*. Stroud: Sutton Publishing, 1998.

Lightman, Bernard and Bennett Zon, eds. *Victorian Culture and the Origin of Disciplines*. London: Routledge, 2020.

Lightman, Bernard. *Victorian Popularizers of Science: Designing*

Nature for New Audiences. Chicago: The University of Chicago Press, 2007.

Loveland, Jeff. *The European Encyclopaedia from 1650 to the Twenty-first Century*. Cambridge: Cambridge University Press, 2019.

May, Trevor. *Gondolas and Growlers: The History of the London Horse Cab*. Stroud: Sutton Publishing. 1995.

McKitterick, David. *A History of Cambridge University Press, Volume 3: New Worlds for Learning, 1873-1972*. Cambridge: Cambridge University Press, 2004.

Mckitterick, David, ed. *The Cambridge History of the Book in Britain, Volume VI, 1830-1914*. Cambridge: Cambridge University Press, 2009.

Miller, David Phillip. *Discovering Water: James Watt, Henry Cavendish, and the Nineteenth-Century "Water Controversy"*. Aldershot: Ashgate, 2004.

Momma, Haruko. *From Philology to English Studies: Language and Culture in the Nineteenth Century*. Cambridge: Cambridge University Press, 2013.

Morgan, Marjorie. *National Identities and Travel in Victorian Britain*. Basingstoke: Palgrave Macmillan, 2001.

Morrell, Jack and Arnord Thackray. *Gentlemen of Science: Early Years of the British Association for the Advancement of Science*. Oxford: Oxford University Press, 1981.

Mugglestone, Lynda. *Lost for Words: The Hidden History of the Oxford English Dictionary*. New Haven: Yale University Press, 2005.

Murray, K. M. Elisabeth. *Caught in the Web of Words: James A. H. Murray and the Oxford English Dictionary*. New Haven: Yale University Press, 1977.

Myers, Robin and Harris, Michael, eds. *Development of the English Book Trade, 1700-1899*. Oxford: Oxford University Press, 1981.

Myers, Robin and Michael Harris, eds. *Journeys Through the Market: Travel, Travellers and the Book Trade*. New Castle: Oak Knoll Press, 1999.

Ogborn, Miles and Charles W. J. Withers, eds. *Geographies of the Book*, Farmham: Ashgate, 2010.

Ogilvie, Sarah. *Words of the World: A Global History of the Oxford English Dictionary*. Cambridge: Cambridge University Press, 2013.

O'Neill, Gilda. *The Good Old Days: Crime, Murder and Mayhem in Victorian London*. Winsor: Paragon, 2006.

Parsons, Nicholas T. *Worth the Detour: A History of the Guidebook*. Stroud: The History Press, 2007.

Pemble, John. *The Mediterranean Passion: Victorians and Edwardians in the South*. Oxford: Oxford University Press, 1987.

Petit-Dutaillis, Charles. *Studies and Notes Supplementary to Stubbs' Constitutional History*, Translated by W. E. Rhodes. Manchester: Manchester University Press, 1930.

Plant, Marjorie. *The English Book Trade: An Economic History of the Making and Sale of Books*. London: George Allen & Unwin, 1939.

Pons, Pau Obrador, Crang Mike and Penny Travlou, eds. *Cultures of Mass Tourism: Doing the Mediterranean in the Age of Banal Mobilities*. Burlington: Ashgate, 2009.

Porter, Andrew, ed. *The Oxford History of the British Empire Volume III. The Nineteenth Century*. Oxford: Oxford University Press, 1999.

Porter, Bernard. *Britannia's Burden: The Political Evolution of Modern Britain, 1851-1890*. London: Edward Arnold, 1994.

Raven, James. *The Business of Books: Booksellers and the English Book Trade, 1450-1850*. New Haven: Yale University Press, 2007.

Reid, Alastair J. *Social Classes and Social Relations in Britain, 1850-1914*. Cambridge: Cambridge University Press, 1995.

Rooney, Paul Raphael and Gasperini, Anna. *Media and Print Culture Consumption in Nineteenth-Century Britain: The Victorian Reading Experience*. London: Palgrave Macmillan, 2016.

Rose, Jonathan. *The Intellectual Life of the British Working Classes*. New Haven: Yale University Press, 2001.

Rose, Mark. *Authors and Owners: The Invention of Copyright*, Cambridge. Mass. : Harvard University Press, 1993.

Rowbotham, Judith. *Good Girls Make Good Wives: Guidance for Girls in Victorian Fiction*. Oxford: Basil Blackwell, 1989.

Rudy, Seth. *Literature and Encyclopedism in Enlightenment Britain: The Pursuit of Complete Knowledge*. Basingstoke: Palgrave Mcmillan, 2014.

Sillitoe, Alan. *Leading the Blind: A Century of Guidebook Travel, 1815-1911*. London: Macmillan, 1995.

Smith, G. Royde. *The History of Bradshaw: A Centenary Review of the Origin and Growth of the Most Famous Guide in the World*. London: Henry Blacklock & Company, 1939.

Smout, T. C. *Victorian Values*. Oxford: Oxford University Press, 1992.

Spiers, John, ed. *The Culture of the Publisher's Series, Volume 2: Nationalism and the National Canon*. Basingstoke: Palgrave Macmillan, 2011.

Stanley, Eric Gerald, ed. *British Academy Papers on Anglo-Saxon England*. Oxford: Oxford University Press, 1990.

St Clair, William. *The Reading Nation in the Romantic Period*. Cambridge. Cambridge University Press, 2004.

Stevens, Mark. *Broadmoor Revealed: Victorian Crime and the Lunatic Asylum*, Barnsley: Pen & Sword Books, 2013.

Stray, Christopher, ed. *Classical Books: Scholarship and Publishing in Britain Since 1800*. London: Institute of Classical Studies, University of London, 2007.

Stuchtey, Benedikt, and Peter Wende, eds. *British and German Historiography, 1750-1950: Traditions, Perceptions, and Transfers*, Oxford: Oxford University Press, 2000.

Suarez, S. J., Michael F., and H. R. Woudhuysen, eds. *The Oxford Companion to the Book*. Oxford: Oxford University Press, 2010.

Sutherland, J. A. *Victorian Novelists and their Publishers*. London: The Athlone Press of the University of London, 1976.

Thompson, F. M. L. *The Rise of Respectable Society: A Social History of Victorian Britain, 1830-1900*. London: Fontana Press, 1988.

Uglow, Jenny. *Nature's Engraver: A Life of Thomas Bewick*. Chicago: The University of Chicago Press, 2006.

Vaughan, John, *The English Guide Book, c. 1780-1870: An Illustrated History*, London: David & Charles, 1974.

Walton, John K. *Histories of Tourism: Representation, Identity and Conflict*. Clarendon: Channel View Publications, 2005.

Wang, I-Chun and Mary Theis, eds. *Life Mapping as Cultural Legacy*. Newcastle upon Tyne: Cambridge Scholars Publisher, 2021.

Weedon, Alexis. *Victorian Publishing: The Economics of Book Production for a Mass Market, 1836-1916*. London: Routledge, 2003.

Williams, Chris, ed. *A Companion to Nineteenth-Century Britain*. Oxford: Blackwell Publishing, 2004.

Wm. Roger Louis, ed., *History of Oxford University Press: Volume III: 1896 to 1970*, Oxford: Oxford University Press, 2013.

Yeo, Richard. *Encyclopaedic Visions: Scientific Dictionaries and Enlightenment Culture*. Cambridge: Cambridge University Press, 2001.

(二) 英文期刊文章

Allen, Esther. "Money and Little Red Books: Romanticism, Tourism and the Rise of the Guidebook." *Literature Interpretation Theory*, Vol. 7, 1996.

Barberis, Daniela. "The Science of History in Victorian Britain: Making the Past Speak by Ian Hesketh." *The History of Science Society*, Vol. 103, No. 1, March, 2012.

Black, Alistair. "The Victorian Information Society: Surveillance, Bureaucracy, and Public Librarianship in 19th-Century Britain." *The Information Society*, Vol. 17, 2001.

Brentano, Robert. "The Sound of Stubbs." *Journal of British Studies*, Vol. 6, No. 2, May, 1967.

Brock, Claire. "The public worth of Mary Somerville." *The British Journal for the History of Science*, Vol. 39, No. 2, June, 2006.

Burke, Peter. "The Invention of Leisure in Early Modern Europe." *Past & Present*, No. 146, 1995.

Burke, Peter. "The Invention of Leisure in Early Modern Europe: Reply." *Past & Present*, No. 156, 1997.

Cam, Helen. "Stubbs Seventy Years after." *Cambridge Historical Journal*, Vol. 9, No. 2, 1948.

Colclough, Stephen. "'Purifying the Sources of Amusement and Information'? The Railway Bookstalls of W. H. Smith & Son, 1855—1860." *Publishing History*, Vol. 56, 2004.

Cooney, Sondra Miley. "A Catalogue of Chambers Encyclopaedia 1868. " *The Bibliotheck: a Scottish Journal of Bibliography and Allied Topics*, January 1, 1999.

Dobraszczyk, Paul. " City Reading: The Design and Use of Nineteenth-Century London Guidebooks. " *Journal of Design History*, Vol. 25, No. 2, 2012.

Dobraszczyk, Paul. " Useful Reading? Designing Information for London's Victorian Cab Passengers. " *Journey of Design History*, Vol. 21, No. 2, 2008.

Donahue, Charles. "Roman Canon Law in the Medieval English Church: Stubbs vs. Maitland Re-Examined after 75 Years in the Light of Some Records from the Church Courts. " *Michigan Law Review*, Vol. 72, No. 4, March, 1974.

Elce, Erika Benrisch. "'One of the Bright Objects That Solace Us in These Regions': Labour, Leisure, and the Arctic Shipboard Periodical, *1820-1852* . " *Victorian Periodicals Review*, Vol. 46, No. 3, 2013.

Eliot, Simon. "Patterns and Trends and the *NSTC*: Some initial observations. Part Two. " *Publishing History*, Vol. 43, January, 1998.

Esbester, Mike. " Designing Time: The Design and Use of Nineteenth-Century Transport Timetables. " *Journal of Design History*, Vol. 22, No. 2, 2009.

Esbester, Mike. "Nineteenth-Century Timetables and the History of Reading. " *Book History*, Vol. 12, 2009.

Francois, Pieter. "If It's 1815, This Must Be Belgium: The Origins of the Modern Travel Guide. " *Book History*, Vol. 15, 2012.

Fyfe, Aileen. " Information Revolution: William Chambers, the Publishing Pioneer, " *Endeavour*, Vol. 30, No. 4, December, 2006.

Gilbert, David. "' London in All its Glory-Or How to Enjoy

London': Guidebook Representations of Imperial London. " *Journal of Historical Geography*, Vol. 25, No. 3, 1999.

Gooday, Graeme. "'Nature' in the Laboratory: Domestication and Discipline with the Microscope in Victorian Life Science. " *The British Journal for the History of Science*, Vol. 24, No. 3, September, 1991.

Goodwin, Grainne and Gordon Johnston. "Guidebook Publishing in the Nineteenth Century: John Murray's Handbook for Travellers. " *Studies in Travel Writing*, Vol. 17, No. 1, 2013.

Harlan, Deborah. "Travel, Pictures and a Victorian Gentleman in Greece. " *Hesperia: The Journal of the American School of Classical Studies at Athens*, Vol. 78, No. 3, 2009.

Higgins, A. Pearce. "James Lorimer (1818-1890). " *Juridical Review,* Vol. 45, No. 3, September, 1933.

Hoag, Elaine. "Caxtons of the North: Mid-Nineteenth Century Arctic Shipboard Printing. " *Book History*, Vol. 4, 2001.

Howsam, Leslie. "Academic Discipline or Literary Genre?: The Establishment of Boundaries in Historical Writing. " *Victorian Literature and Culture*, Vol. 32, No. 2, 2004.

Howsam, Leslie. "An Experiment with Science for the Nineteenth-Century Book Trade: The International Scientific Series. " *The British Journal for the History of Science*, Vol. 33, No. 2, June, 2000.

Howsam, Leslie, Christopher Stray, Alice Jenkins, James A. Secord and Anna Vaninskaya. "What the Victorians Learned: Perspectives on Nineteenth-Century Schoolbooks. " *Journal of Victorian Culture*, Vol. 12, No. 2, January, 2007.

Issitt, John. "From Gregory's Dictionary to Nicholson's Encyclopedia: Intrigue and Literary Craft in the Reshaping of Knowledge. " *Publishing History*, Vol. 65, January 2009.

Jann, Rosemary. "From Amateur to Professional: The Case of the Oxbridge Historians. " *Journal of British Studies*, Vol. 22, No. 2, Spring, 1983.

Jovicic, Dobrica. "Cultural Tourism in the Context of Relations Between Mass and Alternative Tourism. " *Current Issues in Tourism*, 2014.

Kirby, J. E. "An Ecclesiastical Descent: Religion and History in the Work of William Stubbs. " *The Journal of Ecclesiastical History*, Vol. 65, No. 1, January, 2014.

Knowles, Elizabeth M. "Dr. Minor and the *Oxford English Dictionary*. " *Journal of the Dictionary Society of North America*, No. 12, 1990.

Landon, Richard G. "Small Profits Do Great Things: James Lackington and Eighteenth-Century Bookselling. " *Studies in Eighteenth-Century Culture*, Vol. 5, 1976.

Loveland, Jeff. "Why Encyclopedias Got Bigger ... and Smaller. " *Information & Culture*, Vol. 47, No. 2, 2012.

Marfany, Joan-Lluís, "The Invention of Leisure in Early Modern Europe, " *Past & Present*, No. 156, 1997.

McKenna, J. W. "The Myth of Parliamentary Sovereignty in Late-Medieval England. " *The English Historical Review*, Vol. 94, No. 372, July, 1979.

McSweeney, William. "The Professor and the Madman: A Tale of Murder, Insanity, and the Making of the Oxford English Dictionary by Simon Winchester. " *The English Journal*, Vol. 89, No. 1, September, 1999.

Melman, Billie. "Claiming the Nation's Past: The Invention of an Anglo-Saxion Tradition. " *Journal of Contemporary History*, Vol. 26, No. 3/4, September, 1991.

Menge E., and H. Marx. "The firm of B. G. Teubner and its connection with classical learning," *Arethusa*, Vol. 2, No. 2, 1969.

Mitchell, Sally. "Sentiment and Suffering: Women's Recreational Reading in the 1860s, . " *Victorian Studies*, Vol. 21, No. 1, Autumn, 1977.

Oman, C. C. "Thomas Bewick as an Engraver of Plate. " *Apollo*, Vol. 39, No. 232, May, 1944.

Richard, Nathalie. " Ian Hesketh, The Science of History in Victorian Britain: Making the Past Speak. " *The British Journal for the History of Science*, Vol. 45, No. 1, January, 2012.

Roberto, Rose. " Illustrating Animals and Visualizing Natural History in *Chambers's Encyclopaedias*. " *Cahiers victoriens et édouardiens*, Vol. 88, 2018.

Rosenberg, Charles E. "Sexuality, Class and Role in 19th-Century America. " *American Quarterly*, Vol. 25, No. 2, May, 1973.

Secord, Anne. "Botany on a Plate: Pleasure and the Power of Pictures in Promoting Early Nineteenth-Century Scientific Knowledge. " *Isis*, Vol. 93, No. 1, March, 2002.

Secord, Anne. ' Science in the pub: artisan botanists in early nineteenth-century Lancashire. " *History of Science*, Vol. 32, No. 3, September, 1994.

Shepherd, Jade. "' I am very glad and cheered when I hear the flute ': The Treatment of Criminal Lunatics in Late Victorian Broadmoor. " *Medical History*, Vol. 60, No. 4, October, 2016.

Stow, George B. "Stubbs, Steel, and Richard II as Insane: The Origin and Evolution of an English Historiographical Myth. " *Proceedings of the American Philosophical Society*, Vol. 143, No. 4, December, 1999.

Thackray, J. C. "R. I. Murchison's Siluria (1854 and later)." *Archives of Natural History*, Vol. 10, No. 1, 1981.

Thackray, J. C. "R. I. Murchison's Silurian system (1839)." *Journal of the Society for the Bibliography of Natural History*, Vol. 9, No. 1, 1978.

Therkelsen, Anette and AndersSørensen. "Reading the Tourist Guidebook: Tourists' ways of reading and relating to guidebooks," *The Journal of Tourism Studies*, Vol. 16, No. 1, 2005.

Turner, Frank M. "A Liberal Descent: Victorian Historians and the English Past by John W. Burrow," *The Journal of Modern History*, Vol. 55, No. 4, December, 1983.

Vainikka, Vilhelmiina. "Travel Agent Discourses of Mass Tourism: Beyond Stereotypes?" *Tourism Geographies*, Vol. 16, No. 2, 2014.

Withers, Charles W. and Keighren, Innes M. "Travels into Print: Authoring, Editing and Narratives of Travel and Exploration, c. 1815-c. 1857." *Transaction of the Institute of British Geographer*. Volume 34, Issue 4, 2011.

Yeo, Richard. "Reading Encyclopedias: Science and the Organization of Knowledge in British Dictionaries of Arts and Sciences, 1730—1850." *Isis*, Vol. 82, No. 1, March, 1991.

（三）英文学位论文

Cooney, Sondra Miley. "Publishers for the People: W. & R. Chambers— The Early Years, 1832-1850." Ph. D. Dissertation, The Ohio State University, 1970.

Cormack, Grayson Wade. "Little Red and Black Books: Black's and Murray's Guidebooks to Scotland, 1850-1914." Ph. D. Thesis, The University of Guelph, 2013.

Hesketh, Ian. "Making the Past Speak: The Science of History in Victorian Britain." Ph. D. Thesis, York University, 2006.

Koch, Richard Marion. "William Stubbs (1824-1901): Victorian Historian and Churchman." Ph. D. Dissertation, University of Connecticut, 2002.

Phegley, Jennifer. "Educating the Proper Woman Reader: Victorian Family Literary Magazines and the Professionalization of Literary Criticism." Ph. D. Dissertation, The Ohio State University, 1999.

Roberto, Rose. "Democratising Knowledge and Visualizing Progress: Illustrations from Chambers's Encyclopaedia, 1859-1892." Ph. D. Thesis, University of Reading, 2018.

Weller, Toni Danielle. "Information in Nineteenth Century England: Exploring Contemporary Socio-Cultural Perceptions and Understandings." Ph. D. Thesis, City University, London, 2007.

（四）中文专著及译著

［英］阿萨·勃里格斯:《英国社会史》,陈叔平等译,北京:中国人民大学出版社,1989。

［英］艾瑞克·霍布斯鲍姆:《资本的年代:1848～1875》,张晓华等译,南京:江苏人民出版社,1999。

［英］彼得·阿克罗伊德:《伦敦传》,翁海贞等译,南京:译林出版社,2016。

［英］彼得·伯克:《知识社会史 上卷:从古登堡到狄德罗》,陈志宏、王婉旎译,杭州:浙江大学出版社,2016。

［英］彼得·伯克:《知识社会史 下卷:从〈百科全书〉到维基百科》,汪一帆、赵博囡译,杭州:浙江大学出版社,2016。

［美］彼得·盖伊:《启蒙时代:人的觉醒与现代秩序的诞生（下卷:自由的科学）》,刘北成、王皖强译,上海:上海人民出版

社，2016。

［荷兰］彼得·李伯庚：《欧洲文化史》，赵复三译，南京：江苏人民出版社，2013。

［英］伯里编：《新编世界近代史 第10卷：欧洲势力的顶峰：1830～1870年》，中国社会科学院世界历史研究所组译，北京：中国社会科学出版社，1999。

陈思贤：《西洋政治思想史：近代英国篇》，长春：吉林出版集团有限责任公司，2008。

陈晓律、陈祖洲等：《当代英国——需要新支点的夕阳帝国》，贵阳：贵州人民出版社，2001。

［美］尼尔·J.布尔斯廷：《发现者——人类探索世界和自我的历史》，戴子钦等译，上海：上海译文出版社，1992。

［美］德鲁·吉尔平·福斯特：《死亡与美国内战》，孙宏哲、张聚国译，南京：译林出版社，2016。

［英］E.P.汤普森：《英国工人阶级的形成（上）》，钱乘旦等译，南京：译林出版社，2001。

付有强：《英国人的"大旅行"研究》，北京：社会科学出版社，2015。

郭小凌：《西方史学史》，北京：北京师范大学出版社，2009。

何平：《西方历史编纂学史》，北京：商务印书馆，2010。

胡亚敏：《叙事学》，武汉：华中师范大学出版社，2004。

黄伟珍：《英国维多利亚时期文学中的"家庭"政治》，成都：四川大学出版社，2019。

金常政：《百科全书的故事》，北京：北京图书馆出版社，2005。

［美］J.W.汤普森（J.W.Thompson）：《历史著作史》，孙秉莹、谢德风译，北京：商务印书馆，2009。

［美］克莱顿·罗伯茨、戴维·罗伯茨、道德拉斯·R.比松：《英国史》，潘兴明等译，北京：商务印书馆，2013。

[英]克劳利编:《新编世界近代史 第9卷:动乱年代的战争与和平:1793~1830年》,中国社会科学院世界历史研究所组译,北京:中国社会科学出版社,1999。

[英]肯尼斯·O. 摩根(Kenneth O. Morgan)主编:《牛津英国通史》,王觉非等译,北京:商务印书馆,1993。

[英]劳伦斯·詹姆斯:《中产阶级史》,李春玲、杨典译,北京:中国社会科学出版社,2015。

刘成、胡传胜、陆伟芳和傅新裳:《英国通史·第五卷 光辉岁月——19世纪英国》,南京:江苏人民出版社,2016。

刘小枫:《拯救与逍遥》,上海:上海三联书店,2001。

[英]露丝·古德曼(Ruth Goodman):《成为一名维多利亚人》,亓贰译,广州:广东人民出版社,2018。

[美]罗伯特·达恩顿:《启蒙运动的生意:〈百科全书〉出版史(1775—1800)》,叶桐、顾杭译,北京:生活·读书·新知三联书店,2005。

[英]罗斯玛丽·阿斯顿(Rosemary Ashton):《大恶臭:1858伦敦酷夏》,乔修峰译,北京:东方出版社,2019。

[美]马丁·威纳:《英国文化与工业精神的衰落,1850—1980》,王章辉、吴必康译,北京:北京大学出版社,2013。

[英]玛丽娜·弗拉斯卡-斯帕达、尼克·贾丁(主编):《历史上的书籍与科学》,苏贤贵等译,上海:上海科技教育出版社,2006。

[英]马修·阿诺德(Matthew Arnold):《文化与无政府状态——政治与社会批评》,韩敏中译,北京:三联书店,2012。

[法]米歇尔·福柯:《疯癫与文明》,刘北成、杨元婴译,北京:生活·读书·新知三联书店,2003。

[法]米歇尔·福柯:《规训与惩罚》,刘北成、杨元婴译,北京:生活·读书·新知三联书店,2019。

潘迎华:《19世纪英国中产阶级女性研究》,北京:社会科学文献出版社，2020。

彭顺生：《世界旅游发展史》，北京：中国旅游出版社，2006。

钱乘旦、许洁明：《英国通史》，上海：上海社会科学院出版社，2002。

［英］乔治·皮博迪·古奇（George Peabody Gooch）：《十九世纪历史学与历史学家》，耿淡如译，卢继祖、高健校，谭英华校注，北京：商务印书馆，1997。

［美］苏珊·桑塔格：《疾病的隐喻》，程巍译，上海：上海译文出版社，2003。

［英］特瑞·伊格尔顿：《文化的观念》，方杰译，南京：南京大学出版社，2006。

［英］托马斯·卡莱尔（Thomas Carlyle）：《文明的忧思》，宁小银译，北京：中国档案出版社，1999。

王觉非主编：《近代英国史》，南京：南京大学出版社，1997。

王萍：《现代英国社会中的妇女形象》，南京：江苏人民出版社，2005。

王永忠：《西方旅游史》，南京：东南大学出版社，2004。

［英］威廉·斯塔布斯：《金雀花王朝：从亨利二世到爱德华二世》，程莹译，北京：华文出版社，2020。

魏建国：《宪政体制形成与近代英国崛起》，法律出版社，2006。

［奥地利］西格蒙德·弗洛伊德：《梦的解析》，若初译，武汉：华中科技大学出版社，2017。

［英］西蒙·赫弗：《高远之见：维多利亚时代与现代英国的诞生》，徐萍、汪亦男译，北京：社会科学文献出版社，2020。

［英］西蒙·温切斯特：《OED的故事》，杨传纬译，上海：上海人民出版社，2009。

［英］西蒙·温切斯特：《教授与疯子》，杨传纬译，海口：南海出版公司，2016。

［英］亚当·斯密：《国民财富的性质和原因的研究（上卷）》，郭大力、王亚南译，上海：商务印书馆，2002。

［古希腊］亚里士多德：《诗学》，罗念生译，北京：人民文学出版社，1962。

阎照祥：《英国政治制度史》，北京：人民出版社，2012。

易兰：《西方史学通史》（第五卷 近代时期），上海：复旦大学出版社，2012。

尤娜、杨广学：《象征与叙事：现象学心理治疗》，济南：山东人民出版社，2006。

［英］约翰·布罗（John Burrow）：《历史的历史：从远古到20世纪的历史书写》，黄煜文译，桂林：广西师范大学出版社，2012。

［美］詹姆斯·特拉斯洛·亚当斯：《重铸大英帝国：从美国独立到第二次世界大战》，覃辉银译，桂林：广西师范大学出版社。

张德明：《从岛国到帝国——近现代英国旅行文学研究》，北京：北京大学出版社，2014。

张广智：《西方史学史》，上海：复旦大学出版社，2010。

［英］朱迪丝·弗兰德斯：《维多利亚时代》，蔡安洁译，上海：东方出版中心，2021。

朱光潜：《悲剧心理学—各种悲剧快感理论的批判研究》，张隆溪译，北京：人民文学出版社，1983。

（五）中文期刊论文及译文

陈磊：《斯塔布斯与英国现代史学之建立》，《史学集刊》2019年第6期。

董小川：《现代英国宗教多元化的历史成因、表现及其特点》，《世界历史》2005年第6期。

付有强：《17—19世纪英国人"大旅行"的特征分析》，《贵州社会科学》2012年第3期。

洪庆明：《从社会史到文化史：十八世纪法国书籍与社会研究》，《历史研究》2011年第1期。

[美]理查德·卡尤珀：《文学与历史：质疑中世纪英国宪政制度》，孟广林、李家莉译，《历史研究》2010年第3期。

孟广林、M. 阿莫诺：《中世纪英国宪政史研究的新理路》，《中国人民大学学报》2007年第2期。

孟广林：《比较视野下的中古西欧政治史研究——与美国历史学家R. W. 卡尤珀的学术对话录》，《史学月刊》2008年第4期。

孟广林：《试论福特斯鸠的"有限君权"学说》，《世界历史》2008年第1期。

孟广林：《西方史学界对中世纪英国"宪政王权"的考量》，《历史研究》2008年第5期。

孟广林：《英美史学家有关中世纪英国宪政史研究的新动向》，《世界历史》2010年第6期。

孟广林：《中古英国政治史研究的路径选择与中西比较——与牛津大学J. R. 马蒂科特院士的学术对话录》，《清华大学学报》（哲学社会科学版）2007年第3期。

孟广林：《中世纪英国宪政史研究的回顾——访问M. 普里斯维奇教授》，《史学理论研究》2006年第4期。

聂珍钊：《关于文学伦理学批评》，《外国文学研究》2005年第1期。

聂珍钊：《文学伦理学批评：基本理论与术语》，《外国文学研究》2010年第1期。

孙秉莹：《牛津学派和约翰·理查·格林》，《史学史研究》1984年02期。

[英] W. M. 阿莫诺（W. Mark Ormrod）：《从辉格传统到新宪政史：中世纪英国宪政史研究新趋势》，孟广林、曹为译，《历史研究》2012年第4期。

魏建国：《宪政模式转型与近代英国崛起》，《北方论丛》2005年第6期。

萧莎：《小说有毒：19世纪的流动图书馆与大众阅读》，《中国图书评论》2014年12月。

阎照祥：《17—19世纪初英国贵族欧陆游学探要》，《世界历史》2012年第6期。

叶建军：《评19世纪英国的牛津运动》，《世界历史》2007年第6期。

叶建军：《现代英国宗教多元化的形成》，《学海》2010年第5期。

约翰·马蒂科特：《郡骑士"前史"：920—1270王国会议中的小土地所有者》，孟广林、柴晨清译，《历史研究》2010年第3期。

[英]詹姆斯·坎贝尔：《英国宪政的盎格鲁-撒克逊起源》，孟广林、鞠长猛译，《历史研究》2010年第3期。

张卫良：《维多利亚晚期英国宗教的世俗化》，《世界历史》2007年第1期。

张英明：《从Travel到Tourism——论19世纪英国旅游概念的变易》，《旅游科学》2006年4月第2期。

章节宽、张萍：《历史与旅游：一个研究述评》，《旅游学刊》2015年第11期。

邹本涛、曲玉镜：《旅游文化史：内涵与分期的再讨论》，《旅游学刊》2015年第12期。

（六）中文学位论文

李晶晶：《19世纪英国传统大学的社会评价及其改革研究——以牛津大学和剑桥大学为例》，华东师范大学2008年硕士学位论文。

陶军：《18世纪英国大陆游学及其原因和影响》，武汉大学2005年硕士学位论文。

许璐：《16—18世纪英国贵族大陆游学研究》，华东师范大学2015年硕士学位论文。

致　谢

本书的出版得到了四川大学"全国双一流学科建设项目"的资助。本书在写作过程中得到四川大学历史文化学院原祖杰教授、何平教授、徐波教授，以及四川省社会科学院向宝云研究员的指导与帮助，在此一并致以诚挚的谢意。

感谢四川大学图书馆辛勤的工作人员，本书写作得益于他们及时提供的文献传递服务。

感谢作者权、阅读与出版史学会（Society for the History of Authorship, Reading and Publishing）许多成员对本书部分章节的思路提出建议，尤其是剑桥大学的詹姆斯·雷文（James Raven）教授和圣安德鲁斯大学的艾琳·法伊夫（Aileen Fyfe）教授，他们在某些问题上的解答令本书写作大受裨益。

感谢四川人民出版社，以及各编辑、校对、排版、审稿老师的信赖，特别感谢责任编辑赵静的精心帮助，是他们在新冠肺炎疫情多次肆掠成都的年月里对出版工作的坚守与努力，让本书的面世有了可能。